이슈 중심의
교육학개론

Introduction To Education

정제영 · 강지영 · 강태훈

김동호 · 김준엽 · 박소영

박주형 · 이상무 · 이한종

임효진 · 조현명 · 황지원

박영story

머리말

　많은 학자들이 디지털 대전환의 시대가 도래하였다고 말한다. 이러한 분위기는 교육 분야에서도 예외가 아니어서, 다양한 디지털 기술을 활용하여 보다 나은 교육의 모습을 구현하기 위한 많은 노력들이 이루어지고 있다. 산업 분야를 비롯한 다른 사회 분야의 변화 속도에 비해 교육 분야의 변화가 느리다는 비판이 있기도 하다. 하지만, 급격한 변화가 힘들다는 것은 오히려 교육의 중요한 속성이라 할 수 있으며, 현실 교육의 여러 장면에서 교육 혁신을 위한 다양한 노력은 신중하고 끈기 있게 이어져 왔다. 이러한 흐름 속에서 교육 현실의 변화와 이론의 발전에 힘입어 다양한 연구가 교육학 영역에서 축적되어 왔다. 디지털 전환의 흐름이 가속화된다면 교육학 연구는 더 큰 변화와 발전의 계기를 맞이하게 될 것으로 기대된다.

　이 책의 초기 기획 아이디어는 서울대학교 교육학과에서 동문수학한 선후배들의 모임에서 시작되었다. 각자의 교육학 전공 분야에서 교육과 연구에 매진하고 있는 동문들이 모여서 의미 있는 공동의 작업을 해보기로 의견을 모았고, 제시된 여러 아이디어 중에서 책을 쓰자는 것에 모두 공감을 하게 되어 본격적인 논의를 시작하게 되었다. 가장 많은 공감을 얻은 부분은 교육학에 관심을 갖고 입문하는 새로운 학문 후속세대들에게 자신 있게 권할 만한 입문서를 써보자는 것이었다. 초심자가 조금 더 흥미롭게 교육학에 입문할 수 있도록 도움을 주는 입문서를 쓴다는 것은 매우 어렵지만 도전해볼 만한 가치가 있다고 판단하였다. 이슈를 가지고 교육학 이론을 풀어나가는 개론서를 쓸 수 있다면, 실제 교육의 문제를 이해하고 해결하는 관점으로서 교육학 이론의 가치를 충분히 보여줄 수 있다고 생각하였다.

　이 책의 집필에는 12명의 저자가 참여하였다. 크게는 3개의 파트로 구성되어 있는데 'PART 1은 학생 이해하기, PART 2는 교실 수업 이해하기, PART 3은 학교와 정책 이해하기'로 이루어져 있다. PART 1은 3개의 장으로 구성되었는데, 1장 '난 이렇게 우울한데 넌 어떻게 행복한 거니?'는 교육상담을 전공한 이한종 교수님이 집필하였다. 2장 '교육심리학의 개념은 왜, 어떻게 이해해야 할까?'는 교육심리학을 전공한 임효진 교수님이 집필하였다. 3장 '그 학생은 무엇으로 사는가?'는 질적연구방법론을 중심으로 교육문화와 교육정책을 전공한 조현명 교수님이 집필하였다.

PART 2는 5개의 장으로 구성되었는데, 4장 '학교 교육과정 자율화, 독일까 약일까?'는 교육과정을 전공한 강지영 교수님이 집필하였다. 5장 '수행평가는 미래 교육을 위한 평가가 될 수 있을까?'는 교육측정평가를 전공한 강태훈 교수님이 집필하였다. 6장 '학생 개인의 요구에 부합하는 맞춤형 교육은 어떻게 이루어질 수 있을까?'는 교육 공학을 전공한 김동호 교수님이 집필하였다. 7장 '학생의 학업성취는 어떻게 평가해야 할까?'는 교육측정평가를 전공한 김준엽 교수님이 집필하였다. 8장 '조선시대 학교에서는 어떤 방식으로 수업했을까?'는 교육사를 전공한 이상무 교수님이 집필하였다.

PART 3은 4개의 장으로 구성되었는데, 9장 '교사는 무엇으로 사는가?'는 교육행정학을 전공한 박소영 교수님이 집필하였다. 10장 '교육감이 바뀌면 교육정책이 바뀌는가?'는 교육행정학을 전공한 박주형 교수님이 집필하였다. 11장 '학교 조직은 어떻게 개선해야 할까?'는 교육행정학을 전공한 정제영 교수가 집필하였다. 12장 '개천용은 왜, 어디로 사라졌을까?'는 교육사회학을 전공한 황지원 교수님이 집필하였다.

다양한 전공의 배경을 갖고 있는 교수들이 모여서 공동의 작업을 하는 것은 학계에서 쉽지 않은 도전적 과제이다. 우리는 전통적인 교재의 틀에서 벗어나고자 많은 아이디어를 모으고 형식도 새롭게 바꾸고자 노력하였다. 플립러닝 방식을 도입하고, 사례와 문제 중심으로 교육학을 접할 수 있도록 구성을 새롭게 하였다. 그중에서도 가장 큰 성과라면 자발적으로 집필에 참여하신 교수님들이 의기투합하여 한 명의 이탈자도 없이 출판까지 마무리하게 된 것이라고 해야 하지 않을까 싶다. 이렇게 출판의 결실을 맺게 된 것은 모두 참여해주신 교수님들의 인내와 노력의 결과라고 할 수 있다. 지면을 빌어서 참여해주신 교수님들께 다시 한 번 감사의 말씀을 전해드린다. 그리고 출판의 기획에서부터 험난한 교정의 과정까지 실질적으로 이끌어주신 박영스토리 임직원분들께도 감사의 말씀을 드린다.

이 책은 앞서 언급했듯이 교육학에 입문하는 분들의 학문적 갈증을 해소해보고자 하는 취지로 기획되었다. 부디 이 책을 통해서 그런 학문적 갈증이 해소된다면 너무나도 기쁜 일이 될 것이다. 더 나아가서 독자들이 새로운 학문적 갈증을 느끼게 된다면 이것 또한 더할 나위 없는 중요한 성과가 아닐까 생각해 본다. 이번에 출판하는 이슈 중심의 교육학개론 초판은 새로운 분야에 도전하려는 노력의 출발점이다. 앞으로 새 판을 거듭하면서 사회 변화에 발맞추어 이 책 역시 함께 진화해가기를 진심으로 소망한다.

2023년 3월
저자들을 대표하여 정제영

차례

PART 1 학생 이해하기

CHAPTER 01 난 이렇게 우울한데 넌 어떻게 행복한 거니?(이한종)

1. 우울의 순기능과 역기능 ·· 4

2. 우울을 일으키는 생각 ··· 5

3. 인지 재구조화의 절차 ··· 9

CHAPTER 02 교육심리학의 개념은 왜, 어떻게 이해해야 할까?(임효진)

1. 교육심리학 개념에 대한 관심 ··· 35

2. 교육심리학 개념을 적용할 때의 난점 ··································· 40

3. 교육심리학을 이해하고 실천하기 위해 필요한 태도 ·············· 48

CHAPTER 03 그 학생은 무엇으로 사는가?(조현명)

1. 정체성의 추구와 '나'의 목소리 ··· 54

2. 거부의 의미와 "아무것도 하고 싶지 않은" 마음 ·················· 61

PART 2 교실 수업 이해하기

CHAPTER 04 학교 교육과정 자율화, 독일까 약일까?(강지영)

1. 학교 교육과정 자율화, 왜 해야 할까? ··· 78

2. 학교 교육과정 자율화, 무엇이 문제일까? ··· 79

3. 학교 교육과정 자율화, 어떻게 해야 할까? ······································· 86

CHAPTER 05 수행평가는 미래 교육을 위한 평가가 될 수 있을까?(강태훈)

1. 수행평가의 의미와 필요성 ··· 98

2. 수행평가 관련 주요 이슈별 현황 및 쟁점 ······································· 102

3. 미래 교육을 위한 수행평가 ··· 112

CHAPTER 06 학생 개인의 요구에 부합하는 맞춤형 교육은 어떻게 이루어질 수 있
          을까?(김동호)

1. 맞춤형 교육 시대의 도래 ··· 118

2. 에듀테크와 맞춤형 교육의 관계 ··· 119

3. 맞춤형 교육과 관련된 주요 개념들 ··· 122

4. 에듀테크 기반 맞춤형 교육과 관련된 쟁점들 ································· 145

CHAPTER 07 학생의 학업성취는 어떻게 평가해야 할까?(김준엽)

1. 학업성취도의 개념과 유형 ··· 156

2. 학성성취에 대한 평가방식: 준거참조와 규준참조 ························· 159

3. 학업성취 평가의 실제 ··· 166

4. 생각해볼 문제 ··· 171

CHAPTER 08 조선시대 학교에서는 어떤 방식으로 수업했을까?(이상무)

1. 김홍도의 '서당'에서 확인하는 전통적인 교육 방식 ················ 178

2. 향교의 등교 방식과 수업 방식 ·································· 182

3. 성균관의 교육 방식 ·· 188

4. 역사적 관점에서 다시 생각해보는 오늘날의 교육 방식 ··············· 191

PART 3 학교와 정책 이해하기

CHAPTER 09 교사는 무엇으로 사는가?(박소영)

1. 교사가 되는 과정 ·· 202

2. 교사로서의 입문 ·· 207

3. 교사의 삶 ·· 211

4. 교사의 성장 ·· 216

5. 사회의 변화와 교사의 미래 역량 ································· 220

CHAPTER 10 교육감이 바뀌면 교육정책이 바뀌는가?(박주형)

1. 교육감 선거의 의미 ·· 226

2. 교육감 선거를 둘러싼 논란 ····································· 227

3. 교육감의 권한과 그에 대한 견제 제도 ····························· 230

4. 교육감과 시도교육정책 변화 ···································· 234

CHAPTER 11 학교 조직은 어떻게 개선해야 할까?(정제영)

1. 학교는 어떤 조직일까? ··· 244

2. 학교 조직은 어떻게 구성되고 운영되는가? ·················· 246

3. 학교 조직의 문화는 어떠한가? ··································· 251

4. 학교 조직은 어떻게 개선할 수 있을까? ····················· 256

CHAPTER 12 '개천용'은 왜, 어디로 사라졌을까?(황지원)

1. 교육현상을 사회적으로 본다는 것의 의미 ·················· 270

2. 개천용은 정말로 줄어들었을까? ································· 273

3. 생각을 정리하는 데 도움이 될 두 개의 이론들 ··········· 277

4. 교육을 사회적으로 바라보는 시선이 왜 필요할까 ········· 286

찾아보기   292

PART 1

학생 이해하기

이 슈 중 심 의 교 육 학 개 론

CHAPTER 01

난 이렇게 우울한데
넌 어떻게 행복한 거니?
– 우울한 아이들을 위한 인지 재구조화 전략

이 한 종

학습목표

- 우울의 순기능과 역기능을 이해한다.
- 우울을 일으키는 비합리적 사고의 특징을 설명할 수 있다.
- 비합리적 사고를 합리적 사고로 바꾸는 절차를 실제에 적용할 수 있다.

사례

중학교 1학년 정호는 여자친구와 헤어진 다음부터 갑자기 우울감에 사로잡혔다. 도통 의욕이 없어서 학교에 갈 때 빼고는 집 밖에 나오지 않는다. 평소 즐기던 게임도 재미없고 친구들을 만나고 싶지도 않다. 새벽까지 스마트폰으로 그저 동영상만 보고 있다. 정호와 대화를 나누어 보면, 사는 게 허무하다거나 자기가 인생을 실패한 사람같이 느껴진다는 등의 비관적 발언이 많다. 정호가 우울 상태에서 벗어나도록 돕기 위해 무엇을 할 수 있을까?

1 우울의 순기능과 역기능

오랜 친구인 갑수, 을룡, 병철, 세 사람이 함께 숲길을 걷다가 사나운 멧돼지와 눈이 마주쳤다. 성인 남자보다도 훨씬 큰 이 멧돼지와의 거리는 불과 10m 남짓이다. 이 위험한 상황에서 갑수는 감히 짐승이 사람을 놀라게 한다고 화를 내며 멧돼지와 싸울 기세다. 을룡은 너무 무섭다며 당장 도망가려고 한다. 병철은 이도 저도 다 소용없다며 바로 옆 바위 뒤에 숨어 미동도 하지 않는다. 누구의 생존 확률이 가장 높을까?

정답은 병철이다. 갑수처럼 막대기를 휘두르고 돌을 던지며 멧돼지와 싸우려다가는 도리어 멧돼지의 날카로운 송곳니에 물려 생명을 잃을 수 있다. 그렇다고 해서 을룡처럼 허겁지겁 도망가는 것도 위험하다. 멧돼지가 흥분해서 사람을 공격할 수 있기 때문이다. 게다가 멧돼지는 시속 50km로 달릴 수 있다고 하니 황급히 도망가는 것은 멧돼지와 싸우는 것만큼이나 위험한 행동이다. 차라리 병철처럼 바위나 나무 뒤에 숨어 아무것도 하지 않는 것이 생존 확률을 높이는 선택지라 할 수 있다. 멧돼지는 시력이 몹시 나쁜데다 자극하지 않고 내버려 두면 머지않아 깊은 숲속으로 사라질 것이기 때문이다.

위험과 마주한 상황에서 갑수, 을룡, 병철이 느낀 감정은 각각 분노, 불안, 우울에 해당한다. 갑수가 느낀 분노의 감정은 두려움 없이 위험과 맞서 싸워야 생존 확률을 높일 수 있는 상황에서 도움이 된다. 을룡의 불안은 위험으로부터 신속히 도주해야 안전을 도모할 수 있는 상황에서 필요한 감정이다. 분노와 불안이 특정 행동 반응을 촉진하는 반면, 우울은 싸울 수도 도망갈 수도 없는 위기 상황에서 인간의 의욕을 떨어뜨려 신체의 움직임을 최소화한다. 서투른 행동을 하다 더 큰 위험에 처하거나 귀한 에너지를 낭비하지 않도록 하면서 생존의 기회를 노릴 수 있게 도와주는 것이 병철이 느낀 우울의 감정이다. 우울을 포함해서 모든 부정적 감정은 위기 상황에서 생존 확률을 높이는 행동을 취하도록 자극하는 도구이며, 진화의 과정에서 발달한 건강한 기능이라고 할 수 있다(Nesse, 2000).

하지만, 부정적 감정의 강도, 빈도, 지속 시간이 문제 해결에 요구되는 것보다 과하거나, 실제로는 위험하지 않은 상황(달리 말하면, 부정적 감정의 도움을 받을 필요가 없는 상황)에서 부정적 감정을 느낄 때, 그것은 인간을 고통스럽게 하는 해로운 감정으로 모습을 바꾸게 된다. 이 글의 주제인 우울에 초점을 맞추어 보자. 과도하게 우울한 감정은 그 자체로도 고통스럽지만, 인간의 인지, 행동, 신체에도 부정적 영향을 미칠 수 있다는 점이 문제이다. 우울한 상태에서는 비관적 생각이 증폭되고 주의집중이 곤란해지며 기억력도 저하되는 등의 인지적 문제가 발생하기 쉽다. 행동적 측면에서는 의욕이 저하되어서 해야 할 일을 미루는 일이 반복되고 사람들과의 접촉을 회피하는 경향이 나타난다. 게다가 우울한 사람 중 상당수는 불면증, 피로감, 면역력 저하 등의 신체적 증상을 경험한다(권석만, 2013).

2 우울을 일으키는 생각

어떤 생각이 우울한 감정을 일으키는지를 이해하려면, 다음 두 가지 문제를 살펴보아야 한다. 첫째, 어떤 상황을 절박한 위기로 인식하는가? 우울은 생존이나 행복을 위협받는 상황에 대한 감정 반응이다. 혹시 앞에 든 예시에서 멧돼지와 마주친 상황을 대수롭지 않게 여겼다면 우울한 감정을 느낄 일은 없었을 것이다. 사람마다 서로 다른 상황을 절박한 위기로 받아들인다. 어떤 사람은 친구가 자기 편이 되어주지 않는 것을 심각하게 여기며 우울해하고, 어떤 사람은 뚱뚱한 것을 고민하며 우울감에 빠진다.

둘째, 절박한 위기로 인식한 상황에서 자신, 타인, 미래에 대해 어떤 결론을 내리는가? 이 세 가지 주제에 대한 부정적인 추론은 우울한 감정을 일으키는 주된 요인이다. 멧돼지와 마주친 긴박한 상황의 예를 통해 생각해 보자. 바위 뒤에 숨어 있던 병철 앞에 홀연 산신령이 나타나 말했다. "병철이 자네 생각이 옳아. 지금은 자네처럼 가만히 있어야 살 수 있어. 내가 지금부터 딱 3분 동안 멧돼지가 덤비지 못하도록 붙들고 있을 테니 친구들을 잘 설득해 보시게." 병철은 친구들을 설득하여 살리기 위해, 달리 말하면 이들을 우울감에 빠뜨리기 위해 어떤 말을 할 수 있을까? 병철이 친구들에게 필사적으로 던진 다음 세 가지 발언을 살펴보자. 발언마다 서로 다른 의도가 담겨있다.

〈발언 1〉 자기 역량이 형편없다고 생각하게 만들자.

(자기에 대한 부정적 결론)

"갑수야! 힘도 없는 녀석이 까불지 마라. 네가 너처럼 약해빠진 놈은 본 적이 없어."

"을룡아! 이 느려터진 녀석아. 거북이보다도 느린 주제에 호들갑 떨지 말아라."

〈발언 2〉 멧돼지가 매우 위험한 동물이라고 생각하게 만들자.

(세상에 대한 부정적 결론)

"멧돼지가 얼마나 힘이 세고 빠른지 아냐? 게다가 멧돼지 이빨이 좀 크고 날카롭냐? 넓적다리를 한번 물면 사람이 죽을 때까지 놓지 않는다더라."

〈발언 3〉 절망적 결과를 생각하게 만들자.

(미래에 대한 부정적 결론)

"갑수야! 싸워봤자 이길 것 같냐? 죽었다 깨어나도 안돼."

"을룡아! 도망갈 수 있을 것 같냐? 몇 발짝 못 가서 어차피 물려 죽는다."

"우리가 지금 뭘 해도 의미 없고 다 소용없다."

1) 인간은 어떤 상황을 절박한 위기로 인식하는가? - 절대적 요구

병철은 숲속에서 사나운 멧돼지와 마주쳤다. 그가 이 상황을 싸울 수도 도망갈 수도 없는 절박한 위기로 여기지만 않았다면, 산신령이 허락한 3분 동안 온갖 부정적인 말을 쏟아내며 친구들의 의욕을 꺾을 필요는 없었을 것이다.

인간은 생존과 행복에 필요한 절대적 조건들에 대한 경직된 신념을 지닐 수 있으며, 이 조건 중 어느 하나가 좌절될 때, 이를 마치 홀로 사나운 멧돼지와 마주친 것과 같은 절박한 위기로 받아들인다. 경직된 신념은 다음과 같이 자신, 타인, 세상이 반드시 어떠해야만 한다는 식의 절대적 요구의 형태를 띠고 있다 (DiGiuseppe, Doyle, Dryden, & Backx, 2014).

자신에 대한 절대적 요구
- 나는 반드시 주어진 일을 잘 수행해야만 한다.
- 나는 반드시 사람들에게 인정받고 사랑받아야만 한다.

타인에 대한 절대적 요구
- 사람들은 어떤 상황에서든 나에게 친절해야만 한다.
- 사람들은 항상 나에게 공정한 대우를 해 주어야만 한다.

세상에 대한 절대적 요구
- 세상일은 항상 반드시 내가 원하는 대로 되어야만 한다.
- 세상일은 반드시 나에게 유리해야만 한다.

사람마다 살아온 경험이 다르기 때문에 서로 다른 내용의 절대적 요구를 지니고 있다. 어떤 사람은 높은 성취를 이루어 내야만 한다는 절대적 요구가 강해서 자신의 부족함이나 평범함이 드러나는 상황을 심각한 위기로 인식한다. 이와 반대로 어떤 사람은 성취에 대해서는 별다른 관심이 없지만, 자신이 사랑받아야만 한다는 절대적 요구가 강하다. 그래서 누군가가 자신을 싫어한다는 신호를 포착했을 때 심각한 위기감을 느낀다.

2) 절박한 위기 상황에서 어떤 생각을 하는가? - 인지삼제

절대적 요구가 좌절된 상황을, 싸울 수도 도망갈 수도 없는 절박한 위기 상황으로 인식하게 되면, 우울 상태로 전환해 움직임을 최소화하는 것은 생존 확률을 높이는 하나의 전략이 된다. 이 전략을 선택하면, 인간은 상황을 실제보다 더 부정적인 것으로 왜곡하며 스스로 우울감을 만들어 낸다.

우울한 사람들은 삶의 세 가지 측면, 즉 자신, 세상, 미래에 대해 끊임없이 부정적 혼잣말을 한다. 이 속에 담긴 비논리적 추론을 '인지삼제(cognitive triad)'라고 부른다(Beck, Rush, Shaw, & Emery, 1979). 절박한 위기 상황에서 병철이 두 친구에게 던진 부정적 말의 내용에는 인지삼제의 세 가지 측면이 잘 반영되어 있다.

인지삼제의 첫 번째 요소는 자신에 대한 부정적 추론이다. 우울한 사람들은 멧돼지와 만난 병철이 두 친구의 의욕을 꺾어놓기 위해 던진 <발언 1>과 같은 폄하적 발언을 자신을 향해 던지며 스스로를 우울하게 만든다. 예를 들면, '나는 열등하다', '나는 가치 없는 인간이다', '나는 사랑스럽지 않다'와 같이 자신의 가치를 깎아내거나 자신을 비난하는 혼잣말이 그것이다. 여기에는 행복한 삶을 사는데 필수적인 자격(궁극적으로는 자신의 생명을 유지하고 후손을 남기는 데에 필요한 역량)을 자신이 갖추고 있지 못하다는 인식이 담겨 있다.

인지삼제의 두 번째 요소는 세상에 대한 부정적 추론이다. 우울한 사람들은 자신을 둘러싼 사람과 환경이 생존과 행복을 위협하거나 방해하는 장애물이라는 부정적 생각을 고집하며 우울감을 만들어 낸다. <발언 2>와 유사한 메시지를 자신에게 외치며 당면한 문제와 맞서거나 세상과 상호작용할 의욕을 낮추는 것이다. 예를 들면, '사람들은 매우 이기적이다', '사람들은 무책임하다', '사람들은 나에게 관심이 없거나 나를 못마땅하게 여긴다', '세상은 아주 험난한 곳이다'와 같은 혼잣말이다. 어떤 사람들은 긍정적 상황에서도 이미 내려진 부정적 결론에 끼워 맞춘 편향된 해석을 내리는 탓에 일어나지도 않은 문제가 발생했다고 착각한다. 그 결과, 불필요한 우울감을 만들어 내며 마땅히 누려야 할 행복을 놓치고 만다.

인지삼제의 마지막 요소는 미래에 대한 부정적 추론이다. 이것은 <발언 3>과 마찬가지로 어떤 노력을 해도 상황이 나아질 수 없을 것이라거나 어차피 실패하게 될 것이라는 절망적 예측이다. '해 봤자 잘 안될 거야', '난 제대로 못할 거야', '뭘 해도 소용없을 거야'와 같은 예측은 자신을 행복하게 만들어 줄 행동을 시도조차 하지 못하도록 방해하며 행복의 기회를 축소시킨다.

인지삼제는 현실을 실제보다 훨씬 더 부정적으로 바라보는 극단적 결론을 담고 있는 까닭에 우울감을 일으킨다. 우울한 사람들이 인지삼제와 같은 부정적 결론에 도달하는 이유는 절박한 위기 상황에서 인지왜곡(cognitive distortion)이라 불리는 왜곡된 정보처리 방식을 취하기 때문이다. 우울한 사람들의 생각에 자주 드러나는 인지왜곡에는 다음과 같은 것이 있다.

- 부정적 여과: 상황 속의 가장 중요한 측면들을 무시한 채 전체적 맥락이 배제된 세부 특징에만 기초해서 경험 전체를 규정한다.
- 과장과 축소: 부정적 사건의 중요성을 과장하고, 긍정적 사건의 중요성은 축소

한다.

- 과잉일반화: 한두 번의 사건에 근거해 자신, 타인 또는 세상이 어떠하다고 단정하고, 이와 무관한 다른 상황에서도 자신, 타인, 세상이 그러할 것이라고 단정한다.
- 흑백논리: 모든 경험을 '좋음↔나쁨', '성공↔실패', '완벽↔형편없음' 등 양극단의 하나로 분류하는 것을 말하며, 이분법적 사고라고도 부른다.
- 개인화: 자신과 무관한 사건이 자신과 연관되어 있다고 여기거나 자기 때문에 발생했다고 결론짓는다.

3 인지 재구조화의 절차

인지 재구조화(cognitive restructuring)는 해로운 감정을 일으키는 비합리적 사고를 건강한 감정을 가져오는 합리적 사고로 전환하는 작업이다. 비합리적 사고는 상황에 대한 '경직된 신념'과 '비논리적 추론'으로 구성되어 있다(Cormier, Nurius, & Osborn, 2016; DiGiuseppe, Doyle 외, 2014).[1] 자신, 타인, 세상에 대한 절대적 요구는 경직된 신념이며, 인지왜곡의 결과물인 인지삼제는 비논리적 추론이다. 해로운 우울을 건강한 감정으로 바꾸고자 할 때, 이 두 가지 요소가 바로 인지 재구조화의 대상이 된다.

인지 재구조화의 핵심은 비합리적 사고(경직된 신념과 비논리적 추론)를 논박하여 약화하는 작업과 합리적 사고를 구축하고 강화하는 작업이다. 비합리적 사고에 대한 논박은 세 가지 방향으로 진행된다. 경험적 증거와 비합리적 사고를 대조하는 실증적 논박, 비합리적 사고 속에 내포된 인과관계의 타당성을 검토하는 논리적 논박, 비합리적 사고가 개인적 목표 성취에 미치는 영향을 검토하는 기능적 논박이 그것이다(Dryden, 1996).

논박을 통해 비합리적 사고에 대한 믿음을 약화시킨 다음에 할 일은 건강한 감정을 가져오는 합리적 사고로 대체하는 것이다. 합리적 사고는 현실과 일치하고,

---

1) 인지치료에서는 경직된 신념을 스키마(schema), 비논리적 추론을 자동적 사고(automatic thought)라고 부른다.

논리적이며, 개인적 목표 성취를 돕는다. 합리적 사고를 긍정적 생각과 동일시해서는 안 된다. 합리적 사고는 삶 속에 존재하는 부정적·중립적·긍정적 정보를 균형 잡힌 관점에서 바라보는 것이다. 반면, 비합리적 사고는 부정적 정보에만 초점을 맞추거나 중립적·긍정적 정보를 부정적인 것으로 왜곡한다.

여자친구와 헤어진 다음 부정적 생각이 끊임없이 떠올라 3주 동안이나 우울한 기분에 빠져 지내던 중학교 1학년 정호의 사례를 살펴보자. 정호의 비합리적 사고를 바꾸는 인지 재구조화 작업은 다음과 같은 6단계로 나누어 진행되었다. 1단계에서는 우울로 인해 발생한 감정 및 행동상의 문제를 탐색했다. 2단계에서는 문제상황의 어떤 요소가 우울감을 가장 많이 자극하는지를 파악했다. 비합리적 사고를 포착할 수 있는 단서가 여기에 반영되어 있기 때문이다. 3단계에서는 해로운 우울을 건강한 감정으로 바꾸는 것을 인지 재구조화의 목표로 설정했다. 4단계에서는 우울의 원인이, 여자친구와 헤어진 사건이 아니라, 비합리적 사고임을 정호에게 이해시켰다. 5단계에서는 우울을 일으키는 비합리적 사고, 즉 경직된 신념(절대적 요구)과 비논리적 추론(인지삼제)을 찾아내어 명료화시켰다. 6단계에서는 찾아낸 비합리적 사고를 약화시키고 새로운 합리적 사고로 바꾸는 작업을 진행했다.

1단계: 감정적 · 행동적 결과 탐색

2단계: 문제상황의 결정적 요소 포착

3단계: 목표 설정

4단계: 감정적 · 행동적 결과와 사고 사이의 인과관계 교육

5단계: 비합리적 사고 탐색

6단계: 비합리적 사고 논박 및 합리적 사고 구축

---

1) 감정적·행동적 결과 탐색

인지 재구조화는 정서적 고통을 감소시키고 행복을 증진하는 것을 추구한다. 즉, 감정의 변화가 궁극적 목표이고, 사고의 변화는 이 목표를 달성하기 위한 수단이다. 따라서 변화시켜야 할 해로운 감정을 명확하게 규정하는 것은 인지 재구조화를 시도할 때 가장 먼저 해야 할 일이다. 해로운 감정을 잘 이해하려면, 이에 수반하는 역기능적 행동을 함께 살펴볼 필요가 있다. 역기능적 행동은 해로운 부정적 감정을 겉으로 드러낸 것이거나 이 감정이 주는 고통을 회피하려는 시도이기 때문이다.

상담자: 오늘 무슨 이야기를 나누면 정호에게 도움이 될까?

정　호: 약간 유치하게 들릴 수도 있고... 약간 부끄럽긴 한데... 제가 여자친구를 한 80일 좀 넘게 사귀었어요. 근데 헤어져서 그때부터 3주 동안 계속 힘들었어요.

상담자: 3주면 짧지 않은 시간인데, <u>어떤 점이 힘들었는지 궁금하구나.</u>

정　호: 제가 하는 일이 수업 듣고 학원 가고 애들이랑 수다 떨고 막 여자친구랑 놀고 이런 건데 그중에 하나가 없어지니까 뭔가 너무 허전한 거예요.

상담자: 여자친구와 놀던 부분이 없어져서 허전한 감정을 많이 느꼈구나.

정　호: 네. 그래서 집 밖으로 안 나갔어요.

상담자: 집 밖에 안 나갔다고? <u>그럼 집에서는 어떻게 지냈지?</u>

정　호: 밖에 안 나가고 그냥 핸드폰만 주구장창 했어요.

상담자: 핸드폰으로 뭘 했는지 물어도 될까?

정　호: 핸드폰으로 온종일 영상만 보고 그냥 실패한 인생 사는 것처럼...

상담자: 허전한 감정이 너무 커서 꼭 인생 실패한 사람처럼 행동했다는 이야기구나. 혹시 <u>이 감정 때문에 정호의 모습이 이전과 달라진 부분이 또 있을까?</u>

정　호: 여자친구랑 헤어진 다음 날 진형이랑 게임을 했는데 그냥 멍하기만 하고 집중이 하나도 안 됐어요. 그리고 요즘은 친구들하고 같이 안 놀아요. 그냥 연락 자체를 많이 안 해요.

상담자: 선생님이 잘 이해했는지 정리해보자. <u>여자친구와 헤어진 다음부터 너무</u>
　　　　<u>허전한 감정이 느껴졌어. 이 감정 때문에 친구하고 어울리기도 싫고, 게</u>
　　　　<u>임도 재미가 없어진 것 같아.</u> 그리고 이런 일이 3주 동안이나 계속되고
　　　　있고.

정　　호: 네, 맞아요.

2) 문제상황의 결정적 요소 포착

문제상황의 결정적 요소란 발생한 사건의 여러 측면 중에서 가장 강하게 부정적 감정을 자극하는 측면이다. 간단히 말하면, 그 일에서 가장 마음이 불편한 부분이다. 여기에는 불편한 감정을 일으킨 비합리적 사고의 단서가 숨어있다. 예를 들어, 친구들이 싫어할까 봐 두려워서 부탁을 거절하지 못하는 사람의 경우, 불안을 가장 자극하는 부분, 즉 문제상황의 결정적 요소는 친구들의 미움을 사는 것이다. 결정적 요소만을 가지고 단언하기는 어렵지만, 여기에서 유추할 수 있는 비합리적 사고의 유력한 후보는 '나는 친구들의 미움을 조금도 받아서는 안 된다.'라는 경직된 신념(달리 말하면, 절대적 요구)과 '부탁을 거절하면 친구들이 싫어할 것이다.'라는 비논리적 추론일 것이다.[2]

다음에 소개할 대화는 정호의 우울감을 자극하던 결정적 요소를 포착하는 과정을 보여준다. 여자친구와 보내던 즐거운 시간을 상실한 일이 문제상황의 결정적 요소임이 드러나는 과정을 주의 깊게 살펴보자.

상담자: 여자친구와 헤어진 일의 어떤 부분에 대해 정호가 이렇게 허전해하는지
　　　　궁금하구나. 헤어지던 순간에 여자친구가 한 말이나 행동을 떠올리니
　　　　마음이 허전할 수도 있고 아니면 헤어지고 나서 벌어진 어떤 상황에 대
　　　　해 허전한 마음을 가질 수도 있을 것 같아.

정　　호: 카톡에서 친구들이랑 수다 떨고 있었는데 여자친구도 거기에 있고. 근데

---

2) 6단계에서 설명할 내용이기는 하지만, 호기심 많은 독자를 위해 해당 비합리적 사고를 대체할
　합리적 사고의 예를 미리 소개한다.
　● 유연한 신념: 누구에게도 미움받지 않고 살면 좋겠지만, 이것은 가능하지 않다. 미움 좀 받
　　는다고 큰일이 일어나는 것은 아니다. 더러 미움을 받는 것이 자유롭고 행복하게 사는 길이다.
　● 논리적 추론: 부탁을 거절하면, 싫어하는 친구도 있겠지만 크게 신경 쓰지 않는 친구도 있을
　　것이다.

저랑 여자친구랑 사이가 좀 안 좋았어요. 그러다 여자친구가 저한테 그만 만나자고 하고 카톡방을 나갔어요.

상담자: 그날 카톡방에서 일어난 일 중에 어떤 부분이 정호에게 가장 허전한 감정을 주었을까?

정 호: 좀 황당하긴 했는데 그땐 카톡방에 있던 애들이 위로해 줘서 기분은 괜찮았어요. 근데 그다음 날부터 기분이 막 이상한 거예요.

상담자: 기분이 이상하다는 건 허전한 감정을 말하는 거니?

정 호: 네. 이젠 여자친구랑 못 노니까요. 수다 떨고 같이 다니면 재밌었는데.

상담자: 헤어진 날 있었던 어떤 일 때문에 마음이 허전한 것이 아니라, 여자친구와 함께 보내던 즐거운 시간을 이젠 가질 수 없게 된 것에 대해 굉장히 허전해하고 있는 것 같구나. 선생님이 잘 이해했니?

정 호: 그런 것 같아요.

3) 목표 설정

인지 재구조화의 목표는 해로운 부정적 감정을 건강한 부정적 감정으로 바꾸는 것이다. 부정적 감정은 본래 주의를 기울이고 무엇인가 반응을 해야 하는 문제가 발생했음을 알려 주는 유용한 경보장치이다. 하지만 그것의 강도, 빈도 또는 지속시간이 과하면, 문제에 대한 대처역량을 떨어뜨리고 일상생활을 방해한다. 예를 들어, 시험을 앞두고 적당한 정도의 불안을 느끼면 책상에 앉아 공부를 하게 되고 집중도 평소보다 잘 된다. 이것은 건강한 부정적 감정이다. 하지만 불안의 강도가 공포에 달할 정도로 높아지면 책장을 이리저리 넘기며 안절부절못하기만 할 뿐 공부에 전혀 집중할 수 없게 된다. 이것은 해로운 부정적 감정이다.

정호가 호소하는 허전한 감정과 이에 수반하는 행동 특징(대인 회피, 활동량 감소)은 임상적으로 보았을 때 슬픔의 강도가 매우 높은 상태, 즉 우울에 해당한다. 이것은 명백히 정호의 학업과 대인 관계를 방해하는 해로운 부정적 감정이다. 여자친구와 헤어진 사건에 대해 적당한 정도의 슬픔을 느낀다면 다음에는 더 좋은 결과를 만들기 위해 무엇을 다르게 해야 하는지를 생각할 수 있게 될 것이다. 학업과 대인 관계에도 큰 지장이 발생하지 않을 것이며, 설령 그렇다 하더라도 일시적인 것에 그칠 것이다. 따라서 적당한 정도의 슬픔은 불행한 사건에 대해 느끼는 건강한 부정적 감정이라고 할 수 있다.

정호의 사례에서는 적당한 정도의 슬픔에 '아쉬움'이라는 이름을 붙였다. 그리고 여자친구와 헤어진 사건에 대해 해로운 우울 대신 건강한 아쉬움을 느끼는 것을 목표로 삼았다.

> 상담자: 정호야, 지금부터 오늘 상담의 목표를 정하려고 해. 상담은 정호가 '되고 싶은 내 모습'을 가질 수 있도록 선생님과 함께 방법을 찾고 연습도 하는 시간이란다. 한번 생각해 보자. 여자친구와 헤어진 것은 분명히 안 좋은 일이지. 이럴 때 마음이 힘든 것은 아주 자연스러운 일이야. 그렇지?
>
> 정　호: 네.
>
> 상담자: 여자친구와 즐겁게 지내다 헤어진 사람이 100명 있다면 모두 다 정호랑 똑같이 너무 허전한 감정을 이렇게 많이 느낄까?
>
> 정　호: 그렇진 않을 것 같아요.
>
> 상담자: 그렇진 않다는 게 무슨 뜻이지?
>
> 정　호: 좀 덜 허전한 사람도 있을 것 같아요.
>
> 상담자: 그렇지. 여자친구와 헤어진 사람 중에는 정호처럼 '너무 허전한' 감정(해로운 부정적 감정)이 들어서 아무것도 할 마음이 생기지 않는 사람도 있고, 헤어지긴 했지만 '아쉬움' 정도의 감정(건강한 부정적 감정)을 느껴서 금방 자기 생활을 잘하는 사람이 있어. 잠깐 힘들기는 하겠지만 말이야. 정호는 너무 허전한 감정과 아쉬움, 이 두 가지 중에서 어떤 감정을 느끼는 사람이 되고 싶니?
>
> 정　호: 차라리 아쉬움이 나을 것 같아요.

문제상황에 대해 건강한 부정적 감정을 느끼는 것을 면담의 목표로 하는 것에 대해 정호의 동의를 얻은 다음에 해야 할 일은 이 감정이 자신의 행동과 삶에 가져올 긍정적 효과를 검토하는 것이다. 그래야 이 목표를 성취하고자 하는 동기를 강화할 수 있다.

상담자: 너무 허전한 감정 대신 아쉬움을 느끼게 되면 정호의 모습이 지금과 어떻게 달라질까?

정 호: 제가 원래는 약간 장난도 많이 치고 친구도 많이 사귀었었어요. 그렇게 원상복구가 될 것 같아요.

상담자: 그건 정말 좋은 일이구나. 여자친구와 헤어진 것처럼 힘든 일에 대해 부정적 감정을 느끼는 건 자연스러운 거야. 그런데 부정적 감정에는 두 종류가 있단다. 하나는 건강한 부정적 감정이고 다른 하나는 해로운 부정적 감정이야. 건강한 부정적 감정은 너무 강하지도 않고 금방 지나가는 거라 일상생활을 별로 방해하지 않는단다. 아쉬운 감정이 바로 그런 것이지. 그런데 해로운 부정적 감정은 너무 강하고 오랫동안 유지되어서 일상생활을 방해하게 돼. 너무 허전한 감정이 그랬던 것처럼 말이야. 상담은 해로운 부정적 감정을 건강한 부정적 감정으로 바꾸는 일이란다. 정호야, 너무 허전한 감정을 아쉬움으로 바꾸는 것을 오늘의 상담목표로 정하면 정호에게 얼마나 도움이 될까?

정 호: 많이요.

4) 감정적 · 행동적 결과와 사고 사이의 인과관계 교육

과거의 사건 때문에 자신이 고통스러운 감정을 느끼고 역기능적인 행동을 하게 되었다고 믿고 있으면 인지 재구조화를 시도할 수 없다. 과거의 사건은 이미 일어난 것이고 되돌릴 수 없기 때문이다. 자신의 비합리적 사고가 해로운 감정적 · 행동적 결과의 원인임을 이해해야 이것을 변화시킬 동기가 발생한다. 이러한 인과관계를 이해시키기 위해 문제와 직접적 관련이 없는 예를 들어도 좋고, 당면한 문제를 가지고 설명해도 좋다.

상담자: 좋아, 정호야. 잠깐 생각해 보자. 정호가 너무 허전한 감정을 느끼는 것은 무엇 때문일까?

정 호: 여자친구랑 헤어져서요.

상담자: 그렇지 않단다. 여자친구와 헤어진 것에 대해 정호가 지금 어떤 생각을 아주 굳게 지니고 있기 때문에 이만큼이나 허전함을 많이 느끼는 것이란다.

정 호: 그럴 수도 있을 것 같긴 한데... 잘 모르겠어요.

상담자: 한 가지 예를 들어보자. 초등학생 삼 형제가 부모님과 함께 살고 있었어. 어느 날 아빠가 삼 형제에게 소리를 크게 질렀는데, 삼 형제 모두 다른 감정을 느꼈어. 막내 영희는 화가 났고, 둘째 민수는 우울했고, 첫째 철수는 기분이 별로 안 나빴어. 똑같은 일이 일어났는데 어떻게 모두 다른 감정을 느꼈던 것일까?

정 호: 다른 생각을 해서?

상담자: 맞아. 영희는 '아빠는 나한테 절대로 소리를 지르면 안 돼! 아빠 정말 나빠!'라고 생각했더니 화가 났어. 그리고 민수는 '아빠가 나를 싫어하나 봐.'라고 생각했더니 기분이 어땠지?

정 호: 우울했어요.

상담자: 그렇지. 마지막으로 철수는 '아빠도 기분이 나쁘면 소리를 지를 때가 있는 법이야.'라고 생각했어. 그랬더니 기분이 어땠지?

정 호: 별로 안 나빴어요.

상담자: 똑같은 일이 일어나도 어떤 생각을 하느냐에 따라 느끼는 감정이 달라진다는 것을 정호가 잘 이해했구나. 정호가 여자친구와 헤어진 것에 대해 너무 허전한 감정 대신 아쉬움을 느끼려면 무엇이 달라져야 할까?

정 호: 제 생각인 것 같긴 한데... 잘 모르겠어요.

5) 비합리적 사고 탐색

비합리적 사고를 찾는 일반적인 방식은 해로운 부정적 감정을 경험하기 직전 또는 경험하는 동안 떠오른 생각을 묻거나, 문제상황에 어떤 의미를 부여하고 있는지를 확인하는 것이다. 우울한 사람들의 비합리적 사고를 탐색할 때는 다음과 같은 유형의 질문이 특히 유용하다.

"우울한 감정을 느끼기 직전에 어떤 생각이 머리에 떠올랐니?"
"이 상황이 나에게 주는 의미는 무엇일까?"
"이 상황은 내가/세상이/미래가 어떻다는 것을 의미할까?

절대적 요구를 포착하는 좋은 방법은 해로운 감정을 자극하는 문제상황의 결정적 요소를 살펴보거나 이와 관련된 강력한 바람을 당위적 진술로 바꾸어 보는 것이다. 예를 들어, 아빠의 말투가 친절하지 않은 것에 대해 화가 난 학생이 있다면, '아빠는 나에게 항상 친절하게 말해야만 한다.'가 절대적 요구의 유력한 후보가 될 수 있다.

비합리적 사고를 찾는 것을 어려워하는 경우, 다음에 소개하는 것처럼 부정적 감정을 느낀 그 순간을 떠올리며 당시의 감정과 생각을 회상하도록 도울 수도 있다.

상담자: 괜찮아. 아직 잘 이해가 되지 않을 수도 있어. 정호가 어떤 생각을 하고 있어서 너무 허전한 감정을 느끼는지 차근차근 살펴보자. 잠깐 상상하기 연습을 할 거야. 밖에 나가지 않고 집에만 있는 정호의 모습을 떠올려 보자. 마음이 너무 허전해. 그리고 아무것도 하고 싶지 않아(잠시 기다린다). 상상이 되니?

정　호: 네.

상담자: 정호의 마음속에 떠오르는 생각들이 있을 거야. 정호가 너무 허전한 마음을 느끼게 만드는 혼잣말 같은 것들이야. 이 생각들에 잠시 집중해 보자.

정　호: 네.

상담자: (잠시 기다린 다음) 어떤 생각들이 떠올라서 허전한 감정이 드는지 이야기해 줄래?

정　호: 뭔가 있던 게 없어진 것 같은 느낌이 들어요.

상담자: 없어졌다는 게 무슨 뜻이지?

정　호: 이제 다시는 혜원이(여자친구의 이름)랑 즐거운 시간을 못 보내는 거요.

상담자: 아, 그래서 허전하구나. 그리고 또 어떤 생각이 떠오르지?

정　호: 그냥 사는 게 허무하고, 제가 무슨 인생 실패한 사람같이 느껴져요.

상담자: 또 떠오르는 생각이 있니?

정　호: 그냥 이 정도요.

비합리적 사고를 찾은 다음에 할 일은, 다음의 대화에 제시한 것과 같이, 이것을 해로운 감정과 연결하는 것이다. 정호가 사고와 감정 사이의 인과관계를 명확히 이해해야 다음 단계에서 비합리적 사고에 대한 논박을 원활히 수행할 수 있다.

상담자: 선생님이 두 가지 생각을 말해볼게. 잘 듣고 어느 것이 너무 허전한 감정을 일으키는 생각인지 골라보렴. 1번 '혜원이랑 함께 있는 것이 즐겁다. 그러니까 혜원이랑 절대 헤어지면 안 된다. 안 그러면 사는 게 허무하고 난 인생 실패한 사람이다.' 2번 '나는 혜원이랑 함께 있는 것이 즐겁다. 하지만 혜원이와 헤어질 수도 있다. 그렇다고 해서 모든 게 허무해지는 것도 아니고, 내가 인생 실패한 사람이 되는 것도 아니다. 나는 그냥 여자친구와 헤어졌을 뿐이다.'

정 호: 1번이 제 생각이랑 똑같아요.

상담자: 1번처럼 생각하면 어떤 감정을 느끼게 되지?

정 호: 너무 허전한 감정이요.

상담자: 2번 생각이 뭐였는지 기억나니?

정 호: 여자친구랑 헤어질 수도 있다. 그렇다고 해서 나는 인생 실패자가 되진 않는다. 나는 그냥 여자친구와 헤어졌을 뿐이다.

상담자: 이렇게 생각하면 어떤 감정을 느끼게 될까?

정 호: 아… (잠시 멈춤). 아쉬움이요. 근데… 머리로는 알겠는데 아직도 좀 마음이 허전해요.

상담자: 해로운 부정적 감정을 일으키는 생각을 비합리적 사고라고 부르고 건강한 부정적 감정을 가져오는 생각을 합리적 사고라고 부른단다. 처음에는 비합리적 사고의 힘이 아주 세니까 해로운 감정을 느끼는 것이 당연해. 하지만 선생님이랑 이야기를 나누면서 비합리적 사고가 왜 비합리적이고 합리적 사고가 왜 합리적인지 그 이유를 차근차근 살펴보다 보면, 비합리적 사고의 힘은 쭉 빠지고, 합리적 사고에 대한 믿음이 커질 거야. 그러면 건강한 부정적 감정을 느낄 수 있어. 우선 정호에게 너무 허전한 감정을 가져오는 생각을 하나씩 종이에 적어보자.

① (절대적 요구) '혜원이랑 함께 있는 것이 즐겁다. 그러니까 혜원이랑 절대 헤어지면 안 된다.'
안 그러면,
② (인지삼제 – 세상에 대한 부정적 결론) '사는 게 허무하다.'
③ (인지삼제 – 자신에 대한 부정적 결론) '난 인생 실패한 사람이다.'
혹시 선생님이 잘못 이해했거나 빠트린 게 있니?

정 호: 아니요. 다 맞는 것 같아요.

6) 비합리적 사고 논박 및 합리적 사고 구축

정호와 함께 찾은 비합리적 사고는 하나의 경직된 신념(여자친구와 관련된 절대적 요구)과 두 개의 비논리적 추론(세상과 자신에 관한 인지삼제)으로 구성되어 있다. 이 세 가지 비합리적 사고를 실증적, 논리적, 기능적 논박을 통해 약화시키고 건강한 감정을 가져오는 합리적 사고로 바꾸어 가는 과정을 살펴보자.

① '혜원이랑 함께 있는 것이 즐겁다. 그러니까 혜원이랑 절대 헤어지면 안 된다.'

실증적 논박

절대적 요구에 대한 실증적 논박은 경직된 신념과 정반대의 현실로 초점을 돌리도록 돕는다. 정호는 좋아하는 여자친구와 절대 헤어지면 안 된다고 믿고 있지만, 이 신념을 지지하는 근거는 현실 속에 존재하지 않는다. 물론 헤어지지 않는 것이 좋은 일이라는 증거를 여러 가지로 찾을 수는 있겠지만, 절대 헤어져서는 안 된다는 증거를 찾는 일은 가능하지 않다.

상담자: 지금부터는 이 세 가지 생각을 하나씩 짚으면서 합리적인지 비합리적인지를 살펴보자. 먼저 첫 번째 생각이 세상의 '현실과 일치하는지'를 선생님과 고민해 볼 거야. 정호야, 혜원이랑 절대 헤어지면 안 된다고 했는데, 사귀던 여자친구와 헤어지는 건 절대 일어날 수 없는 일이야? 아니면 자주 일어나는 일이야?

정　　호: 자주요.

상담자: 그렇지. 자주 일어나지. 여자친구와 사귀어 본 사람은 다 여자친구와 헤어진 경험이 있지? 첫사랑이랑 결혼하지 않으면 말이야.

정　　호: 네. 정말 그렇네요.

상담자: 혹시 여자친구와 보내는 시간이 즐거우면, 절대로 헤어져서는 안 된다고 정해놓은 법이 어디에 있니?

정　　호: 아니요.

상담자: 그러면, 혜원이랑 절대 헤어지면 안 된다는 정호의 생각은 세상의 현실과 얼마나 일치하니?

정 호: 전혀요.

논리적 논박

절대적 요구 속에는 자신이 무엇인가를 원하니까 반드시 그렇게 되어야만 한다는 비논리적 생각이 담겨있다. 자신이 원하는 유리한 조건과 세상의 현실 사이에는 논리적 인과관계가 존재하지 않는다. 마치 날씨가 맑기를 바라는 것과 실제로 날씨가 맑은 것 사이에 아무런 인과관계가 존재하지 않는 것과 같다. 그런데도 '내가 원하니까 내일 날씨는 절대로 맑아야 해.'라는 식의 생각을 하며 사는 사람이 있다면, 이 사람은 인생의 상당 부분을 불필요하게 분노하며 살게 될 것이다.

상담자: 정호가 아주 똑똑하구나. 이번에는 정호의 생각이 '논리적인지' 아닌지를 살펴보자. 정호는 여자친구와 보내는 시간이 즐거워서 헤어지기 싫은 거지?

정 호: 네.

상담자: 이건 정호의 바람인데 무엇인가를 바라는 것에는 아무런 문제가 없어. 그런데 내가 원하니까 꼭 그렇게 해야 한다, 꼭 그렇게 되어야 한다고 생각하는 것은 논리적이지 않단다.

정 호: 그게 왜 논리적이지 않죠?

상담자: 내가 원하는 것과 현실은 서로 아무 논리적 상관이 없는 것이거든. 예를 들어보자. 정호는 복권에 당첨되면 좋겠니?

정 호: 당연히 좋죠.

상담자: 복권에 당첨되길 바라면, 논리적으로 보았을 때, 복권에 당첨되니?

정 호: 그렇지는 않죠.

상담자: 그런데도 '내가 원하니까 반드시 복권에 당첨되어야만 해.'라고 고집스럽게 생각한다면 이 사람이 논리적으로 사고하는 사람으로 보이니?

정 호: 아니요, 좀 이상한 사람처럼 보일 것 같아요.

상담자: 혹시 이 사람이 정호의 친구라면, 논리적으로 생각하도록 돕기 위해 뭐라고 설명해 줄 거니?

정　　호: 복권이 네 맘대로 되는 게 아니야.

상담자: 그럼, '나는 여자친구랑 함께 있는 것이 좋아.'라고 생각하면, 논리적으로 보았을 때 여자친구랑 헤어지지 않게 되니?

정　　호: 음… 그렇진 않겠죠?

상담자: 그런데도 '내가 원하니까 여자친구랑 절대 헤어지면 안 돼.'라는 생각을 고집하는 것은 논리적일까?

정　　호: 음… 그건 좀 논리적일 수도 있을 것 같은데요? 내가 좋으면 안 헤어져야죠.

상담자: 마치 그게 정호의 의무인 것처럼 들리는구나. 복권 당첨을 원한다고 해서, 복권에 당첨되어야 할 의무가 생기니?

정　　호: 그게 의무는 아닌데…

상담자: 혹시 정호의 친구가 '내가 원하니까 여자친구랑 절대 헤어지면 안 돼.'라고 생각한다면, 논리적 관점에서 뭐라고 설명해 줄 거니? 아까 복권에 대해 정호가 선생님한테 설명해 준 말속에 이미 정답이 있는 것 같구나.

정　　호: 여자친구가 네 맘대로 되는 게 아니야.

상담자: 정호가 참 똑똑하구나. <u>내가 원하는 것과 현실은 아무 상관이 없는데, 마치 상관이 많은 것처럼, 내가 원하면 꼭 그렇게 되어야만 하는 것처럼, 그게 누군가의 의무인 것처럼 착각하는 것이 비논리적 생각이란다.</u> 이제, 이해가 좀 되니?

정　　호: 네. 좀 알 것 같아요.

기능적 논박

기능적 논박은 비합리적 사고가 가져오는 손해를 평가하도록 이끈다. 비합리적 사고가 감정과 행동에 미치는 영향, 목표 성취 및 문제 해결에 도움이 되는 정도, 삶에 가져온 변화 등을 질문할 수 있다.

상담자: 이번에는 <u>정호의 생각이 자신에게 '도움을 주는지'를 살펴보자.</u> '혜원이랑 함께 있는 것이 즐겁다. 그러니까 혜원이랑 절대 헤어지면 안 된다.'라는 생각이 정호 자신에게 어떤 영향을 주었지?

정　호: 아까 말한 것처럼 너무 허전하고 아무것도 하기 싫어져요.

상담자: 좀 더 구체적인 이야기가 듣고 싶구나.

정　호: 학교도 재미없고, 집에서 혼자 많이 울었어요. 친구도 잘 안 만나게 되고…

상담자: 이 생각이 정호에게 도움은커녕 손해만 끼쳤구나.

정　호: 아… 생각해 보니 그렇네요.

상담자: 지금까지 세 가지 측면에서 정호의 생각이 합리적인지 비합리적인지를 살펴봤어. 한 번 정리해보자. '혜원이랑 함께 있는 것이 즐겁다. 그러니까 혜원이랑 절대 헤어지면 안 된다.'라는 생각이 현실과 일치하니?

정　호: 아니요.

상담자: 그럼 논리적이니?

정　호: 아니요.

상담자: 도움이 되니?

정　호: 전혀요.

합리적 신념 구축

　　비합리적 사고가 비합리적인 이유를 깨닫게 되었더라도 이것을 대체할 새로운 합리적 사고를 찾아내지 않으면, 원래의 비합리적 사고를 고수할 가능성이 높다. 비합리적 사고는 비록 비합리적이지만 그 사람이 여태껏 삶을 살아온 방식이기 때문이다. 어떤 생각이 잘못되었다는 증거가 차고 넘쳐도 이보다 나은 합리적 생각을 발견하지 못하면 기존의 생각에 대한 집착은 중단되지 않는 법이다. 절대적 요구를 대체할 유연한 합리적 신념을 만들 때는 다음의 사항을 고려해 볼 수 있다. '항상 최선을 다해야만 한다'는 절대적 요구를 예로 들어 살펴보자.

- 절대적 요구를 바람으로 전환하기
    ⇨ '최선을 다할 수 있다면 정말 좋을 것이다.'
- 절대적 요구가 충족되지 않는 상황 허용하기
    ⇨ '최선을 다하지 않았더라도 내가 상당한 노력을 했다는 것은 분명한 사실이다.'
- 절대적 요구가 충족되지 않는 상황의 긍정적 결과 생각하기
    ⇨ '최선을 다하지 않는다면, 지금보다 여유롭게 살 수 있을 것이다.'

상담자: 이렇게 어떤 생각이 현실과 다르고, 비논리적이고, 자기에게 손해를 끼칠 때, 그 생각을 비합리적 생각이라고 부른단다. 그럼 <u>이것과 반대되는 합리적 생각은 무엇일까?</u> 합리적 생각은 현실과 일치하고, 논리적이고, 게다가 자기에게 도움을 준단다.

정   호: 아까 선생님이 말씀해 주신 것 같은데요?

상담자: 정호가 직접 말해볼래?

정   호: '<u>나는 혜원이랑 함께 있는 것이 즐겁다. 하지만 혜원이와 헤어질 수도 있다.</u>'

합리적 사고를 찾아낸 다음에는 이 생각을 강화하는 작업을 통해 내면화를 유도해야 한다. 현실성, 논리성, 기능성에 비추어서 그것이 정말 합리적인지 검토하는 것과 합리적 사고가 자신에게 가져올 긍정적 결과를 생각하는 것은 인지 재구조화에서 자주 사용되는 내면화 전략이다.

상담자: 정호가 지금 말해 준 새로운 생각을 세 가지 측면에서 평가해 보자. 첫째, <u>이 생각이 현실과 일치하니?</u> 이유를 들면서 말해보자.

정   호: 내가 좋아해도 여자친구와 헤어지는 일은 실제로 많이 있는 일이니까 현실과 일치해요.

상담자: 둘째, <u>이렇게 생각하는 것은 논리적일까?</u>

정   호: 내가 헤어지기 싫어도 혜원이는 헤어지고 싶어 할 수도 있는 거니까 논리적이에요.

상담자: 셋째, <u>이 생각은 정호에게 도움이 될까?</u>

정   호: 헤어진 것에 덜 집착하게 되니까 지금보다는 나을 것 같아요.

상담자: 이 생각을 하면, 너무 허전한 감정이 느껴질까?

정   호: 아니요. 좀 아쉽고 말겠죠.

② '사는 게 허무하다.'

실증적 논박

　사는 게 허무하다는 비논리적 추론은 사람들과 환경이 자신에게 전혀 도움이 되지 않는다는 생각을 담고 있다. 이것은 인지삼제 중 세상에 대한 부정적 결론에 해당하는 생각이다. 정호의 결론과 정반대의 현실, 즉 타인으로부터 좋은 대접을 받은 경험으로 초점을 돌리는 실증적 논박을 다음 대화에서 살펴보자.

상담자: 허전한 감정을 가져오는 생각 ①, ②, ③번 중에서 ①번 생각을 대신할 합리적 생각을 잘 찾아내었구나. 이번에는 ②번 생각도 선생님하고 검토해 보자. 혜원이와 헤어져서 사는 게 허무하다고 했었지?

정　호: 네.

상담자: 사는 게 허무하다는 게 어떤 뜻인지 조금 이야기해 주겠니?

정　호: 모든 게 다 의미가 없는 것 같아요.

상담자: 혜원이와 함께 보내던 시간이 정호에게 굉장히 소중했다는 것을 선생님이 잘 알겠다. 혜원이와 헤어진 일을 제외한 정호 삶의 다른 부분에서 정호가 기쁜 마음이나 감사한 마음을 가질 수 있는 일은 무엇일까?

정　호: 일요일에 미술학원에 가서 그림을 그리고 있는데 엄마한테 문자가 온 거예요. 신발 사주겠다고 명동으로 오래요. 엄마가 명동에서 일하시거든요. 근데 그게 한정판 나이키!

상담자: 한정판? 정호가 가지고 싶었구나.

정　호: 네. 그날 엄청 좋았고 다른 것도 많이 샀어요.

상담자: 정말 좋았겠다. 또 정호 삶의 어떤 부분에서 기쁜 마음, 감사한 마음이 들었을까?

정　호: 미술학원 선생님이 착하셔서 피드백을 주실 때 채찍보다는 당근을 더 많이 주시는 편이에요. 그래서 칭찬도 많이 들어봤고 기분도 좋았어요.

상담자: 정호의 삶에는 기쁜 일, 감사한 일이 꽤 많이 일어나고 있는 것 같구나. 이야기를 하면서 정호의 표정이 많이 밝아졌는데?

정　호: 아, 그래요?

상담자: 그렇단다. 정호야 사는 게 다 허무하다는 생각은 현실과 일치하니?

정　호: 그렇지 않은 것 같아요.

상담자: 왜 그렇지 않지?

정　호: 좋은 일도 있으니까요.

논리적 논박

삶 속에 존재하는 여러 긍정적 요소들을 무시하고 여자친구와 헤어진 부정적 사건 하나에만 주목하여 세상 전체에 대한 결론을 내리는 것은 인지왜곡 중에서 부정적 여과에 해당된다.

상담자: 맞았어. 그럼 이번에는 논리적 측면도 살펴보자. 이렇게 기쁜 일, 감사한 일이 여러 가지로 일어나고 있는데, 혜원이와 헤어진 일 하나만을 바라보면서 나의 삶 전체가 허무하다, 의미없다고 결론짓는 것은 과연 논리적인 생각일까?

정　호: 아니요.

기능적 논박

사는 게 의미없다는 생각은 학업과 대인 관계에 대한 의욕을 떨어뜨리고 있었다. 이것을 깨닫도록 하는 것이 기능적 논박의 목표이다.

상담자: 나쁜 점 하나만 보고 전체가 나쁘다고 말하는 것은 전혀 논리적이지 않지. 그런데도 사는 게 허무하다는 생각을 계속 쥐고 있으면, 정호에게 이익일까 손해일까?

정　호: 손해예요.

상담자: 손해인 이유가 궁금하구나.

정　호: 매사를 부정적으로 보게 되어서 의욕이 없어져요. 학교에서도 계속 엎드려 있고 다 재미가 없었어요.

상담자: 혜원이와 헤어졌기 때문에 사는 게 허무하다는 생각은 현실과도 일치하지 않고, 논리적이지도 않고, 도움도 되지 않는구나. 그러니까 이건 어떤 생각이지?

정　호: 비합리적 생각이요.

합리적 사고 구축

합리적 사고를 정호가 스스로 생각해 내도록 이끄는 것이 가장 바람직하겠지만, 아직 익숙하지 않은 단계에서는 가장 핵심적인 부분만이라도 정호가 직접 만들어 보도록 권유해 볼 수 있다. 그 다음에 상담자와 정호가 함께 구축한 합리적 사고가 감정에 미치는 긍정적 영향을 묻는 것은 인지 재구조화의 필수 작업이다.

상담자: 그럼 합리적 생각은 무엇일까? 선생님이 여기에 문장을 적어볼게. 정호
　　　　가 빈칸에 적절한 말을 넣어서 큰소리로 읽어줄래? "혜원이와 헤어진
　　　　일은 아쉽지만, 내 삶에는 _____이 많다."
정　호: 혜원이와 헤어진 일은 아쉽지만, 내 삶에는 기쁜 일이 많다!
상담자: 말하고 나니 기분이 어떠니?
정　호: 뭔가 마음이 밝아진 느낌이에요.

③ '난 인생 실패한 사람이다.'

실증적 논박

자신이 인생 실패자라는 비논리적 추론은 인지삼제 중 자신에 대한 부정적 결론에 해당된다. 이러한 자기비하적 생각은 우울한 사람들이 가장 자주 보여주는 사고 유형이다. 자신이 유능하며 사랑받고 있음을 보여주는 증거로 초점을 돌리는 것이 실증적 논박의 핵심이다.

상담자: 정말 다행이다. ①, ②번 생각을 대신할 합리적 생각을 찾았으니, 이제
　　　　는 ③번 혜원이와 헤어졌기 때문에 나는 인생 실패한 사람이라는 생각
　　　　도 검토해 보자. 먼저 이 생각이 현실과 일치하는지를 살펴볼 거야. 비
　　　　록 혜원이와는 헤어졌지만, 내가 잘하는 것은 무엇일까?
정　호: 별로 없는데…
상담자: 정호의 친구들은 정호가 무엇을 잘한다고 할까?
정　호: 그림 그리는 거요.

상담자: 미술학원에 다녀서 그림을 잘 그리는구나. 친구들은 또 정호가 뭘 잘한다고 할까?

정　　호: 고민 상담… 제가 이야기를 잘 들어줘요.

상담자: 다른 사람 고민을 들어주는 게 쉬운 일이 아닌데 정호가 대단하구나. 정호를 잘 아는 사람들은, 예를 들면, 친구, 가족, 선생님은 정호의 장점이 뭐라고 할까?

정　　호: 끈기가 있는 거요.

상담자: 그 사람은 뭘 보고 그렇게 생각했을까?

정　　호: 제가 뭐에 한 번 빠지면 끝까지 파고들거든요.

상담자: 그것 참 대단하구나. <u>정호가 혜원이와 헤어졌지만, 정호를 귀하게 여기는 사람은 누구일까?</u>

정　　호: 할머니요.

상담자: 무엇을 보고 할머니가 정호를 귀하게 여기신다는 것을 알았지?

정　　호: 밥 안 먹고 있으면 계속 밥 먹으라고 하는 거요.

상담자: 그렇지. 또 뭘 보고 할머니가 정호를 귀하게 여기신다고 느꼈니?

정　　호: 갑자기 비가 왔는데, 학교에 우산을 갖다줬어요.

상담자: 할머니가 정호를 아주 귀하게 여기시기는구나. 또 누가 정호를 귀하게 여길까?

정　　호: 엄마요.

상담자: 언제 '우리 엄마가 나를 귀하게 여기시는구나.'하고 느꼈지?

정　　호: 딱 꼬집어 말하기는 뭐한데, 가족을 위해 맨날 나가서 늦게까지 일하니까요.

상담자: 잠깐 정호 앞에 놓여있는 현실을 정리해보자. <u>정호는 혜원이와 헤어졌어. 하지만, 미술도 잘하고, 남의 이야기도 잘 들어주고, 끈기가 있구나. 그리고 할머니와 엄마는 정호를 아주 귀하게 여기고 계시고. 내가 인생 실패한 사람이라는 생각이 이런 현실과 일치하는 정확한 생각이니?</u>

정　　호: 그렇진 않은 것 같아요.

논리적 논박, 기능적 논박, 합리적 사고 구축

단지 한 번 일어난 실패 또는 상실의 경험을 바탕으로 자신이 모든 일에 무능하다거나 누구에게도 사랑받지 못할 인생 실패자라는 결론을 내리는 것은 일반화의 오류이다. 이러한 측면에서 정호의 생각을 논박하는 모습을 다음에 제시한 대화에서 살펴보자. 자신의 비논리적 추론이 비합리적인 이유를 찾는 과정에서 정호는 스스로 합리적 사고를 생각해 내었으며 비논리적 추론이 자신에게 손해를 끼쳤음을 깨달았다. 아울러 새롭게 발견한 합리적 사고가 옳으며 자기에게 도움이 된다는 것도 이해하게 되었다.

> 상담자: 선생님도 그렇게 생각해. 그럼 이번에는 논리성도 생각해 보자. <u>중1 때 좋아하던 여자친구와 헤어졌는지 아닌지에 따라 그 사람 인생의 성공과 실패가 결정된다고 선생님이 주장한다면, 정호는 이 주장에 동의해 줄 거니?</u>(논리적 논박)
>
> 정　호: 그건 말이 안 되는 것 같아요.
>
> 상담자: 어째서 그렇지?
>
> 정　호: 그냥 여자친구랑 한 번 헤어진 것뿐인데, 그것 가지고 인생 실패까지는 안 갈 것 같아요(합리적 사고).
>
> 상담자: 정호가 합리적 생각을 제대로 말해주었구나! 아주 훌륭하다. 혹시 <u>고집스럽게 자기가 인생 실패자라는 비합리적 생각을 계속 가지고 살면 어떤 이익이 생길까?</u>(기능적 논박)
>
> 정　호: 손해만 생기죠.
>
> 상담자: 정호는 방금 말해준 합리적 생각과 자기가 인생 실패자라는 생각 중에서 어떤 생각을 가지고 살 거니?
>
> 정　호: 합리적 생각이요.

단 한 차례의 면담만으로 합리적 사고가 온전히 내면화되지는 않는다. 달리 표현하면, 인간은 새로운 생각을 처음부터 완전히 믿지는 않는다. 이런 상태를 학생들은 합리적 생각이 맞다는 것을 머리로는 알겠는데 가슴에 와닿지는 않는다는 말로 표현하기도 한다. 합리적 생각에 대한 믿음을 강화하는 한 가지 좋은 방법은 그것을 자주 큰 소리로 말하는 것이다. 믿음이 강해질수록 건강한 감정을 느끼고 건강한 행동을 취할 가능성이 더욱 커진다. <표 1-1>에는 기존의 비합리적 사고를 대체함으로써 정호의 우울감을 완화할 수 있는 합리적 사고를 정리했다. 합리적 사고를 내면화시키기 위해 역할극을 시도하는 방식도 인지 재구조화에서 자주 사용된다. 상담자가 비합리적 사고의 입장에서 발언하고, 정호는 합리적 사고의 입장에 서서 상담자의 생각을 논박하고 합리적 생각을 강하게 주장하는 식으로 역할극을 여러 차례 진행하다 보면, 합리적 사고에 대한 확신을 키워줄 수 있을 것이다.

◎ 표 1-1 비합리적 사고를 대체할 합리적 사고

비합리적 사고	합리적 사고
'혜원이랑 함께 있는 것이 즐겁다. 그러니까 혜원이랑 절대 헤어지면 안 된다.'	'나는 혜원이랑 함께 있는 것이 즐겁다. 하지만, 혜원이와 헤어질 수도 있다.'
'사는 게 허무하다.'	'혜원이와 헤어진 일은 아쉽지만, 내 삶에는 기쁜 일이 많다!'
'난 인생 실패한 사람이다.'	'나는 그냥 여자친구랑 한 번 헤어진 것뿐이다. 이것 가지고 인생 실패자가 되진 않는다!'

상담자: 나는 단지 여자친구랑 한 번 헤어진 것뿐이라는 합리적 생각을 아주 큰 소리로 말해보자.

정 호: <u>나는 그냥 여자친구랑 한 번 헤어진 것뿐이다. 이것 가지고 인생 실패자가 되진 않는다!</u>

상담자: 정호의 표정이 밝아진 것 같구나. 지금 기분이 어떠니?

정 호: 뭔가 의욕이 생기는 것 같아요.

상담자: 잘 되었구나. 오늘 선생님과 함께 찾아낸 합리적 생각들을 표에 정리해보자.

정 호: (종이에 <표 1-1>을 작성한다)

상담자: 지금 기분이 나아지긴 했지만, 비합리적 생각이 떠올라서 또 허전한 감정이 들 때가 있을 거야. 그럴 땐 어떻게 하면 좋을까?

정 호: 합리적 생각들을 떠올리면 될 것 같아요.

상담자: 그렇지! 그리고 합리적 생각을 큰 소리로 말하면 더 효과가 좋을 거야.

- 자신이 가장 자주 느끼는 부정적 감정은 무엇인가? 그리고 이 감정은 어떤 절대적 요구와 연관되어 있는가? 예를 들면, 자주 압박감에 시달리는 사람은 '일 처리는 항상 완벽해야만 해.'라는 절대적 요구를 지니고 있을 수 있다.
- 자신의 절대적 요구가 비합리적임을 깨닫도록 이끄는 질문을 세 가지 만들어 보자. 실증적, 논리적, 기능적 논박을 진행한 대화를 참고하면 도움이 될 것이다.
- 자신의 절대적 요구를 대체할 유연한 합리적 사고를 한 가지 생각해 적어보자. 예를 들면, '흠이 좀 있어도 일은 잘 돌아갈 수 있어.'라는 유연한 생각은 완벽주의로 고통받는 사람에게 마음의 여유를 가져다줄 것이다.

추천활동

- 합리적 사고 선물하기(조별 활동)
① 심화활동에서 찾아낸 자신의 절대적 요구 및 이와 연결된 부정적 감정을 한 명씩 돌아가며 발표한다.
② 모두가 발표를 마친 다음, 각 발표자의 절대적 요구를 대체할 유연한 합리적 사고를 조원 전체가 함께 브레인스토밍한다. 합리적 사고는 근거 없는 긍정적 생각이 아니다. 현실과 일치하고, 논리적이며, 유익한 결과를 가져오는 생각임을 명심하자.

추가학습자료

- 삼성서울병원 우울증 센터 홈페이지를 방문해 우울증 자가진단 해보기
http://www.samsunghospital.com/dept/common/self_check01.do?DP_CODE=DEP&MENU_ID=003011
- 인지행동치료(Cognitive Behavioral Therapy) 및 합리적 정서행동치료(Rational Emotive Behavior Therapy)를 활용해 면담을 진행하는 동영상 찾아보기

참고문헌

권석만 (2013). 현대 이상심리학(2판). 서울: 학지사.

Beck, A. T., Rush, A. J., Shaw, B. F., & Emery, G. (1979). *Cognitive therapy of depression*. Guilford Press.

Cormier, S., Nurius, P. S., & Osborn, C. J. (2016). *Interviewing and change strategies for helpers* (8th ed.). Brooks/Cole.

DiGiuseppe, R. A., Doyle, K. A., Dryden, W., & Backx, W. (2014). *A practitioner's guide to rational emotive behavior therapy (3rd Edition)*. New York, NY: Oxford University Press. 이한종 역 (2021). 합리적 정서행동치료 −상담 전문가를 위한 안내서. 서울: 학지사.

Dryden, W. (1996). *Rational Emotive Behavior Therapy: Learning from demonstration sessions*. Whurr Publishers.

Nesse, R. M. (2000). Is depression an adaptation? *Archives of General Psychiatry, 57*, 14−20.

CHAPTER 02

교육심리학의 개념은
왜, 어떻게 이해해야 할까?

임 효 진

학습목표

- 교육심리학을 바라보는 이론적, 실천적 관심의 차이를 설명한다.
- 교육심리학의 개념이 현장에 적용될 때 발생할 수 있는 난점을 이해한다.

사례

중학교에서 과학을 가르치는 A교사는 평소 학생들이 주어진 수업 내용을 수동적으로 듣기만 하거나, 가끔 질문을 해도 교과서에 정해진 답만 하는 것이 아쉽게 느껴졌다. 이러한 분위기는 학생들의 적극적인 참여를 점점 떨어뜨리고, 한편으로는 과학 수업에서 기대하는 창의성도 길러줄 수 없다. A교사는 어떻게 하면 이 문제를 해결할 수 있는지, 그러기 위해서 필요한 것들은 무엇인지에 대해 고민하게 되었다. A교사는 창의성을 개발할 수 있다고 알려진 다양한 프로그램을 알아본 결과 자신의 고민이 해결될 것 같다는 생각이 들었다. 즉 창의성을 기른 학생들은 스스로 탐구하려는 자세가 생기며, 적극적으로 질문도 많이 하고 무엇보다 정해진 답이 아니라 기발하고 재미있는 아이디어를 더 많이 찾을 수 있다는 것이다. A교사가 바라는 것은 바로 이런 "질문이 있는 교실"이었으며, 바로 그 프로그램들을 실행하기로 마음먹었다.

부모, 교사, 교육연구자, 또는 일반인 누구에게라도 "학생들이 공부하고자 하는 마음을 갖고, 그렇게 만드는 것이 중요한가요?"라고 묻는다면 그렇다는 답을 즉시 듣게 될 것이다. 학생들을 스스로 공부하게 만드는 것이 얼마나 중요한지는 굳이 말할 필요가 없다. 공부하고자 하는 마음을 포함하여 학생들이 가지고 있는 마음의 특성과 그 기제, 그리고 그것의 변화를 다루고자 할 때 우리가 의지하게 되는 학문은 교육심리학이다.

교육심리학에는 여러 하부 주제들이 있다. 예컨대 공부하는 마음이 들게 하도록 하는 것은 동기, 즉 학습동기를 다루는 영역에 속한다. 이런 주제를 연구하는 어떤 학자에게 무슨 일을 하고 있냐고 물으면, "교육심리학에서 동기 이론에 대해 공부하고 가르치고 있다."고 말할 것이다. 물론, 질문한 사람이 누구냐에 따라 동기를 "학습동기"라고 말할 수도 있고, "내재동기" 혹은 "학습자의 열정과 인내가 발휘되기 위한 교육적 상황이나 그 조건"이라고 말할 수도 있다. 기본적으로 동기란 특정 행동을 선택/유발/지속하게 하는 행동과 신념, 정서 등을 광범위하게 포괄하는 힘을 가리킨다. 그리고 이러한 힘이 발현되는 인지적, 정서적, 행동적 측면을 종합적으로 살펴보는 것이 바로 동기 이론이라 할 수 있다. 따라서 아주 간단히 말해, 학습동기는 학습의 시작과 중간 그리고 마지막에서 나타나는 다양한 측면의 동기를 다룬다고 볼 수 있다.

학습이 포괄하는 영역은 상당히 넓기 때문에, 그리고 교수(수업)와 불가분의 관계가 있기 때문에, 학습동기 이론 또한 광범위하다. 학습자, 교수자의 개인적 특성에서부터 교수학습 과정에서의 상호작용과 그 결과, 교육 환경이나 사회 풍토에 대한 내용까지 포함할 수 있기 때문이다. 이러한 내용은 기대, 가치, 귀인, 정서, 목표, 자기조절과 같은 많은 교육심리학의 개념을 통해 다루게 된다.

심리적 현상으로서 동기의 편재(遍在)성과 그 효과에 대해 약간이라도 알고 있다면, 교육 장면에서 학습동기에 대해 이해해야 하는 것은 너무나 당연하고, 서두의 질문은 굉장히 쓸데없는 것처럼 보인다. 그러나 학습동기와 같은 교육심리학의 개념을 이해해야 함을 인정하는 것과, 그러한 이해가 왜 중요한지에 대해 따지는 것은 다르다. 이 장에서는 특히 후자의 경우, 즉 개념을 이해하는 것이 중요한 이유에 두 가지 견해가 있고, 이 두 견해에는 큰 차이가 있음을 설명하고자 한다.

여기서 한 가지 짚고 넘어가고자 하는 것이 있다. 이 장의 논의는 비단 학술적인 내용에 익숙한 학자들만을 대상으로 한 것이 아니며, 교육심리학에서 다루는 개념을 알고 싶은 교사 혹은 학생들을 대상으로 한다는 것이다. 이하에서는 먼저 교육심리학에 대해 사람들이 어떤 종류의 관심을 보이는지 그리고 그러한 관심이 어떤 경우에 발생하는지 알아보기로 한다.

1 교육심리학 개념에 대한 관심

앞서 예로 든 "공부하는 마음을 가지게 하는 것"과 같이, 학습동기의 이론과 연구들은 보통 심리학과 교육심리학[1]의 주제에 해당한다. 교육심리학은 심리학의 이론과 연구를 교육현장에 응용하는 학문이 아니라, 교육의 상황과 현장에 내재되어 있는 심리적 현상을 과학적, 체계적으로 연구하는 학문이다(이성진, 1996). 따라서 교육심리학에서는 가장 기본적으로, 학습자의 속성, 즉 인지적(지능, 창의성 등), 정의적(흥미, 동기 등) 속성과 함께 이들 속성이 발달하는 과정을 다루게 되는데,[2] 다양한 교육심리학의 주제 중 이 장에서는 학습동기의 주제를 예로 들 것이다. 학습동기 연구에서는 일차적으로 학습자의 동기적 개인차와 그것이 모종의 인지적, 정의적, 행동적 결과로 이어지는 과정 및 개인차에 영향을 미치는 개인, 환경, 사회 요인들을 탐구하며, 교육심리학자들은 학습 장면에서의 동기 그 자체에 관심을 가지고 세분화된 연구를 진행한다.

교육심리학자뿐만 아니라 현장 교사 역시 교육심리학의 개념에 관심을 가질 수 있다. 하지만 이러한 관심에는 서로 다른 종류가 있고, 그 차이에 대한 이해는 이 장 전체의 내용을 이해하는 것과 관련이 있다. 예를 들어, 어떤 교사가 최근 핫한 주제로 떠오른 MBTI 성격 유형에 대해서 관심을 가지게 되었다고 하자. 이 교

---

1) 교육학에서도 학습동기를 정의적 영역의 한 요소로 다루고 있다. 그러나 학습동기는 교육심리학자들에 의해 주로 연구, 논의하고 있는 주제이다. 학문으로서의 교육학, 교육심리학의 정체성에 대한 다양한 논의는 이 절에서 주장하고자 하는 내용과는 다소 거리가 있기 때문에 여기서는 논외로 한다.

2) 학습자 영역 외에도 교육심리학에서는 교육과정 영역, 교육환경 영역, 교육성과의 평가 영역까지 다루고 있지만(이성진, 1996), 이 장에서 주로 예로 들고 있는 학습동기는 대부분 첫 번째 영역인 학습자 영역과 가장 밀접하게 관련되어 있으므로 나머지 영역에 대한 논의는 다루지 않는다.

사는 처음에는 MBTI가 같은 학생들끼리 모둠을 구성하여 수업을 진행하면 학생들은 서로 익숙한 분위기에서 소통하게 되고, 학급 분위기도 좋아질 것이며, 수업 효과도 높아질 것을 기대하였다. 일반적으로 교육심리학에 관심을 가지게 되는 것은 대부분 이러한 실천적 관심에서 비롯된다. 이러한 관심은 결코 나쁘지 않고, 오히려 절대적으로 필요하다. 그러나 이러한 관심이 이후 어떤 과정을 거치게 되느냐에 따라 그 결과는 다양하게 나타난다. 먼저 이 교사가 같은 성격 유형의 학생들끼리 모둠을 구성하여 수업을 진행한 결과에 만족하는 경우이다. 모둠 내 학생들은 토론을 더 활발히 하고, 더 열심히 참여했으며, 수업 내용을 평가하는 퀴즈에서도 더 높은 성취도를 보였다. 이런 상황에서 교사는 어떤 생각을 하게 될까? MBTI는 학생들의 동기와 성취를 비롯한 수업 전반에 도움을 주며, 그렇기 때문에 중요하다고 생각할 것이다. 그리고 이러한 경험이 반복된다면 MBTI는 교육 현장에서 더 많이 활용되어야 하고 이를 위한 연구가 더 많이 이루어져야 한다고 주장하게 될 것이다.

이러한 관심은, 그 자체로 부정적인 것이 아니지만, 교사가 이러한 관심만을 가지고 있을 때 분명한 한계가 존재한다. 예컨대 이 교사가 특정 유형의 학생들끼리 구성된 모둠에서는 학생들끼리 발표과제를 서로 미루다가 갈등을 겪고 있음을 발견했다고 치자. 이때 교사는 MBTI가 학생들의 동기와 성취에 항상 도움이 되는 것은 아니라고 생각하고, 학생끼리 발표를 미루는 문제를 해결하면서 앞서와 같은 수업의 긍정적인 결과를 기대하려면 어떻게 해야 하는지에 대해 고민하게 될 것이다. 고민 끝에 교사는 성격 유형이 서로 다른 학생끼리 모둠을 구성해서 수업을 진행하고자 할텐데, 이는 발표를 미루는 문제를 해결하고 수업의 과정과 결과에 도움이 되는 방안을 찾기 위한 시도이다. 그 시도가 성공적이라면 역시 앞서 말한 태도("MBTI는 수업에 도움을 주며, 그렇기 때문에 중요하고, 활용을 위해 더 연구할 가치가 있다.")를 가지게 된다. 그러나 만약 이 경우 예상치 못한 또다른 문제가 발생하여 교사의 기대만큼 수업에 도움이 되지 않고, 이러한 경험이 반복된다면 MBTI는 현장에서의 활용 가능성이 없으니 중요하지 않다고 주장하게 될 것이다.

개념과 이론이 문제의 해결이나 개선을 위해 중요하게 다루어지는 상황에서 나타나는 이러한 실천적/도구적 관심은 매우 일반적이지만, 이것이 전부는 아니다. 흔한 경우는 아니나, 어떤 교사는 MBTI가 왜, 어떻게 작용해서 모둠 수업의 결과를 초래하는가를 궁금해한 나머지, 여러 각도에서 MBTI 수업의 차이를 비교하는 성찰의 과정을 밟을 것이다. 같은 유형의 모둠과 다른 유형의 모둠의 차이는 어디에서 오는가? 특정 유형의 학생들이 발표하기 싫어하는 이유는 무엇인가? 성격 유형의 차이가 왜 수업의 과정과 결과의 차이를 가져오는가? 등과 같은 질문이 꼬리에 꼬리를 물게 되면, 이 교사는 결국 인간의 성격(personality) 유형이라는 것에 대해 이론적으로 탐구하는 일에 관심을 가지게 된다.

인간의 성격에 대해 안다고 해서 학생들에게 새로운 성격이 생기거나 학생들의 성격을 고칠 수 있는 것은 아니다. 이 질문을 하게 되는 이유는 단지 말 그대로 인간의 성격을 이해하고자 하기 때문인 것이고, 그러한 이해의 과정을 통해 결국 그 자신과 인간이 과연 어떤 존재인가를 알고 싶기 때문이다. 교육심리학은 이런 종류의 이론적 관심의 결과로 이루어진 학문이다. 이론적 관심이 어째서 중요한지 그리고 그것이 가진 고유한 가치는 무엇인지에 대해서는 별도의 논의가 필요하다. 다만 이하에서는 교육 현장에서 벌어지는 심리적 현상에 관심을 가지게 되는 두 가지 이유(즉 교육심리학의 개념을 이해해야 하는 이유와 같다), 즉 이론적 관심과 실천적 관심의 차이에 대해 좀 더 자세히 논의한다.

우선 교육심리학의 이론적, 실천적 특성에 대해 스토크스(Stokes)가 말한 "파스퇴르의 사분면"과, 이를 설명한 교육심리학자인 핀트리치(Pintrich)의 모델을 소개하고자 한다. 스토크스(1997)는 과학기술 연구의 특성을 규명함에 있어서 기초적 차원과 응용적 차원의 구분이 연속선상에 있지 않다고 주장하였다. 그는 과학기술의 역사를 분석하는 가운데, 기초와 응용이라는 대척점을 형성하는 기준인 실용성(utility)에 의문을 품었다. 그는 자연과학에서의 기초연구(예: 물리학, 화학, 생물학)와 이를 이용한 실용연구(예: 공학)의 관계를 규명하고자 하였다. 스토크스는 2×2 차원을 제안하였는데, 연구의 기초적, 응용적 성격은 연속선상에 있는 것이 아니라 <그림 2-1>에서 보는 바와 같이 사분면을 이루고 있다고 하였다. 사분면을 구분하는 첫 번째 차원에서는 과학에 대한 근본적인 이해를, 두 번째 차원에서는 과학적 이해의 응용을 다룬다. 스토크스는 두 차원을, 과학을 이해하려는 관심이 전혀 없는 상태부터 절대적으로 많은 상태, 과학을 활용하려는 관심이 전혀 없는 상태부터 절대적으로 많은 상태로 구분한 결과 <그림 2-1>과 같은 사분면을 제시하였다.

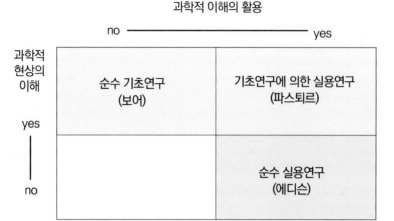

출처: D. Stokes (1997)의 『Pasteur's Quadrant: Basic Science and Technological Innovation』 p. 73에
서 수정.

<그림 2-1>에서 2사분면은 "순수 기초연구"로 명명되며 이론적 이해에 중점을 두고, 이를 응용하는 것에는 거의 관심을 두지 않는 상태이다. 스토크스는 이를 "보어(Bohr)의 사분면"이라고 지칭하였다. 보어는 물의 끓는점이 섭씨 100도임을 확인한 물리학자이다. 다음으로 "순수 실용연구"라고 명명되는 4사분면은 실생활의 문제 해결을 위한 공학적 기술에 관심을 두는 상태이다. 이는 "에디슨(Edison)의 사분면"이라고 하는데, 에디슨은 주지하다시피 전구를 비롯해 우리 생활에 없어서는 안 될 여러 발명품을 만들어 낸 기술자이다.

<그림 2-1>에서 1사분면은 "기초연구에 의한 실용연구"로 명명되며 이는 이론에 기초한 응용연구라고도 볼 수 있다. 즉 과학에 대한 이론적 이해를 근본으로 하면서 이를 바탕으로 한 활용에도 관심을 지닌 상태이다. 이는 "파스퇴르(Pasteur)의 사분면"이라고 명명되는데, 파스퇴르는 세균학의 지식을 농축산업에 필요한 기술로 발전시킨 학자로 알려져 있다.[3]

---

3) 〈그림 2-1〉에서 3사분면은 이해와 활용 어느 쪽도 목표로 하지 않는다. 스토크스는 이 영역을 따로 명명하지 않고 현상을 설명하거나 기술을 개발하려는 목적 없이 연구자의 단순한 호기심에 의해서 수행되는 연구가 이에 해당한다고 보았다. 핀트리치(2000)는 이 영역이 현장의 교사 연구자들에 의해 수행되는 'action research'라고 해석하였다(p. 224).

여기서 에디슨의 사분면과 파스퇴르의 사분면의 차이는 마치 상대성 이론을 이해하는 것과 상대성 이론을 이용하여 원자폭탄을 만드는 것의 차이와도 같다. 에디슨은 어둠을 밝히기 위해서 전구를 발명했고, 원거리에 있는 사람에게 말하기 위해 전화를 만들었다. 즉 어두운 곳에서 일해야 할 때 발생하는 문제, 그리고 멀리 떨어진 사람과 대화해야 할 때 발생하는 문제를 해결하기 위해 연구를 시작한 것이다. 반면 파스퇴르는, 세균이 발생하는 조건이나 환경에 대한 이론을 탐색하는 것에서 시작하여, 발효음식이나 활용될 수 있는 기술로 발전시켰다.

교실에서의 예를 들면, 파스퇴르 식의 연구는 보상(reward)이 무엇이냐에 대한 이론적 관심에서 출발하여, 외적 보상(스티커)이 효과가 있다는 사실을 알게 되고, 떠드는 학생들에게 스티커를 주어 조용히 시키는 전략이 유용하다는 것을 알게 되는 것과 같다. 에디슨 식의 연구는 반대로, 학생들이 떠들고 있다는 문제 상황에서 출발하여, 이를 해결하기 위해 스티커 주기 전략을 개발하는 것과 같다. 즉 "파스퇴르의 사분면"식 접근은 그 결과가 어디에 적용되는가에 일차적인 관심을 가진 것이 아니라 지금 벌어지고 있는 현상을 근본적으로 이해하고자 하는 태도를 보여준다. 이러한 태도를 가진 교사라면 학생들의 심리적 현상이 무엇이며 왜, 어떻게 일어나는지에 주된 관심이 있다. 반면 에디슨과 같은 태도를 가진 교사라면 "현장의 문제점을 어떻게 고칠 수 있는가?" 또는 "현재의 상태를 더 낫게 만들기 위해서는 어떻게 해야 하는가?"와 같은 질문에 주된 관심이 있다.

핀트리치(Pintrich)는 전미 심리학회에 그의 이름을 딴 학술상이 있을 정도로 학습동기 특히 자기조절학습 이론의 발전에 크게 기여한 학자이다. 교육심리학에서는 파블로프(Pavlov)나 스키너(Skinner)의 조건화 이론과 같은 행동주의적 관점 혹은 정보처리 이론과 같은 인지주의적 관점이 오랫동안 주류를 차지했지만, 학습자의 인지, 동기, 정서 등을 광범위하게 다루는 현대 학습동기 이론은 많은 부분에서 그의 업적에 기대고 있다. 그는 2000년 「뉴 밀레니엄 시대의 교육심리학」이라는 논문에서 스토크스의 사분면을 소개하며, 교육심리학의 연구가 어느 위치에 속해야 하는지에 대해 그의 의견을 제시하였다.

그는 많은 학자들이 교육심리학은 마치 항공우주공학과 같은 기초연구에 의한 실용연구에 속한다고 생각하는 것에 비해 오히려 "교육심리학은 보어의 사분면에 위치할 수 있고 위치해야 한다."고 본다(Pintrich, 2000, p. 224). 핀트리치는 교육심리학 현상에 대한 근본적인 이해를 위해서는 순수 기초연구를 수행해야 한다고 강하게 주장한다. 그는 더불어 이러한 연구 과정에서 지금 당장 활용 가능한 결과를 얻지 못한다는 사실에 연연할 필요는 없다고 말했다. 물론 핀트리치는 기초연구에 의한 실용연구처럼 과학적 이해와 활용의 두 마리 토끼를 다 잡는 연구를 수행하여 효율적인 교수학습 방법이나 새로운 교수설계 전략을 구안할 때와 마찬가지로 더 나은 교육이 이루어질 수 있도록 해야 한다고 보았고, 또한 순수 실용연구가 현장에서 맡고 있는 역할(새로운 교재 개발, 혁신적인 교수학습 프로그램 및 기술의 개발) 또한 인정한다.

문제는 대부분의 경우 순수 실용연구가 가장 먼저 주목을 받고, 그 결과 순수 기초연구 혹은 기초연구에 의한 실용연구는 결국 무시되거나 소홀해진다는 데 있다. 교육학이 가지고 있는 기본적인 목적, 학생의 변화를 이끌어내기 위한 가치지향적이고 처방적인 특성(이성진, 1996)으로 인해 더욱 그렇게 될 수밖에 없다. 다음 절에서는 이와 같이 교육심리학이 실용/활용의 압박에서 자유롭지 못할 때 발생할 수 있는 문제점에 대해 논하고자 한다.

2 교육심리학 개념을 적용할 때의 난점

핀트리치는 교육심리학이 보어나 파스퇴르의 두 사분면 중 다양한 지점에 위치한다고 말하는 한편 교육 현장에 직접적으로 활용할 수 있는 여러 공학과 기술의 발전 또한 중요하다고 보았다. 그러나 그가 정작 강조하는 것은 보통의 경우 쉽게 포착되는 실천적 관심(응용)보다는 좀 더 세심하게 관찰하고 꼼꼼하게 들여다보지 않으면 알아보기 힘든 이론적 관심(이해)이다. 전자는 쉽고 빠르고 재미있는 반면, 후자는 복잡하고 시간이 걸리고 불편할 수 있다. 수업에 열심히 참여하거나 성적을 높이기 위해 흥미에 관심을 가지는 것과, 도대체 흥미란 무엇인가를 알아내기 위해 흥미에 관심을 갖는 것은 중대한 차이가 있다. 대부분의 사람들이 전자가 흥미에 대해 배워야 하는 이유라고 생각하지만 이것이 전부는 아니며, 특히 이것이 전부라고 생각할 때 어떤 문제가 나타나게 된다.

상술한 바와 같이, 전자의 경우는 개념이나 이론을 도구적 관점으로 바라보는 것이다. 즉 교육심리학의 개념을, 어떤 효과가 있으면 옳고 가치가 있는 것, 효과가 없으면 틀리고 가치가 없는 것으로 보는 것이다. 그러나 어떤 개념에 대해 단지 그것이 이용되는 결과만을 고려할 때, 개념은 매우 협소하게 이해되거나 혹은 잘못 이해되고, 결국 의도치 않은 결과를 낳게 될 것이다. 예컨대 MBTI를 통해 어떤 학생을 유형화하고, 검사 결과 특정 유형이 가진 일반적인 경향성을 이 학생도 가지고 있을 것이라는 선입견(예: "내향성 유형의 학생들은 발표에 불안을 느낄 것이다.")을 가지는 것이 개념 오용의 결과이다.

또한 사람들은 이론이나 연구라는 단어가 붙어 있으면 그것이 모두 과학적인 결과에 근거한다고 착각하기 쉽다. MBTI는 융(Jung)의 성격 이론과 그 이후 이루어진 연구들을 근거로 하여 제시된 검사의 이름이다. 그러나 우리는 이론과 연구라고 해서 모두 옳다는 것은 착각이라는 것을 알고 있다. 그러나 착각은 곧잘 신념으로 탈바꿈하고, 신념은 그것을 오래 유지할수록 오류를 수용하거나 수정하는 것이 힘들어진다. 한때 학습 스타일(learning style)이라고 하여, 학습자마다 집중하고 선호하는 정보 양식이 다르기 때문에 이것이 학습 결과에 영향을 준다고 하는 이론이 각광을 받은 적이 있었다. 따라서 시각적 학습자에게는 읽기 자료를 주고, 청각적 학습자에게는 강의를 들려주는 것이 더 효과적이라는 주장 하에, 많은 교사들은 학생들을 학습 스타일에 따라 분류하거나 그 양식에 맞춘 수업 방식을 고안한 적도 있었다. 그러나 현재까지 학습 스타일 분류의 타당성이나 검사의 신뢰성 등에 대한 비판이 이어지고 있으며, 현재는 이전만큼의 유행을 보이고 있지 않다.

교육 장면에서 학습자의 마음이 어떤 개념과 원리를 가지고 작동하며 그러한 마음의 현상을 설명하는 이론적 체계를 따지는 과정은 주로 교육심리학자가 하는 일이지만, 현장의 교사라고 해서 다르지 않다. 질문의 답을 구하는 과정에서의 엄밀성이나 효율성의 측면에서 차이가 날 수는 있다. 그러나 어떤 연구자도 완벽한 과정을 거쳐 답을 얻어내지는 못하며, 중요한 것은 근본적인 관심이 무엇인가 하는 것이다. 이하에서는 실천적 관심만으로 교육심리학 개념을 현장에 적용할 때 발생하는 문제에 대해 구체적인 사례를 들어 본다.

1) 불분명한 개념에 대한 무비판적 수용

첫 번째로 소개할 사례는 교육심리학의 어떤 개념을 보고 그것이 실제로 존재하거나 증명되었다고 생각하며 무비판적으로 수용하는 태도의 문제를 다룬다. 이러한 사례는 특히 개념의 응용 가치가 높거나, 결과가 확실히 눈에 보이고 주목을 받을 때 더 빈번하게 등장한다. 꽤 오래 전에 "모차르트 효과"라고 명명된, 클래식 음악이 아기들의 지능 발달에 도움이 된다는 주장이 있었다. 이 주장에 따라 임산부가 클래식 음악을 듣거나, 아기들에게 클래식 음악을 들려주는 것이 유행처럼 번졌다. 요즘으로 치면 "카더라 통신"에 의해 이 효과는 사람들의 입소문을 타고 점점 유명해졌고, 나중에는 클래식 음악을 배경으로 한 영유아용 비디오나 DVD가 제작되기도 하였다. 비디오와 DVD의 영상은 느리게 움직이는 장난감, 동물, 자연의 풍경 등을 담고 있는데, 이 대목에서 우리는 허구에 이름을 붙여 그것이 정말 있는 것처럼 믿게 되는 과정이 얼마나 쉽게 이루어지는지 알 수 있다. "장난감이나 동물이 움직이는 느린 영상을 보여주면 아기들의 지능이 높아진다."고 말하면 당장 믿지 않았을 사람들도, "모차르트 효과"라는 이름에 익숙하게 되니 어느 순간 클래식 음악도 아닌 음악을 입힌 영상이 효과가 있다고 생각하는 것이다.

허구의 존재에 이름을 만들어 붙이는 경우도 있지만, 여러 개념을 하나의 이름으로 부른다거나, 같은 개념을 여러 개의 이름으로 부르는 경우도 종종 있다. 이는 심리학이나 다른 학문 전반에서도 종종 나타나는 문제이다. 서로 다른 두 개념을 하나의 용어로 사용하는 경우(jingle fallacy)와, 하나의 개념을 서로 다른 용어로 사용하는 경우(jangle fallacy) 모두 오류에 해당한다(Kelley, 1927). 어느 쪽이든 개념이 불분명하거나 개념 간의 구분이 불명확하기 때문에 발생하며, 이하에서는 서로 다른 현상을 같은 이름으로 부르는 경우의 예를 들어본다.

어떤 교사가, A학생은 공부에 대한 자신감이 없고 적극적으로 수업에 참여하지 못하는 것이 문제라고 생각한다고 치자. 이 교사가 관찰한 학생의 "자신감"에는 서로 다른 종류의 심리적 현상을 설명하는 개념이 복합적으로 들어 있다. A학생은 친구들에 비해 공부를 못한다고 느낄 수도 있고, 선생님이 내는 문제를 잘 풀어낼 자신이 없을 수도 있다. 언뜻 보기에 둘 다 같은 자신감이고 둘은 굉장히 밀접한 관련이 있다. 문제를 풀지 못한다고 생각하는 학생이 친구들보다 공부를 잘한다고 생각하기 어렵고, 반대의 경우도 마찬가지이다. 그러나 교육심리학에서는 전자(친구에 비해 공부를 잘/못한다)를 자기개념(self-concept)으로, 후자(문제를 잘/못 풀 수 있을 것이다)를 자기효능감(self-efficacy)으로 구분한다. 자기개념은 자신에 대한 인식과 태도의 총체이며, 자기효능감은 과제나 수행을 성공할 수 있다고 기대하는 정도이다. 이 둘의 이론적 차이(개념과 그 정의의 차이)와 경험적 차이(결과의 차이)[4]에 대한 오랜 기간의 증거가 누적되어 있다. 따라서 적어도 교육심리학 연구에서는 양자를 반드시 구분하고, 그렇기 때문에 두 개념을 측정하는 검사도 각기 다르다. 이와 관련하여 마쉬 등(Marsh et al., 2019) 역시 두 개념의 차이를 논하면서 징글장글의 오류(jingle-jangle fallacies)를 조심해야 한다고 주장한 바 있다.

혹자는 그렇다면, 둘이 서로 비슷하고 관련성이 높은 개념이라고 하는데, 연구를 위한 학문적 논의도 아닌 현실적 상황에서 양자를 꼭 구분해야 하는지에 의문을 품을 수 있다. 그렇다면 다음과 같은 상황을 생각해보기로 한다.

OECD에서 3년 주기로 실시하는 국제학업성취도평가(Programme for International Student Assessment: PISA)는 참여 국가의 만 15세 학생들을 대상으로 읽기, 수학, 과학의 인지적 영역의 성취와 함께, 각 영역에 대한 동기나 태도 등 정의적 영역의 다양한 지표를 측정하여 국가 간 순위를 비교한다. 각 지표의 국가별 순위는 늘 주목의 대상이 되는데, 지난 10여 년간 우리나라 학생들의 경우 인지적 성취와 정의적 성취의 간극이 크다는 것이 가장 큰 이슈였다. 그간 PISA 결과가 발표될 때마다, 읽기, 수학, 과학은 상위권이나, 흥미, 자신감, 가치는 하위권인 것이 문제라는 내용의 보도가 자주 등장하였다. 이러한 문제를 해결하기 위해 학교에서는 학생들의 정의적 특성을 길러주는 교수학습 방법이나 프로그램이 필요하다는 주장이 상당히 널리 퍼졌고, 실제 프로그램을 만들기 위한 연구도 이미 여러

---

4) 두 개념의 이론적, 경험적 차이에 대한 논의는 학습동기의 자기도식 이론(self-reference theory)에서 여러 차원에 걸쳐 깊이 있게 논의된다. 그 중 몇 가지만 소개하면, 자기개념과 자기효능감을 구성하는 요소가 다르고, 선행하는, 즉 이 개념들에 영향을 주는 요인이 각기 다르다(정의의 차이). 또한 자기개념은 전반적 만족을, 자기효능감은 학업성취를 더 잘 예측한다(결과의 차이).

차례 이루어졌다.

그러나 이 대목에서, 과연 우리나라 학생들이 실제로 다른 나라 학생들에 비해 자신감이 낮은 것인지 질문할 필요가 있다. 앞서 자기개념과 자기효능감의 구분이 없는 것처럼, 다른 현상을 같은 개념으로 보고 있었던 것은 아닐까? 실제로 그러하다. 과학의 경우, "나는 과학을 잘한다."와 같은 문항으로 측정된 자기개념(전반적인 자기 인식) 지표는 낮았던 반면, "지진이 발생하는 이유에 대해 설명할 수 있다."와 같은 문항으로 측정된 자기효능감(문제를 풀 수 있다고 믿는 정도) 지표는 낮지 않았다(자세한 논의는 임효진 외, 2016, p. 141 참조).

같은 용어로 표현되는 서로 다른 두 지표의 차이와 그 결과를 알고 있는 교사라면, "자신감이 낮다"고 여겨지는 학생에게 처치를 하고자 할 때, 남과의 비교를 목적으로 하지 않는 피드백을 주거나 상대평가의 횟수를 줄일 수도 있고(자기개념 향상), 학생 수준에 맞는 문제를 제시하거나 연습 문제를 반복적으로 제시하여 문제 풀이에 성공 경험을 높여줄 수도 있다(자기효능감 향상). "자신감"이 무엇이냐에 대해 깊은 고민이 없는 교사는, 처치 과정에서 자신의 경험이나 상식에 의해 혹은 잘 알려진 혹은 세간의 어떤 트렌드("칭찬은 고래도 춤추게 한다."와 같은)를 따라 개입을 시도할 수 있다. 그러나 자신감이 무엇이며 낮은 자신감에 대한 정확한 문제가 무엇인지 먼저 파악하는 것은 해결 과정에서 쓸데없는 시간과 노력을 허비하지 않도록 도와준다. 여기서 재차 강조해야 하는 것은 자기개념 혹은 자기효능감이 낮은 문제를 해결하기 위해 개입 전략을 만들려는 목적(에디슨의 사분면에 해당하는 순수 실용연구)이 우선이고 전부는 아니라는 점이다. 이는 학생들의 자신감이 낮다는 문제를 해결하기 위한 목적에서 나온 것이지만, 이 목적과는 다른 목적, 즉 자기도식 이론(self-reference theory)에 비추어 두 개념의 차이가 무엇이고 왜 그 차이가 발생하는지 등을 밝히고자 하는 목적(보어의 사분면에 해당하는 순수 기초연구) 또한 존재한다는 사실을 잊어서는 안 될 것이다.

2) 원인과 그 결과의 관계에 대한 착각

두 번째 사례는 MBTI 모둠 수업을 했더니 학생들의 의사소통 능력이 높아졌다거나, 칭찬 피드백을 주었더니 학생들이 발표를 더 잘하게 되었다는 것처럼 특정 개념을 다룬 원인과 그 결과의 관계를 잘못 이해하는 것과 관련 있다. 이는 원인과 결과의 추론 과정을 면밀히 검토하지 않아 잘못된 원인을 무분별하게 맹신하는 위험을 초래한다.

A라는 원인과 B라는 결과의 관계를 파악할 때 사람들은 보통 "A와 B는 서로 관련 있다.", "A는 B보다 시간적으로 먼저 일어난다."와 같은 관찰 결과를 근거로 한다. 성격이 비슷한 사람끼리는 말도 더 잘 통한다. 같은 MBTI끼리 모둠을 만들었더니 수업에서 토론을 더 열심히 하였다. 따라서 MBTI 수업은 토론과 의사소통 능력 향상에 효과가 있다거나 혹은 원인이 된다고 생각하는 것이다.

원인과 결과의 관계를 파악할 때 보통 위의 두 가지 관찰 결과 외에 세 번째로 살펴보아야 하는 것이 있다. 그것은 같은 결과를 유도할 가능성이 있는 다른 원인들을 얼마나 고려했느냐 하는 것이다. 새로 나온 건강 기능 식품을 복용한 결과 피로감이 줄고 기분이 좋아졌다고 할 때, 사람들은 정말 그 식품이 원인인지를 판단하기 위해 식품을 먹기 전과 후를 비교하면서, 되도록 전후의 상태를 비슷하게 하되 복용의 유무에서만 차이를 두려고 한다(전문 용어로, 사전 영향력을 "통제한다"고 말한다). 이로써 건강에 영향을 주는 다른 원인들, 즉 식사, 운동, 스트레스 수준이 그 식품을 복용하기 진과 후에 동일하다는 가정하에 그 식품의 진정한 효과를 확인할 수 있다. 이 세 번째 고려 사항, 즉 "가능한 대안적 원인들을 제거하는 것(eliminating possible alternative hypotheses)"은 가설 설정과 검증에서 아주 기초적인 과정이자 과학적 사고의 필수 요건에 해당한다.

그러나 실제 현장에서 어떤 학습동기가 특정 결과의 원인이 된다고 추론함에 있어서, 대안적 원인에 대한 가능성을 생각해보거나 이를 제거하고자 하는 태도가 우리 안에 자연스럽게 형성되어 있을까? 칭찬 피드백이 원인이 되어 발표력이 높아졌다고 결론을 내리기 전에, 발표력이 높아지게 만든 다른 원인은 없었을지 생각해보는 교사가 얼마나 될까? 학생들이 이전 수업에 비해 내용을 더 잘 알게 되었거나, 피드백을 줄 당시의 수업 내용에 대한 사전 지식이 원래 더 많았거나, 교사가 피드백을 주기 위해 수업을 더 열심히 준비했던 것이 원인이 되어 학생들이 발표를 더 많이 하게 되었을지도 모른다. 교육심리학 연구에서는 많은 실험을 통해, 원인과 그 결과의 관계를 밝히기 위해 엄밀하고 체계적인 방법론을 사용해왔다. 모두가 이러한 방법론에 대한 전문적인 지식을 알아야 할 필요는 없지만, 적어도 어떤 전략 혹은 개입이 학생의 변화를 일으키게 한 원인이 된다고 섣불리 말하기에 앞서 그 인과적 관계가 제대로 확인되었는가를 의심하는 자세는 절대적으로 필요하다.

관련하여, 결과를 예측하는 또는 설명하는 요인과 그 결과와의 관계에 있어서도 따져보아야 한다. 2007년 덕워스(Duckworth)가 TED 강의에서 성공하는 사람들이 가지고 있었던 비인지적 특성이라고 소개한 '그릿'(Grit)의 개념은 그 후 전 세계적으로 유명해졌다. 그릿은 장기적인 목표를 위한 열정(흥미)과 인내(노력)라는 개념이다. 뒤를 이은 연구자들은 같은 지적 능력을 가진 학생 중에서 그릿이 높았던 학생들이 더 높은 성취를 보인다는 각종 증거를 통해, 성공에는 환경이나 타고난 재능보다 그릿이 더 중요하다는 주장을 하게 된다. 즉 그릿은 성취나 수행을 예측하고 설명하는데 중요한 동기 요인 중 하나라는 것이다.

그릿이 이처럼 유명해진 것은 그것이 성공을 예측한다는 아주 매력적인 이유에 더하여, 이전에 성공하는 학생들이 가졌던 특성과 다른 어떤 새로운 특성이 발견된 것처럼 알려졌기 때문이다. 즉 연구자들은 그릿이 독자적으로 성취를 예측하는 와중에 성취와 관련된 다른 요인들(예컨대 가정환경, IQ, 성실함 등)이 같다고 가정해도, 그릿은 여전히 성취를 유의하게 설명할 수 있다고 말했다. 이와 같은 주장을 뒷받침하는 여러 연구가 잇달아 발표되었기에 그릿은 마치 새로운 동기 개념처럼 주목을 끌 수 있었다.

여기서 여러 가지 환경과 개인 특성이 성공을 예측하는 부분에 더하여, 그릿이 여전히 성공에 영향을 주었다는 결과는 그릿이 고유한 특성을 가졌다는 결론을 내리게 하는 데 충분했다. 그러나 문제는 과연 그릿의 어떠한 특성이 그러한 예측력과 설명력을 가져왔느냐 하는 것이다. 일부 학자들은 그릿이 새로운 동기 개념이라는 사실에 대해 회의적이다. 이들은 성공이나 성취를 예측한 결과는 그릿 연구가들이 말하듯 이전에 없었던 새로운 동기 특성(그릿, 즉 "열정과 인내") 때문이 아니라, 이전부터 사람들이 익숙하게 알고 있는 "노력" 때문이라고 말한다. 사실 그릿 개념에 대한 조작적 정의("흥미나 관심을 꾸준히 유지하고 노력을 지속하는 특성")나, 이를 반영하여 만들어진 그릿 검사는 "얼마나 꾸준히 노력하고 있느냐"에 대한 것들로만 이루어져 있다. 따라서 그릿이 열정과 인내라는 새로운 개념으로 정의되었지만, 실제로는 인내(노력)만을 측정하고 있고, 인내가 성공을 예측하는 것은 아주 당연한 일이기에, 그릿을 고유한 동기 개념으로 받아들이기에는 무리가 있다(임효진, 2017).[5]

이러한 비판에도 불구하고 그릿에 대한 수많은 연구물이 계속해서 쏟아져 나오고 있는데, 일각에서는 국가 수준에서 그릿을 증진시키는 프로그램과 교육과정을 확대할 것을 요구하기도 하였다(Shechtman et al., 2013). 이 장의 내용을 숙지한 독자라면, 이러한 프로그램의 실행 결과 학생들의 그릿이 높아졌고, 높아진 그릿이 "원인"으로 작용하여 성취나 수행에 도움이 되었다는 주장이 있다면, 이를 섣불리 받아들이기에 앞서 조금은 주저하리라 생각된다.

교사는 참여나 성취를 높일 수 있다고 알려진 새로운 전략이나 프로그램을 현장에서 실행하고 그 결과를 확인하는 데 있어서 직접적인 역할을 담당한다. 그러나 어떤 개념의 오남용은 결국 그 개념을 이해의 대상이 아니라 오로지 이용의 대상으로 바라보는 데서 멈추는 순간에 발생한다. 또한 문제해결을 위한 실천적 연구에만 집중하게 되면, 개념 자체를 근본적으로 이해하기 위한 이론적 연구들은 점차 소멸되고 만다. 문제가 해결되는 순간 더 이상 그에 대해 생각해보아야 할 이유가 없기 때문이다. 핀트리치가, 교육심리학의 연구는 보어의 사분면에 "있을 수 있고 있어야 한다"("can and should be")고 강하게 주장한 이유는, 실용연구의 필요성에 대해서는 굳이 말하지 않아도 되지만, 기초연구의 필요성에 대해서는 누군가 당장 쓸모없어 보이는 그것에 대해 계속 말하지 않는 이상 그러한 연구가 이루어지는 것이 거의 불가능하기 때문일 것이다.

---

[5] 인내를 그릿으로 부르는 것은 앞서 말한 오류 중 같은 개념을 다른 이름으로 부르는 오류(jingle-jangle fallacies에서 jangle fallacy)에 해당한다고 말하는 학자도 있다(Credé et al., 2017).

3 교육심리학을 이해하고 실천하기 위해 필요한 태도

이 장의 1절에서는 이론적(과학적), 실천적 관심이 어떤 차이가 있는지를 살펴보고, 교육심리학의 연구가 어떤 성격을 가져야 하는지를 설명한 핀트리치의 모델에 대해 알아보았다. 이어 2절에서는 교육심리학의 개념을 현장에 적용할 때의 난점에 대해 설명하였다. 마음의 변화를 일으키기 위해 무엇을 어떻게 해야 할 것인지에 대한 처방적 노력은 분명 중요하다. 그러나 우리는 이제 현장에서의 처방이 생각만큼 손쉽게 시도할 수 있는 것이 아니며, 특히 어떤 개념을 적용하기 전에는 상당히 고민해야 한다는 것을 알게 되었다. 이하 3절에서는 이러한 고민의 과정에서 우리가 가져야 할 태도에 대해서 이야기하며 마무리하고자 한다.

1) 비판적, 탐구적, 개방적 태도

이 장을 읽고 난 독자 중에는, 성격 유형별 모둠 수업이나, 자신감 향상 프로그램을 시작하기도 전에 고려해야 할 것이 너무 많은 것이 아니냐며, 해결해야 할 문제도 많은데 이것저것 따지다가 결국 아무것도 시도하지 못하게 될 것을 우려할 수도 있다. 그러나 그렇기 때문에 오히려, 교육적 실천과 개입을 더욱 효과적으로 수행하기 위해서는 지금보다 훨씬 더 적극적인 태도가 필요하다고 말하고 싶다. 이러한 적극성을 발휘하기 위해서 어떤 태도를 가져야 하는지 알아보자.

첫째, 비판적인 자세를 가져야 한다. 동기를 높이는 또는 수행과 성취에 도움이 되는 어떤 전략이나 개입을 적용하기 전에, 이것이 어떤 개념에서 온 것이며 어떤 배경을 가지고 있는지 한번쯤 의심해 볼 필요가 있다. 상술한 내용에 의해 단순한 상식이나 유행처럼 많은 사람들이 믿고 있거나, 유명한 연구자나 학자가 말했다고 해서 그 개념이나 배경의 검증 과정이 항상 옳은 것은 아님을 알게 되었다. 비판적인 태도를 위해 중요한 것은 어떤 교육심리학 개념을 적용하는 것과 별도로, 그것이 어떤 현상을 설명하고 있는 것인지 대한 이해가 되었는지, 그리고 적용의 실효성을 검증하고 확인하는 작업이 어떻게 이루어졌으며 얼마나 엄밀하게 이루어졌는지 항상 의심하는 것이다.

둘째, 탐구하는 자세를 가져야 한다. 비판적인 자세를 견지하게 되면 자연스럽게, 우리가 그 심리적 현상에 대해 얼마나 알고 있으며 어떤 개입이 효과적일 것이라고 믿기 위해서는 무엇을 더 알아야 하는지 그리고 그것을 알아내기 위해 어떻게 해야 할 것인지 성찰하게 된다. 내가 알고 있는 것과 모르고 있는 것을 구분하고, 모르는 것에 대한 답을 찾기 위해서는 어떻게 해야 하는지를 알아내는 능력을 메타인지(metacognition)라고 한다. 메타인지에 관한 지식을 가지는 것은 어떤 선언적, 절차적 지식을 가지는 것보다 훨씬 중요하다. 지식은 고정된 것이 아니고, 이론은 항상 변화한다. 또한 정보기술력의 눈부신 발전으로 우리에게 필요한 지식을 찾고 공유하는 작업은 이전보다 훨씬 쉽고 빠르게 변했다. 그럼에도 불구하고 교육 현장에서는 이전부터 해오던 것을 바꾸지 않고 관성에 의존하려고 하거나, 새로운 것을 시도하기 전 이를 엄격하게 검토하고 따져보려 하지 않는다. 사실, 어떤 교육적 개입에 대해 이전부터 사용하던 방식을 바꾸거나 새로운 방식을 검토하는 과정은, 당면한 문제를 당장 해결해야 하고 그 결과를 빨리 확인하고자 할 때에는 일견 비효율적으로 보일 수 있다. 또한 오랜 시간과 노력을 기울여 새로운 방식을 검토하여 실행한들, 그것이 교육 현장에서 나타나는 변화나 효과는 단시간에 포착되기 어렵다. 그러나 이러한 어려움이 있기 때문에 더욱더 탐구하는 자세의 중요성은 더욱 강조되어야 한다.

셋째, 개방적인, 그리고 서로 다른 의견에 대한 상대적 차이를 인정하는 자세이다. 비판과 탐구의 과정을 거치다 보면 기존에 알고 있던 지식을 의심하게 되고, 새롭거나 혹은 내가 알던 지식과 상충하는 지식을 접하게 된다. 이에 필연적으로 모르는 것을 인정하고 내 생각과 다른 생각에 대해 열린 마음으로 다가가고자 하는 태도가 요구된다. 이러한 태도는 갈등을 최소화하여 타협하려는 목적보다는 오히려 성장하고 발전하기 위한 목적을 가진다. 템플턴(Templeton, 1995)은 겸손한 사람들일수록 개방적인 태도를 더 취하며, 그렇기 때문에 지적 성장의 측면에서 더 유리하다고 말했다. 오만한 사람들은 자신이 알고 있는 것과 다른 것에 대해 폐쇄적인 태도를 취한다. 개방적이고 상대적인 태도는 내가 가진 지식이 절대적이거나 우월한 것이라고 느끼지 않기 때문에 늘 겸손한 자세를 취하게 한다. 지적으로 겸손한 사람들은 자신의 관심사에 대해 새롭거나 다른 정보를 찾는 것에 더욱 적극적으로 임하고, 그로 인해 늘 성장과 발전을 경험하게 된다.

2) 요약

교육심리학에 관심이 있는 사람들에게 왜 이 이 학문에 대해 알고 싶은지를 물어보면 대개 교육을 더 잘하기 위해서는 학생들의 심리를 잘 이해할 필요가 있기 때문이라고 답한다. 교육심리학에 대한 이러한 기대는 이 학문의 저변을 넓히는 데에 기여하고 있으며, 그러므로 이런 기대를 충족시키는 것이 학문적 입장에서도 중요한 일이고 당연히 그렇게 되어야 한다. 그러나 이 장에서 논의한 바에 따르면, 교육심리학을 배우면 교육을 더 잘하게 될 것이라는 이 실천적인 믿음은 오직 답변의 일부에 지나지 않을 뿐이며, 때로는 교육심리학의 개념을 실천적이고 도구적인 관심으로만 접근할 경우 오히려 심각한 오남용이 일어남을 알 수 있다.

우리는 현장에서 자주 그리고 일상적으로 사용되고 있는 어떤 개념을 활용하는 것과 별도로, 그것이 어떤 마음의 상태나 심리학적 현상을 설명하기 위한 것인지를 알아내기 위한 충분한 목적을 가지고 있다. 적어도 이러한 검토와 확인의 필요성을 인지한 교사는, 근본적으로는 핀트리치가 말한 순수 기초연구를 위한 학문적 활동에 참여하고 있다고 말할 수 있다.

동기를 높이고 혹은 성취에 도움이 된다고 알려진 교육심리학의 개념 중 다수는 한순간 유행을 끌다가 허무하게 사라져 갔다. 어떤 개념이 유행을 끌 때마다, 학교 현장에서는 이를 적용하려는 각종 시도가 넘쳐난다. 이러한 시도가 과연 효과가 있었을까? 아니, 그 시도에 대한 효과가 있다면 왜 있고, 없다면 왜 없는지 따져보려는 분위기가 있었을까? 교육심리학의 개념을 이해하기 위해 의심하고 비판하고 분석하여 그 결과를 공유하는 과정에는 수많은 시행착오를 비롯한 난관이 있을 것이다. 또한 시행착오를 거친다고 해도 명확한 답을 얻게 되기는 힘들며, 그리고 그 결과는 기대에 미치지 못하게 될 수 있다. 그러나 무비판적, 맹목적으로 유행에 휘둘릴 때 발생하는 시간과 노력의 낭비를 줄이기 위해서, 더 중요하게는 학생들을 한때 유행하는 그 무엇의 실험대상이나 희생양으로 삼지 않기 위해서라도 우리는 이러한 난관을 어떻게 해서라도 극복해야 한다.

- 이 장에서 말하는 교육심리학의 실천적 관심과 이론적 관심의 차이를 보여주는 다른 예시를 찾아서 그 두 관심의 차이를 정리하고 설명해보자.
- 교육심리학 개념의 오남용 사례를 찾아보고 그 이유를 설명해보자(단, 여기서 오남용의 기준이 무엇인지 제시할 것).
- 위의 두 질문에 비추어 교사가 교육심리학을 배우면 무엇이 좋은지, 그리고 그것이 왜 좋은지를 근거를 들어서 말해보자.

- 핀트리치의 사분면 채우기(소집단 활동)
: 교육심리학의 연구는 이론적이고 실천적인 성격을 가지고 있다. 핀트리치 사분면의 각 영역에 해당하는 교육심리학의 연구 사례를 채워 넣고, 그 중 어느 영역이 교육심리학의 성격에 가장 부합하고 그 이유가 무엇인지 조별로 토론하고 그 결과를 발표해보자.

- 유튜브 영상: <<리차드 파인만의 "왜 자석은 서로 밀어내는가?"에 대한 답변>> https://youtu.be/3smc7jbUPiE

참고문헌

이성진 (1996). *교육심리학 서설*. 서울: 교육과학사.

임효진 (2017). 그릿의 최신 연구동향과 재개념화의 필요성. *교육심리연구, 31*(4), 663−681.

임효진, 황매향, 선혜연 (2016). *교육심리학*. 서울: 학이시습.

Credé, M., Tynan, M. C., & Harms, P. D. (2017). Much ado about grit: A meta−analytic synthesis of the grit literature. *Journal of Personality and Social Psychology, 113*(3), 492−511.

Kelley, T. L. (1927). *Interpretation of educational measurement*. New York, NY: World Book.

Marsh, H. W., Pekrun, R., Parker, P. D., Murayama, K., Guo, J., Dicke, T., & Arens, A. K. (2019). The murky distinction between self−concept and self−efficacy: Beware of lurking jingle−jangle fallacies. *Journal of Educational Psychology, 111*(2), 331−353.

Pintrich, P. R. (2000). Educational psychology at the millennium: A look back and a look forward. *Educational Psychologist, 35*(4), 221−226.

Shechtman, N., DeBarger, A. H., Dornsife, C., Rosier, S., & Yarnall, L. (2013). *Promoting grit, tenacity, and perseverance: Critical factors for success in the 21st century*. Washington, DC: U.S. Department of Education.

Stokes, D. (1997). *Pasteur's quadrant: Basic science and technological innovation*. Washington, DC: Brookings Ins.

Templeton, J. M. (1995). *The humble approach*. New York, NY: Continuum Publishing.

CHAPTER 03

그 학생은 무엇으로 사는가?
- 더 격렬하게 아무것도 하고 싶지 않은 마음 이해하기[1]

조 현 명

학습목표

- 교육의 의미에 대한 다양한 관점을 이해할 수 있다.
- 교육의 장면에서 학습자의 정체성 형성이 지니는 의미를 이해할 수 있다.
- 교육 현장에 대한 이해는 그 현장 안팎의 다양한 요인들이 형성하는 관계에 대한 파악이 토대가 된다는 점을 알 수 있다.

사례

올해로 고등학교 2학년이 된 나는 학교를 왜 다녀야 하는지 알 수 없다. 학교에서 누군가로 부터 괴롭힘을 당한다거나 선생님들로부터 강압적인 억압을 당하는 것과 같은 문제는 없지만, 학교라는 공간이 마냥 지루하기만 하다. 수업에도 집중이 되질 않고, 그보다는 쉬는 시간에 어떻게 들키지 않고 학교를 빠져나가서 친구들과 놀러다닐지 고민하게 된다. 선생님들이 수업 준비를 열심히 해오는 것은 알겠으나 수업에 집중하고 싶은 마음은 생기지 않고, 오히

---

1) 이 글은 "조현명(2012). 수학공부 체험에 대한 현상학적 내러티브 연구. 서울대학교 대학원 석사 학위논문"과 "조현명(2021). 존재론적 교육학에 대한 소고: 체험의 맥락에서 바라본 공부의 의미. 교육인류학연구, 24(4), 91-137." 중 일부를 발췌하여 수정한 것임을 밝힌다.

려 "저 선생님도 얼마 못 가서 포기하겠지."라는 생각만 들 뿐이다.

장차 미래를 생각하면 학교에 열심히 다녀야 한다는 것은 안다. 수업을 통해 배운 지식이 장차 대학과 직장을 결정하는 데 큰 역할을 한다는 것도 알고 있다. 그러나 와닿지는 않는다. 나는 딱히 갖고 싶은 직업이 있는 것이 아닌데, 적당해 보이는 직업을 택하고 관련된 전공으로 대학 입시를 준비해야 하는 것일까? 하고 싶은 일이 없기에 배우고 싶은 것도 없고, 배우고 싶은 것이 없기에 학교나 수업도 큰 의미가 없고 지루할 뿐인데, 과연 나는 무엇을 어떻게 해야 하는 것일까?

1 정체성의 추구와 '나'의 목소리

인간은 정체성을 추구하며 살아간다. 다양한 삶의 장면들 속에서 자신이 속한 시간과 공간의 맥락들에 대해 순응 혹은 저항의 관계를 맺고, 각자가 자신에게 주어지는 정체성을 수용하거나 스스로 그것을 형성함으로써 자신의 정체성을 선택하고 나름의 방식으로 소비해 나간다. 더불어, 이때 한 인간의 정체성은 자신의 삶 속에서 한 가지 모습으로만 고정되지 않으며, 다양한 변화를 시도하기도 한다.

이와 관련하여 한 가지 분명한 사실은, 인간에게 정체성의 상실이란 하나의 결핍을 의미한다는 것이다. 특히 정체성 확립의 과정이 자기 이해를 바탕으로 한 주체 형성의 과정이라 할 때, 여기서 말하는 "결핍"은 곧 자신의 존재 의미의 결핍과 다르지 않다고 할 수 있다. 이정우(1999: 45)가 지적한 바와 같이 "한 인간의 정체성은 내면의 욕구와 외면의 코드를 통해 형성"되며, 이는 각각 "나는 무엇을 바라는가?"와 "사람들은 나를 무엇으로 부르는가?"라는 구체적 질문으로 환원될 수 있기 때문이다. 다시 말해, 정체성의 상실은 곧 욕구와 이름의 상실이며, 존재의 방향을 상실한 혼란의 상태와 다르지 않다고 볼 수 있다. 학교 수업에서 아무런 "의미"를 찾지 못해 수업을 거부하고 공부를 포기하는 "아이"들과, "스펙 쌓기"와 "취업전쟁"으로 내몰리는 현실 속에서 "의미"를 찾지 못하고 방황하며 "힘들고 아픈 청춘"을 이야기하는 이 땅의 "88만원세대"[2]들, 경제적 안정이나 자녀 양육과

---

2) 우석훈과 박권일(2007)에 따르면, 88만원은 우리나라 비정규직의 평균 임금인 119만원에 20대의 평균적 소득 비율 74%를 곱해서 산출한 금액이며, "88만원세대"란 대학을 졸업한 후에도 정규직이 아닌 비정규직으로 일하는 또는 일해야 하는 오늘날의 20대를 가리키는 은유적 표현이다.

같은 "목표"들을 달성하고 난 후에 자신의 삶에서 더 이상 "의미"를 찾지 못해 우울증에 빠지거나 자살을 선택하는 일부 "어른"들의 모습은 이와 같은 결핍 상황, 즉 정체성 상실의 대표적인 예라고 할 수 있다.

오늘날, 근대가 현대로 넘어오는 시대적 흐름 속에서, 이러한 정체성 상실의 장면들은 한층 더 흔해졌다. 기존의 가치들이 자본의 담론 안에서 새롭게 재구성되면서 욕구와 이름의 혼란들이 한층 광범위해지고, 더욱 가속화된 까닭이다. 또한 이 흐름 속에서 자신이 바라는 욕구와 자신을 부르는 이름들이 끊임없이 등장하고 있지만, 정작 많은 경우 그러한 욕구와 이름들은 자기 자신의 목소리이기보다는 바깥으로부터 주어지고 있는 목소리들인 탓이다. 바야흐로 정체성에 대한 도저(到底)한 고민이 전면으로 부각되고, 새로운 주체 이론들이 저마다의 고민들을 풀어내며 다양한 모습의 협력과 갈등을 시도하는 상황이라 할 수 있다.

이러한 관점에서 볼 때, "아무것도 하고 싶지 않다"고 말하는 학생(들)을 이해한다는 것은 단순히 그것을 "게으름"이나 "의지박약" 등으로 간주하고 그들을 "미숙한" 존재로 규정하는 것과 거리가 멀다고 볼 수 있다. 오히려 그것은 그 학생을 둘러싼 욕구와 이름들이 어떻게 형성 혹은 상실되어가는지 살펴봄으로써, 한 사람의 인격적 주체로서 자기 자신의 정체성을 어떻게 만들어가고 있는지 들여다보는 과정인 까닭이다. 이와 같은 맥락에서, 이 글은 "아무것도 하고 싶지 않다"고 말하는 학생(들)을 이해하기 위한 나름의 접근을 시도한다. 단, 이는 이 글이 이하의 과정을 통해 시도하는 접근이 이 학생들을 이해하기 위한 유일한 방법이라는 의미는 아니며, 오히려 이러한 접근이 더욱 다양한 이해의 가능성들을 피워내는 밑거름이 되기를 바라는 마음에 더 가깝다고 하겠다.

1) 등가교환의 법칙과 자본의 외부

20세기 이후 자본주의가 지배적인 경제 체제로 자리 잡게 되면서 미치게 된 사회적 영향력은 등가교환의 법칙의 탄생이라는 말로 표현될 수 있다. 그것은 새로운 사유의 환경 또는 지평의 등장이라는 점에서, 하나의 "거대한 전환"에 해당한다.3) 여기서 "새로운 사유의 환경 또는 지평"이라는 말은 사유들이 펼쳐지는 동시

---

3) "거대한 전환"이라는 표현은 폴라니(Polanyi, 1944/2009)의 동명 저서에서 원용했다.

에, 이전과 구분되는 성격의 바탕이라는 의미를 지닌다. 또한 등가교환의 법칙과 "탄생"이라는 명칭이 맺어진 이유는, 등가교환의 법칙이 바로 그 "바탕"의 지배적 원리로서 성립되었음을 강조하기 위함이다.

여기서 주목하고자 하는 것은, 등가교환의 법칙에 내재된 매개의 특성이다. 이때 여기서 말하는 "매개"란, 서로 다른 A와 B의 등가성이 인정되기 위해서, A와 B 사이의 차이를 은폐한 채 양자를 동질화시켜 상호 간 비교를 가능하게 하는 공통의 기준을 말한다. 물론 누구도 대상 그 자체를 직접 인식할 수는 없으며, 우리는 각자 나름의 매개를 통해 대상을 수용하고 있다. 그러나 등가교환의 법칙에 내재된 매개 개념은 더 이상 제한된 영역에 대해 한정적으로 적용되지 않고, 점차 모든 영역에 대해 적용 가능한 것으로 확장된다는 점에서 자본주의의 확산 이전의 그것과 구분된다는 특성을 갖는다. 예컨대, 종래에는 서로 다른 영역으로서 차이를 존중받던 A와 B가, 이제는 등가교환의 법칙에 내재된 매개를 통해 함께 수용되고, 그를 통해 자본주의적 관점이라는 단일한 기준에 따라 평가받게 됨으로써, 차이의 의미를 상실하게 된 것이다.[4]

"등가교환의 법칙의 탄생"이라는 표현은 바로 이 전환의 사건을 가리키고 있으며, 자기 외부의 모든 것들을 자기화하는 자본의 특성을 강조하고 있다. 서로 다른 가치 체계를 지니고 있는 A와 B가 등가교환의 법칙을 통해 A도, B도 아닌 제3의 가치로 변질되는 과정은 곧 은폐와 왜곡의 과정이며, A와 B의 본래적 가치가 제3의 가치로 대체된다는 의미에서 망각과 상실의 과정이기도 하다. 말하자면, 이제 모든 것은 등가성을 비교할 수 있는 특정 가치 체계로 포섭 가능한 상태에 놓이게 된 것이다. "등가교환의 법칙의 탄생"이라는 표현은, 이러한 자본주의의 확산 과정에서 나타나는 자본의 외부 잠식 과정을 가리키고 있으며, 동시에 자신의 외부를 자기화하는 자본주의의 자기증식 메커니즘이 사회 전면에 대두되어 지배력을 행사하는 사태를 함께 지적하고 있다.

자본의 외부에 대한 자본의 거침없는 영향력 행사는 교육의 경우에도 예외가

---

4) 주경철(2009)은 이와 관련하여, "현대 자본주의가 완전히 작동하기 이전 시대에는 정치, 경제, 사회, 문화 등 여러 부문이 제자리를 잡고 조화를 이루고 있었다. 그런데 19세기 이후 경제가 제자리를 박차고 튀어나와서 나머지 모든 부문을 좌우하는 강력한 위치를 차지했다. 예컨대 농사를 짓는 행위만 해도 그 이전에는 단순한 밥벌이가 아니라 여러 층위의 의미를 지닌 일이었으나 (마을 공동체를 위한 사회적, 문화적 일이며 조상신과 관계를 맺는 의례와 종교 행위 등등), 자본주의 체제에서는 단지 시장에 내다 파는 상품 생산으로만 국한되게 되었다."고 지적하고 있다.

아니다. 교육을 "경제성장"이나 "인재육성" 등의 성과와 연관 짓는 시도는 우리 주위에서 더 이상 새롭고 낯선 것이 아니며, 교육을 "교육 시장"으로 바라보고 학교와 학생을 각각 "생산자"와 "소비자"로 규정하는 목소리들은 이미 신자유주의적 교육 담론이라는 형태로 활발하게 논의되고 있다(서덕희, 2003, 2006; Han, 2009; Schuller & Watson, 2009). 이러한 목소리에 따르면 "지식 기반 사회(knowledge based society)"의 개인에게 학습은 "고용가능성(employability)"과 밀접한 관련을 맺고 있으며, 학습의 주요 목적은 개인의 "고용가능성"을 유지 및 발전시키는 것으로 설명된다. 이에 따라 개인은 언제나 자신의 "고용가능성"을 유지 및 향상시키기 위해 적절한 "학습"을 스스로 지속·발전시켜 나가야 하는 상황에 놓이게 되고, 이 상황은 곧 "교육 시장"의 등장을 수반한다. 문제는 "등가교환의 법칙"으로 대변되는 자본주의의 영향력이 "교육 시장"의 등장이라는 사건과 만난 결과, 교육을 "교육 시장"으로 대체하려는 시도를 하게 되었다는 점이다. 자본의 외부를 자본화하는 데에 능숙한 자본의 자기증식 메커니즘에 따라, 자본의 외부로 남아있던 교육의 영역이 자본화의 새로운 대상으로 떠오른 것이다. 그러나 교육의 영역을 자본화하기 위해서는, 사람들이 기존에 가지고 있던 교육과 자본 사이의 괴리를 메워줄 수 있는 무언가가 필요하기에, 이 과정은 필연적으로 갈등 상황을 초래한다.[5] 자본화의 과정이란 본질적으로 자본이 아닌 것을 자본의 영역으로 식민지화하는 과정이며, 이것은 다시 말해 그것 고유의 원리를 자본의 원리로 대치하는 과정이기 때문이다.

지난 2010년 3월에 발생한 일명 "김예슬 대자보 사건"이 이러한 갈등을 잘 드러내는 상징적 사건이라 할 수 있다. "김예슬 대자보 사건"은 국내에서 손꼽히는 명문 사립대의 학부생으로 재학 중이던 김예슬 양이 자본의 논리 안에서 소외되는 삶을 거부한다는 내용의 대자보를 교내에 게시하고, 스스로 자발적 퇴교를 선언한 사건으로서, 당시 사회 전반에서 동의와 비판, 찬사와 비난 등 다양한 반응을 이끌어낸 큰 이슈였다.[6]

---

5) 여기서 "갈등"이라는 표현은, 사회를 구성하는 자연스러운 질서의 한 축이라는 의미가 아니라, 대립적 관계의 출현으로 인한 분쟁의 발생이라는 의미로 사용되었다.

6) "명문대생의 자퇴"라는 "사건"은 이에 그치지 않았으며, 고려대에서 "김예슬 대자보 사건"이 등장한 후 2011년 10월과 11월에는 다시 서울대와 연세대에서 각각 유윤종과 장혜영의 자퇴 선언이 있었다. 그뿐만 아니라, 같은 시기에 청소년 인권운동가들을 중심으로 이른바 "대학입시 거부로 세상을 바꾸는 투명가방끈들의 모임"이 결성되는 등, 대학의 시장화 또는 교육의 상품화를

이 사건에 주목을 받는 이유는 "이것은 나의 이야기이지만 나만의 이야기는 아닐 것"이고, 적들 또한 "나의 적이지만 나만의 적은 아닐 것"이라는 그녀의 말처럼, 이 사건이 비단 한 개인의 외침에 머무는 것이 아니라 우리들이 처해있는 갈등 상황에 대한 적나라한 폭로라고 여겨지는 까닭일 것이다.[7] 결코 짧다고 할 수 없는 자신의 삶을 "경주마"로 규정하고, 지금껏 자신이 살아온 시간과 앞으로 살아갈 시간을 경쟁들로 점철된 "끝이 없는 트랙"으로 파악한 김예슬은 "트랙"의 대척점을 "초원"으로 설정하고 양자 간의 단절을 선언하고 있다. "트랙"이란 곧 "영원히 초원으로는 도달할 수 없는 트랙"이기에, 그녀는 "길을 잃을 것이고 도전에 부딪힐 것이고 상처받을 것"임을 알면서도 "초원"을 향한 "탈주"와 "저항"과 "싸움"을 "선택"한다고 말한다.

"초원"을 향한 그녀의 노스텔지어(nostalgia)는, 멈추지 말고 계속 뛸 것을 강요하는 "트랙"과 선명한 대비를 이룬다. 그리고 그 대비는 다시 "트랙"의 외부에는 "트랙"의 그것과는 다른 "초원"의 삶의 방식이 있음을 호소하는 것으로, 그리고 "트랙"의 정체성으로부터 벗어나 "초원"의 정체성을 선택하겠노라는 선언으로 다가온다. "트랙"에는 그 나름의 의미와 가치가 있을 수 있겠으나, "초원" 역시 그 나름의 의미와 가치를 담고 있는 탓이다. 다시 말해, 만약 서로의 의미와 가치에 대하여 충분히 살펴보지 않고 무작정 "트랙"의 외부를 "트랙"화(化) 하려 시도한다면, 그것은 결국 고유의 의미와 가치에 대한 상실을 강요하는 폭력으로 남게 될 뿐인 것이다. 즉, 자본의 외부로서 등가교환의 법칙에 따라 변질되기 이전의 교육의 가능성을 고민하는 것은, 우리 사회의 많은 "김예슬"들을 고민하는 것과 다르지 않으며, 나아가 정체성의 혼란 또는 상실과 마주한 이들의 인간다운 삶에 대한 고민을 멈추지 않기 위한 몸부림과 통하고 있다고 할 수 있다.

2) 자본의 외부로서 교육의 가능성

"자본의 외부로서 교육의 가능성"이란 무엇인가? 이 질문에 답하기에 앞서 한 가지 분명하게 밝혀야 할 것은, 이 질문을 고민하는 작업이 단순히 교육의 영역에

거부하는 목소리들이 다양한 모습으로 표출되었다.

7) "김예슬 대자보 사건"과 관련된 이하의 인용은 모두 김예슬의 대자보, "오늘 나는 대학을 그만 둔다 아니 거부한다"(2010년 3월 10일)에서 인용했다.

서 자본의 가치 자체를 배척하는 것으로 받아들여져서는 안 된다는 점이다. 자본의 외부로서 교육의 가능성을 고민하는 것은 교육의 영역에서 자본의 가치를 부정하기 위한 것이 아니라, 자본의 관점으로만 교육의 의미가 평가되는 것을 부정하기 위한 것이기 때문이다. 다시 말해, 이 작업은 교육의 의미가 자본의 관점에 따라 시장 경제의 논리로 재단되는 것에 대해서 그와 다른 방향의 가능성을 제시할 뿐, 현대사회의 기본 원리 중 하나로 자리 잡은 자본주의 그 자체를 부정하고자 하는 것은 아니다. 즉, 이 작업의 목적은 등가교환의 법칙을 통해 환원된 가치에서 의미를 찾지 못하고 학교를 거부하는 "김예슬"들에 대하여 그들을 이해할 수 있는 가능성의 단서를 자본의 외부로부터 찾아보는 것이라 할 수 있다.

그렇다면 과연 자본의 외부로서 교육의 가능성을 고민하는 작업은 구체적으로 어떻게 이루어지는가? 이 글에서는 다음 두 가지를 작업의 원칙으로 제시한다. 하나는 자본의 가치를 목적으로 하지 않는 것이고, 다른 하나는 구체적인 교육의 장면에서 서로 가르치고 배우는 사람들 및 그들이 공유하고 있는 교과와의 관계에 주목하는 것이다. "자본의 외부"로서 교육의 가능성을 고민하기에 자본의 가치를 목적으로 하지 않으며, 교육이란 언제나 무언가를 가르치고 배운다는 점에서 그 "무언가"—즉, 교과—에 대한 고민이 포함되어야 한다고 판단했기 때문이다. 이와 관련하여, 잠시 소설의 한 장면을 인용하고자 한다. 이 장면은 문법이라는 교과의 가치가 자본을 비롯한 여타의 맥락으로부터 얼마나 자유로운 것인지 보여주고 있으며, 단편적이지만 학습자와 교과 간의 관계맺음이 지니는 성격을 섬세하게 그려내고 있다.

"문법은 말을 잘 하고 쓰기를 잘 하는데 필요한 거예요."
그때 난 심장병이 일어난 줄만 알았다. 난 그렇게 어리석은 말을 결코 들어본 적이 없다. 이 말은 그 말이 '틀렸다'는 게 아니고, '정말 어리석다'는 뜻이다. 이미 말할 줄도 알고 쓸 줄도 아는 청소년들에게 문법이 그런 것에 사용된다고 말하는 것은 누군가에게 오줌을 잘 누고 똥을 잘 싸기 위해서는 수세기에 걸친 W.C.의 역사를 읽어야만 한다고 말하는 것과 같다. 정말 무의미하다! (…) 난 문법이 아름다움으로 향하는 길이라고 믿는다. (…) 문법을 공부한다는 것은 언어의 껍질을 벗기는 것이고, 언어가 어떻게 만들어졌는지 바라보는 것이다. 이

를테면 언어의 벌거벗은 몸을 보는 것이다. (…) 이를테면 난 언어의 근본이념,
즉 명사와 동사가 있다는 사실보다 더 아름다운 것은 없다고 본다. 그걸 가지고
있으면 우리는 이미 모든 표현의 심장을 갖고 있는 셈이다. (…)
집으로 오는 길에 난 속으로 말했다.
언어의 황홀도, 그 아름다움도 모르는 영혼이 가난한 자들은 불행하도다.

– 뮈리엘 바르베리의 『고슴도치의 우아함 L' Élégance du hérisson』 중

　　여기서 "언어의 아름다움"이란 결코 비유적이거나 신비주의적인 무엇이 아니
라, 오히려 많은 경우에 은폐되거나 망각되고 있는 교육의 또 다른 가능성이라 할
수 있다. 그것은 문법이라는 교과와 '나' 사이의 긴밀한 관계맺음의 체험이며, 등가
교환의 법칙을 통해 누구에게나 동일한 값으로 제공될 수 있는 것이 아니라 오직
'나'의 삶(살아있음)과 관계를 맺음으로써 존재할 수 있는 문법 교과의 의미인 까
닭이다. 더불어, 이때 누구에게나 동일한 값으로 제공되지 않는다는 것은 교육의
의미가 '나'의 외부로부터 이미 결정되어 주어지고 있지 않음을 시사하고, 그 의미
가 '나'의 삶과 관계를 맺는다는 것은 동일성이 아닌 차이의 생성을 바탕으로 한다
는 점에서 '사회화'와 구분된다고 할 수 있다.[8]
　　단, 이때 교과와 '나'의 삶이 관계를 맺는다는 것은, 예컨대 학생들이 실생활
속에서 접할 수 있는 교과의 가치 또는 해당 학문의 가치들이 "간학문적 통합
(interdisciplinary integration)"이나 "탈학문적 통합(transdisciplinary integration)"
의 맥락(Drake, 1998)에서 제공된다는 뜻이 아니다.[9] 오히려 교과와 '나'의 삶 사

---

8) 단, 이것이 '사회화'와 획일화를 동일시한다는 뜻은 아니다. 예를 들어, 다양성에 대한 배려와 존
　중의 문화가 지배적인 사회의 경우, 그곳에서 사회화된 사람은 타인과 자신의 다름을 인정하고
　획일화에 대해 반대하는 입장을 취할 것이다. 반면, 위의 문장에서 언급한 동일성을 바탕으로
　하는 사회화라는 표현의 의미는, 외부에서 제공되는 가치나 의미에 대해 비판적인 검토 없이 그
　것을 절대적인 판단의 기준으로서 수용하는 사태를 가리키고 있다. 말하자면 "다양성에 대한 배
　려와 존중"을 절대적인 선(善)으로 파악하고 도덕적 판단의 기준으로 삼는 것에 대한 경계라
　할 수 있다.
　이와 관련하여, '교육'과 '사회화'의 차이는 조용환(1997)의 『사회화와 교육: 부족사회 문화전승
　과정의 교육학적 재검토』에서 보다 자세히 다루어지고 있다.
9) 이때 "간학문적 통합"이나 "탈학문적 통합" 역시, 외부에서 이미 결정된 실용주의적 태도를 학생
　들에게 제공한다는 점에서 학생들의 삶과 직접 관계를 맺지 못한다. 물론 이것은 논리적 차원에
　서 연관성이 없다는 뜻이며, 사실적인 관계에서 각각의 개인이 "간학문적 통합"이나 "탈학문적
　통합" 등의 접근을 통해 이루어지는 수업 상황에서 교과와 실존적 관계를 맺을 수 있는 가능성

이의 관계맺음은, 그 교과나 학문이 '나' 자신의 '실존'과 관계를 맺는 것이라 할 수 있다(Heidegger, 1979). 예를 들어 체벌도 규제도 없는 어느 혁신학교에서조차, 학교는 다 똑같다며 학교에 있는 것 자체를 견딜 수 없어 학교를 "탈출"하는 청소년들의 경우, 교과가 실용적인 쓸모를 그들에게 제공하지 못했기 때문에 그것을 거부하는 것은 아니라고 보는 것이 적절하다.[10] 오히려 그들이 거부하고 벗어나고자 하는 것은, 그 순간 자신들의 삶이 절실히 느끼는 바로 그 "견딜 수 없음"이라 보아야 할 것이다. 그리고 이러한 "견딜 수 없음"이란 비단 학교를 "탈출"하는 일부 "문제아"들만의 "부적응 사례"가 아니라, "김예슬 대자보 사건"을 통해 표출된 우리 사회의 청춘들이 직면하고 있는 실존적 차원의 문제이며, 나아가 "나는 왜 공부하는가?"라는 물음에 대한 존재론적 이유를 잃어버린 모든 이들에게 내재되어 있는 정체성 상실의 잠재태라고 하겠다.

2 거부의 의미와 "아무것도 하고 싶지 않은" 마음

학생이 학교를 거부하는 이유는 다양할 수 있다. 자신을 괴롭히는 급우나 교사가 있기 때문일 수도 있고, 가정 형편으로 인해 학교가 아닌 다른 무언가를 강요받고 있기 때문일 수도 있으며, 혹은 학교에서 아무런 의미를 찾지 못하고 있기 때문일 수도 있다. "아무것도 하고 싶지 않은" 학생들이 학교에 대해 "견딜 수 없음"을 토로하는 것은 이 가운데 마지막 이유에 해당한다고 보아야 할 것이다. 앞의 각주에서 언급된 EBS 다큐멘터리에서 학교에 잘 나오지 않거나 일과 시간 중에 학교 밖으로 나가버리는 학생들에게 그 이유를 물어보았을 때, 그들의 대답은 단순하지만 명확했다. 예컨대 학교를 잘 나오지 않는 학생에게 이유를 물어보았을 때 그 학생은 "그냥 너무 졸려서요."라고 대답했고, 등교는 했지만 중간에 학교를 나가버리는 학생에게 이유를 물어보았을 때 들었던 대답은 "너무 답답해서"였다. 그리고 이와 관련하여, 혁신학교로서 이 학교가 지니는 나름의 특성들, 예컨대 교

은 그들의 개별적 맥락 속에서 얼마든지 열려있다고 보아야 한다.

10) EBS 교육대기획 10부작 다큐멘터리 "학교란 무엇인가(2014)" 중 제1부 "학교는 아이들의 행복을 위해 무엇을 해야 하는가"에 등장하는 경기도 H 고등학교의 사례다.

장 선생님이 매일 등교 시간마다 교문에 나와서 등교하는 학생들의 이름을 한 명 한 명 불러주며 소통을 시도한다거나, 학생들의 화장이나 두발 상태에 대해 간섭하지 않는다거나, 수업 시간에 대놓고 잠을 자더라도 별도의 체벌이 따로 없다는 점 등을 고려할 때, 이들의 "견딜 수 없음"의 이유는 단순히 학교의 분위기가 억압적이라거나 주입식 수업방식을 강요하는 것 등의 흔한 대답들과는 거리가 있다. 그렇다면 과연 이 순간 그들이 마주하고 있는 "견딜 수 없음"의 실체는 대체 무엇이라 해야 할까?

1) 관계를 바라보는 두 가지 태도

학교를 거부하는 학생들이 저마다 다른 상황과 맥락에 처해있다는 점을 고려할 때, 학교에 대한 거부의 의미를 단일한 기준으로만 설명하려는 시도는 적절하지 않을 수 있으며, 심지어 사태에 대한 왜곡을 초래할 수도 있다. 따라서 각 거부의 구체적인 양상에 대해 더욱 세부적인 접근이 필요하며, 다양한 거부의 유형에 대한 이해를 바탕으로 '거부의 이유'가 아닌 '그 학생이 학교를 거부하는 이유'를 알아보기 위해 시도해야 한다. 다시 말해, 거부의 의미는 거부하는 주체의 외부에 독립적인 별개의 대상으로서 존재하는 것이 아니라, 학교를 거부하는 학생과 학교의 관계에 대한 검토를 통해서 이해되어야 한다는 것이다.

이에 대한 조금 더 자세한 논의를 위해, 도구연관과 의미연관에 대한 하이데거의 구분을 잠시 살펴보도록 하겠다. 하이데거(Heidegger, 1979/1998)는 도구연관과 의미연관의 구분을 각각 "위하여"와 "때문에"로 표현하는데, 이에 따르면 도구연관이란 실용적 맥락에 따라 다른 무엇을 "위하여" 존재자로서 맺게 되는 관계를 가리키는 반면, 의미연관은 언제나 "존재 자체가 문제가 되는 현존재의 존재에 상관"되는 관계를 일컫는다. 하이데거가 볼 때, 인간은 기본적으로 세계를 '배려(Besorge)'하는 존재, 즉 도구연관의 맥락을 통해 세계와 명시적/비명시적으로 관계 맺는 존재이지만, 동시에 모든 "위하여"가 궁극적으로는 "때문에"로 소급된다는 점에서 의미연관으로의 가능성을 항상 내재하고 있다. 서용석(2010: 89)은 이와 관련하여, "하이데거에게 있어서 인간 존재자의 '평균적 일상성'은 단지 그의 존재론적 설명의 출발점일 뿐"이라는 점을 강조한 바 있다. 즉, 학생들이 학교를 거부하는 현상은 이 학생들에 대한 결론이 아니라, 오히려 이 학생들을 이해하기 위한 서론으로 파악될 수 있다.

　이러한 맥락에서 본다면, "아무것도 하고 싶지 않은" 아이들이 "견딜 수 없음"을 토로하며 학교를 거부하는 것은 두 가지 의미를 지닌다. 한편으로 이것은 그들이 아직 학교를 다녀야 하는 이유가 무엇인지 찾지 못한 상태에 놓여 있다는 점을 시사한다. 다른 한편으로, 이것은 동시에 그 "이유"에 대한 고민이 도구연관의 접근뿐만 아니라 의미연관의 접근을 통해서도 이루어질 수 있음을 암시하고 있다. 먼저, 학생과 학교가 도구연관의 관계로 맺어질 때, 학교는 학생이 이루고자 하는 모종의 목적을 달성하기 위한 수단으로서 의미를 갖는다. 이때 수단으로서 가치의 여부를 판단하는 것은 그 "목적"을 지향하는 학생이며, 따라서 학생의 "목적"을 위한 수단으로서 가치를 인정받지 못할 경우 학교는 학생에게 유의미한 대상으로 다가가지 못한다. 그런데 여기서, 학교의 가치에 관한 판단과 관련하여, 두 가지 문제의 가능성이 발생한다. 첫 번째 가능성은 "목적"에 경도된 학생이 학교의 도구적 가치를 종합적으로 판단하지 못하는 경우다. 이 경우 학생이 그것을 인식하지 못하면 학생에게 장기적으로 도움이 될 수도 있는 학교의 가치들이 사장되는 결과를 초래할 수 있다는 점에서 문제의 가능성을 안고 있다고 할 수 있다. 두 번째 가능성은 학생 스스로 "목적"을 갖지 않고 있는 경우다. "목적"을 상실한 이에게 수단은 의미를 가질 수 없기에, 학생 스스로 "목적"을 갖고 있지 않다고 판단할 경우 학교의 가치가 인정받기 어렵다. 그리고 이러한 "목적"의 상실은, 현재 생각보다 많은 학생들이 마주하고 있는 현실이기도 하다. 예를 들어, 앞서 언급한 학교에서 학생들에게 빈 종이를 나눠주며 자신의 꿈을 적어보도록 하는 시간을 가졌을 때, 적지 않은 학생들이 꿈이 없다고 답하거나 망설이다가 끝내 백지를 내버렸다. 이처럼 "목적"을 상실했거나 혹은 부정하는 이들에게 학교는 수단으로서 가치를 가질 수 없으며, 자연스럽게 거부의 대상이 될 수밖에 없다.

　이와 관련하여, 도구연관의 관계 맺음이 갖는 특성은 관계를 맺기 이전과 이후의 변화가 예측 가능하다는 점이라 할 수 있다. 즉, 도구연관의 접근을 통해 관계를 형성하는 것은 관계를 맺는 대상이 지니는 수단으로서의 가치에 대해 그 대상과 관계를 맺기 전에 이미 평가를 내릴 수 있다는 특징이 있으며, 따라서 등가교환의 법칙에 따라 매개 가능한 형태의 가치가 여기에 해당한다. 이 경우 학생은 매장에서 상품을 고르는 것과 같은 방식으로 학교가 지닐 수 있는 수단적 가치를 평가하고, 그 가운데 자신이 유효하다고 생각하는 가치들을 선택한다. 상품을 사용하기 전 단계에서 자신이 평가할 수 있는 혹은 평가할 수 있다고 생각하는 정보들을 수집하고, 그 정보를 토대로 자신에게 적절하다고 판단되는 상품을 선택하는 방식이다.

이와 달리, 의미연관의 관계 맺음은 관계를 맺기 이전과 이후의 변화를 예측하기 어렵다는 특징을 갖는다. 의미연관의 관계 맺음은 관계를 맺는 주체가 관계를 통해 변화를 겪기 때문에, 관계를 맺기 이전의 주체가 관계를 맺은 이후의 자신을 파악할 수 없기 때문이다. 도구연관의 접근과 의미연관의 접근 사이의 이 같은 차이는, 학교의 수업시간에 학생이 교과와 어떤 방식으로 관계를 형성하는지 살펴볼 때 조금 더 선명하게 드러난다. 도구연관의 관계 맺음이 배움을 통해 '나'라는 실체의 외면에 새로운 역량들이 추가되는 모습이라 한다면, 의미연관의 관계 맺음은 '나' 자체가 배움의 과정에서 이전의 '나'와는 다른 '나'로 변하는 것이라 할 수 있다. 그리고 이때 전자의 경우 '나'는 상품을 고르듯이 필요한 지식과 기술을 선택할 수 있으며, 이를 통해 자신이 원하는 "조건"들을 차례차례 충족시켜 나간다. 반면 후자의 경우는 자신이 배우는 것의 의미가 무엇인지 아직 제대로 알지 못한다. 아직 그것을 배우지 않은 상태인 탓에, 기존의 자신이 가지고 있는 것만으로는 그 의미를 알 수 없는 까닭이다. 이 경우, 당연하게도 그것을 배우는 것이 어떤 쓸모가 있는지 또는 그것을 어디에 써먹을 수 있는지에 관한 것들을 미리 알 수 없으며, 더불어 배우고 난 이후의 '나'와 지금의 '나' 사이의 차이에 대해서도 아직 구체적으로 알 수 없다. 말하자면, 후자에 속하는 이들은 무엇을 "위해서" 배우지 않으며, 자신이 체험하는 그 교과의 의미 "때문에" 배우는 것이라 할 수 있다.

이러한 의미연관의 관계 맺음과 관련하여, 오가와 요코(2003)의 소설 『박사가 사랑한 수식』은 인상적인 장면을 제시하고 있다. 이 소설은, 기억이 80분밖에 지속되지 않는 초로의 수학자("박사")와 미혼모인 20대 후반의 가사도우미("나"), 그리고 그녀의 10살짜리 아들("루트") 사이에서 펼쳐지는 이야기다.[11] 그 안에서 독자

---

11) 여기서 "박사"와 "나", "루트"는 소설 속에서 등장하는 인물들의 이름이다. 이 중 "나"라는 등장인물과 관련하여, 이하에서는 일상생활의 맥락에서 발견되는 길들여진 상태의 이름을 뜻하는 "나"와 구분하기 위해 "나(주인공)"라는 표현을 사용하도록 하겠다.

는, 수학과는 거리가 멀었던 "나(주인공)"의 눈을 통해, "박사"가 몰입하고 있는 수학의 세계를 엿볼 수 있으며 그 아름다움에 함께 동참할 수 있다. "박사"와 함께 생활하면서, 고등학교를 중퇴한 "나(주인공)"로서는 전혀 동떨어진 세상의 이야기였던 수학이 다르게 보이기 시작했고, "나(주인공)"의 존재는 "일개 파출부"에서 벗어나 "깨달음이란 이름의 축복"을 만끽할 수 있는 곳까지 달려 나간 것이다. 예를 들어, 1부터 10까지를 더하면 55가 된다는 사실과 관련하여, 1부터 10까지 순서대로 더하는 방법 외에 다른 방법을 찾아보라는 "박사"의 "숙제"를 받아들고 고민하던 "나(주인공)"는 평소와는 다른 자신의 모습을 발견하게 된다.

> 어린애를 상대로 한 아무 이득도 없는 놀이에 왜 이토록 집착하는지 나 자신도 알 수 없었다. 박사를 의식하는 마음은 점차 배경으로 멀어지고, 어느 사이엔가 문제와 내가 1대 1로 대치하고 있었다. 아침에 눈을 뜨면 제일 먼저 '1+2+3 +……+9+10=55'가 머리와 시야에 떠올라 하루 종일 떠나지 않았다. 그림자처럼 망막에 새겨져, 떼어낼 수도 무시할 수도 없었다.
> 처음에는 답답하기만 하다가 오기가 생기더니 끝내는 사명감마저 품게 되었다. 이 수식에 담겨진 의미를 아는 자는 극히 한정돼 있다. 그 밖의 많은 사람들은 티끌만큼도 그 의미를 모르는 채 생애를 마친다. 지금 이런 수식과 무관한 장소에 있던 일개 파출부가 운명의 장난으로 비밀의 문을 열려 하고 있다.
>   – 오가와 요코의 『박사가 사랑한 수식博士の愛した數式』 중

1부터 10까지의 합을 구하는 또 다른 방법을 고민하는 "나(주인공)", 즉 수학적 고민에 몰입하는 "나(주인공)"는, 분명 이전의 "나(주인공)"와는 다른 "나(주인공)"이다. 이때 "나(주인공)"는 더 이상 "티끌만큼도 그 의미를 모르는 채 생애를" 마치는 "많은 사람들" 중의 하나가 아닌 까닭이다. 물론 아직도 수학에 대해서는 모르는 것이 훨씬 더 많지만, "나(주인공)"는 이제 수학이라는 또 다른 세계로 들어가는 "비밀의 문" 앞에 서 있는 존재로서 "극히 한정된", "이 수식에 담겨진 의미를 아는 자"들 중의 한 사람이 되기 위해 노력하고 있기 때문이다.

    이 소설을 읽으면서, 사람들은 조금씩 변해가는 "나(주인공)"의 모습을 자연스럽게 받아들이고, "나(주인공)"의 변화를 둘러싼 많은 에피소드들과 함께 호흡하

며 웃고, 울고, 감탄하고, 고민하게 된다. 말하자면, 그들은 "나(주인공)"의 이야기를 함께 살아낸다. 그 이야기 안에서, "나(주인공)"와 "루트"의 작고 사소한 수학적 성장에도 "무안할 정도로" 놀라운 감탄과 칭찬을 보내는 "박사"의 모습이나, 평소엔 작고 힘없는 "박사"가 수학의 세계를 열어 보여줄 때 수반되는 거대한 열정과 생기, 그리고 무엇보다 현실이라는 "눈에 보이는 세계" 앞에서 지쳐있는 "나(주인공)"에게 수학이라는 "영원하고 옳은 진실"이 보여주는 장엄한 아름다움과 평온함의 장면 등은, 수학이 단지 수학자들만의 전유물에 불과한 것이 아니라는 사실을 담담하게 풀어내고 있다.

생각해보면, 무언가에 몰입하면서 평소와는 다른 나 자신의 모습을 발견하는 것은 꼭 수학의 영역에만 국한되는 일이 아니다. 오히려 사람들은 저마다 다양한 영역에서 이와 같은 체험들을 발견하고 있다고 말하는 것이 더욱 자연스럽다. 영화 『쉘 위 댄스Shall we dance?』(1996), 『일 포스티노Il Postino』(1994), 『진주 귀걸이를 한 소녀Girl with a Pearl Earring』(2003) 등은 이러한 이야기들을 나름의 맥락에서 풀어내고 있는 대중적인 예들이라 할 수 있다. 예컨대, 영화 속에서 무의미한 일상에 지쳐가던 S는 퇴근 후 사교댄스를 배우면서 새로운 자신을 만나게 된다. 또한, 학교를 다니지 못한 M이 우연한 기회에 시(詩)를 만나게 되면서 이전과는 다른 안목을 형성하기도 하며, 뜻하지 않게 그림의 세계를 알게 된 G가 일상의 풍경들이 더 이상 이전의 그것으로 보이지 않는다는 사실을 발견할 수도 있다. 뿐만 아니라, 영화가 아닌 우리 주위의 현실에서도, 예컨대 무료한 대학 생활 속에서 방황하던 L이 동아리 활동을 통해 합창에 참여하면서 "살아남"을 느끼게 되었다는 식의 이야기는 전혀 낯선 이야기가 아니다.[12]

이렇게 소설이나 영화의 사례들을 소개하는 이유는, 의미연관의 관계 맺음이 특별한 소수의 사람들만을 위한 별세계의 무엇이 아니라, 우리들이 이미 다양한 모습으로 참여하고 있는 일상의 또 다른 가능성이라는 진실을 드러내기 위함이다. 합창이나 사교댄스, 시, 그림 등을 접해본 적이 없는 사람들이라도 이러한 이야기에 참여하고 일상 속에서 서로의 생각들을 스스럼없이 나눌 수 있다는 것은, 서로

---

12) L의 이야기는, 오래 전 연구자가 합창 동아리 활동을 했던 지인으로부터 직접 들었던 이야기를 간략하게 정리한 것이다. 그에 따르면, L은 노래를 하면서 평소에는 느낄 수 없었던 또 다른 세계를 느낄 수 있다고 말했다.

간의 공감에 바탕을 둔 소통이 얼마든지 가능하다는 것을 뜻하기 때문이다. 더불어 이는 우리가 "나(주인공)"와 다르지 않다는 것을, L과 S와 M과 G가 우리들의 또 다른 얼굴이라는 것을, 따라서 이러한 체험들이 곧 우리 자신의 이야기일 수도 있다는 것을 의미한다.

이러한 체험은 세계와 나 사이의 관계를 일상적인 도구연관의 관계에서 벗어나 의미연관의 관계 맺음으로 인도하고, 길들여진 "나"의 모습에서 벗어나 세계와 직접 만나는 '나'의 모습을 지향한다는 점에서 '알레테이아(a-lētheia)'의 의미와 통하고 있다. 망각이나 은폐를 뜻하는 '레테(lēthē)'의 부정형이라 할 수 있는 '알레테이아'는 현시(顯示) 또는 탈은폐를 의미하며, 하이데거의 입장에서 말하자면 "발견하면서-있음"(Heidegger, 1979/1998)이라는 현존재의 존재방식 자체라 할 수 있다. 위에서 소개한 의미연관의 관계 맺음에 바탕을 둔 체험들은 이러한 '알레테이아'의 순간을 드러내어 '나' 자신과 직접 만날 수 있도록 한다는 점에서, 도구적 성격의 역량이 추가되는 것과는 다른 성격의 배움의 장면을 드러낸다고 할 수 있다. 말하자면, '알레테이아'의 순간은 '나'와 무관하게 별도로 정립되어 있는 것이 아니라, 오직 '나'로서 존재하는 것이다.

앞서 1부터 10까지의 합을 구하는 문제를 고민하던 "나(주인공)"에게 찾아온 "아주 신기한 순간"은, 이러한 '알레테이아'의 순간을 체험하는 우리들의 또 다른 모습이기도 하다.

나는 10을 따로 떼어놓고, 1에서 9까지 나란히 세워놓은 다음 5에 동그라미를 쳤다. 과연 5가 중심이었다. 앞에 있는 숫자 네 개와 뒤에 있는 숫자 네 개를 5가 거느리고 있었다. 등을 쫙 펴고, 자랑스럽게 한 팔을 하늘로 쳐들고 내가 바로 중심이라고 주장하고 있었다.

그때 난생 처음 경험하는, 아주 신기한 순간이 찾아왔다. 무참하게 짓밟혀 발자국이 어지러운 사막에 한 줄기 바람이 불면서, 눈앞에 똑바른 길 하나가 나타났다. 길 앞에서 반짝이는 빛이 나를 인도했다. 그 속에 발을 내디디고 한껏 몸을 적시고 싶은 빛이었다. 깨달음이란 이름의 축복이 내게 쏟아지고 있음을 알 수 있었다.

　　　　- 오가와 요코의 『박사가 사랑한 수식博士の愛した數式』 중

"$1+2+3+\cdots\cdots+9+10=55$"라는 식에서 "$\dfrac{n(n-1)}{2}+n$"이라는 "고상한" 모습으로의 변화를 이해하고 그 의미를 깨닫는 "나(주인공)"의 모습은, 도구연관의 맥락에 따라 수학을 다른 목적을 위한 수단으로 파악하는 접근과는 다른 형태의 관계 맺음이 가능하다는 것을 단적으로 보여준다.

아마도 우리 가운데는 이미 소설과 같은 수학적 체험을 겪어본 이도 있을 것이고, 혹은 그와 유사한 '알레테이아'의 순간을 나름의 모습으로 체험한 이들도 있을 것이며, 아직 그런 체험을 해보진 못했지만 그 이야기에 공감하여 함께 참여하려는 이들도 있을 것이다. 그리고 물론 여전히 공감하지 못하고, 자신과는 동떨어진 별세계의 이야기로 규정짓는 이들도 있을 수 있다. 그러나 분명한 것은, 그 모든 우리들에게는 저마다 나름의 모습으로 '알레테이아'의 순간을 체험할 수 있는 가능성이 내재되어 있다는 것이다. 중요한 것은 "수학에 대해 얼마나 많은 정보들을 수집했느냐?"가 아니라, "나 자신이 직접 수학과 만나고 있는가?"이기 때문이다. 요컨대, 좋은 망고를 직접 느낄 수 있다는 것은 망고를 많이 파는 것과는 또 다른 의미를 지니고 있으며, 그 의미는 경우에 따라 망고를 많이 파는 것보다 훨씬 더 중요한 것이 될 수도 있다는 것이다. 좋은 망고를 직접 느끼는 데에 몰입하는 '나'와 더 많은 망고를 파는 데에 열중하는 '나'는, 그 존재의미가 서로 같지 않은 까닭이다.[13]

> 인도의 옛이야기가 이해에 도움이 될 것이다. 두 사람이 망고 농장에 갔다. 그들은 망고를 사기 전에 망고에 대해 더 알고 싶었다. 첫 번째 사람은 즉시 망고의 숫자를 센 다음 가지 하나에 망고가 몇 개나 달려 있는지, 망고 나무가 몇 그루나 되는지, 망고의 평균 무게가 얼마나 되는지를 살펴보았다. 그는 꽤 시간을 들여 계산에만 신경을 쏟았다. 반면 두 번째 사람은 농장 주인과 친분을 쌓았다. 그리고 망고 하나를 따서 맛을 보았다. 아주 맛이 좋았다! 그는 향기에 취하고, 달콤한 맛과 육질에 빠졌다. 그의 입 안에서 망고가 살살 녹아내렸다. 짧은 시간 동안 그는 망고가 주는 감각적인 강렬함을 느꼈다. 숫자를 계산하거나 흥정을 걱정하는 일 따위는 모두 잊어버릴 정도였다. 자, 두 사람 중 누가 망고의 본질을 더 잘 알게 되었을까?
>
> — 라마크리슈나Ramakrishna[14]

---

13) 같은 이유에서, 전자의 망고와 후자의 망고 또한 서로 같은 의미가 아닐 수 있다.

2) 학교의 가치와 "견딜 수 없음"

"삶의 형식(form of life)"으로서, 교육은 "생존태"와 "실존태"라는 두 가지 양태로 나누어 볼 수 있다(조용환, 2009). 이는 곧 삶을 해석하고 실천하는 준거로서, 교육의 의미가 생존과 실존이라는 서로 다른 두 맥락에서 풀이될 수 있음을 뜻한다. 이는 또한, 교육이라는 개념이 두 양태 가운데 어느 하나를 섣불리 폐기하거나 선택할 수 있는 문제가 아니라는 것을 뜻하기도 한다.

우선 생존의 맥락에서 바라볼 때, 교육은 생존이라는 목적을 위한 수단으로서 의미를 갖는다. 사람은 누구나 생존이라는 지상과제를 안고 있기에 먹는 법, 입는 법, 말하는 법, 계산하는 법, 재화를 생산하는 법 등, 한 사람의 독립적인 사회인으로서 살아가기 위해 요구되는 다양한 "법"들을 배우고 익혀야 한다. 이에 따르면, 교육의 가치는 이처럼 다양한 "법"들을 지식과 기술의 형태로 전수하고, 학습자로 하여금 필요한 역량들을 갖추도록 만드는 데 있다고 할 수 있다. 이 경우 교육은 실용적인 목적 달성을 위한 매우 효과적인 수단이라는 점에서 가치를 지닐 수 있으나, 그 자체로서 나름의 가치지향적 활동이기보다는 정치·사회·경제의 맥락에 종속되며, 목적에 대한 자신의 발언권을 상실한 채 여타의 맥락들이 내놓는 요구에 부응하는 역할에만 그칠 수 있다는 위험을 안고 있다.

반면 실존의 맥락에서 바라볼 때, 교육은 수단이 아닌 목적으로 이해된다. 실존이 자신의 존재이해를 탐구하는 인간의 존재방식이라 할 때, 교육의 과정은 곧 인간다움에 대해 묻고 답하는 과정과 다르지 않은 까닭이다. 다시 말해, 교육의 실존태는 생존의 문제로부터 일정한 거리를 유지한 채, "먹고 사는 문제"에 대한 고민만으로는 다루어질 수 없는 인간다움의 문제를 고민한다. 이 경우 교육은 실용적인 목적 달성을 위한 수단으로서 가치를 지니지는 못한다는 한계를 갖지만, 그 자체로서 하나의 가치지향적 활동이며, 여타의 맥락들에 대하여 교육의 의미와 가치를 역설할 수 있다. 말하자면, 특정 목적을 위한 수단의 역할에서 벗어나, 교육 자체를 목적으로 주장하고, 오히려 여타의 맥락들을 교육의 맥락으로 포용하는 모습을 보여줄 수 있다.

---

14) 라마크리슈나(Ramakrishna)의 이야기를 페루치(2009/2009)의 글에서 재인용했다.

그러나 명백하게도, 이것은 단순히 실존태가 생존태에 우선한다거나 둘 중 어느 하나를 선택해야 한다는 의미는 아니다. 당장 "먹고 살 길"이 마련되지 않는다면 인간다움에 대한 고민도 유지될 수 없다는 것은 자명하다. 분명, 지금 이 순간에도 실업과 기아, 폭력과 차별 등으로 고통 받고 있는 많은 이들에게, 생존이 아닌 실존의 문제를 논하는 것은 사치로 여겨질 수 있다. 그리고 이러한 이유에서, 도구연관의 접근을 통해 학교의 가치를 고민하는 일은 여전히 유의미할 뿐만 아니라 반드시 필요한 일이기도 하다. 단, 그럼에도 불구하고 이와 같은 논리를 앞세워 실존의 문제를 외면하는 것은, 결국 또 다른 생존의 문제를 강요하는 악순환을 반복할 뿐이라는 점에서 또 다른 문제를 야기한다. 인간은 본질적으로 자신의 존엄을 추구하는 존재이기에, 생존의 문제가 해결되는 것만으로는 행복에 이를 수 없기 때문이다.

"아무것도 하고 싶지 않은" 아이들의 "견딜 수 없음"에 대한 고민은, 이러한 실존의 문제와 맞닿아 있다. "먹고 사는 문제"와 밀접한 관련을 맺고 있다는 점을 알고 있음에도 불구하고, 학교를 거부하고 수업을 거부하고 꿈을 거부하는 모습은 곧 교육의 실존태에 대한 갈망이 역설적으로 드러나는 장면이며, 동시에 앞서 언급한 "탈주"의 "절박함"이 단적으로 표출되는 장면에 해당한다. 거부는 거부를 위한 노력을 수반하는 까닭이다. 다시 말해, "아무것도 하고 싶지 않은" 아이들이 "견딜 수 없음"을 토로하며 학교를 거부하는 것은, 바로 그 "아무것도 하고 싶지 않은" 마음을 적극적으로 드러내기 위해 거부에 해당되는 행위에 대해서 열정적으로 자신의 시간과 노력을 쏟고 있음을 의미하는 것이다. 50분 동안 단 한 순간도 수업에 참여하지 않기 위한 혹은 참여하지 않겠다는 의사를 표출하기 위한 노력, 선생님들의 눈을 피해 한낮에 몰래 학교 밖으로 도망치기 위한 노력, 선생님과 사이가 나빠지길 바라진 않지만 더 이상 야간 자율학습에 참여하지 않겠다고 선언하고 선생님과 싸우기 위한 노력 등은 "거부"라는 선택지가 나름의 쉽지 않은 노력을 수반하는 것임을 암시한다.

이렇게 바라볼 때, "아무것도 하고 싶지 않은" 아이들은 단순히 게으르거나 의욕이 없는 아이들이 아니라, 아무것도 하지 않기 위해 혹은 아무것도 하고 싶지 않은 마음을 표출하기 위해 노력하는 아이들로 다시 정립된다. 그리고 도구연관의 접근과 더불어 의미연관의 접근을 시도하고 "자본의 외부로서 교육의 가능성"을 고민하는 일은, 이러한 그/녀들의 "거부"의 실체를 조금 더 차분히 들여다보기 위한 과정이며, "견딜 수 없음"에 대한 이해를 향해서 한 걸음 더 다가가기 위한 노력이라 할 수 있다. 다시 말해, 이러한 접근은 그/녀들에게, 단지 먹고 살기 "위해서" 필요한 수단을 획득하는 것만으로는 충족되지 않는 영역이 있다는 것을, 자기 자신에게 의미로 다가오는 무엇 "때문에" 채워지는 영역이 있다는 것을 시사한다. 교육의 생존태와 실존태를 함께 고민하는 일의 의미는 이러한 맥락에서 이해될 수 있으며, 학교가 학생들과 함께 생성해낼 수 있는 다양한 가치들 가운데 또 다른 가능성에 대한 논의의 장을 연다는 점에서 의의가 있다. 바로 이 논의의 장에서 우리는 "아무것도 하고 싶지 않은" 아이들의 정체성에 대해 다시 이야기를 시작할 수 있으며, 그들이 어떻게 위치 지워지고 또 스스로를 어떻게 위치 짓는지 살펴볼 수 있다.

심화질문

- 도구연관의 관점에서 벗어나 교육의 의미를 고민한다면 어떤 이야기들이 가능할지 본인의 생각을 설명해보자.
- 학교에서 도구연관의 접근과 의미연관의 접근은 양립 가능한가? 그 가능성에 대해 구체적으로 생각해보자.
- 학교의 목적은 무엇이라 생각하는가? 학교와 학생의 관계는 무엇을 지향해야 한다고 생각하는가? 그렇게 생각한 근거는 무엇인가?

추천활동

- 교육의 생존태와 실존태의 바람직한 관계에 대한 토의
: 제도로서의 학교는 다양한 학생들과 관계를 맺고 있으며, 따라서 학생 개개인의 서로 다른 상황 및 요구들과 마주하고 있다. 그렇다면 학교가 다양한 학생들을 위한 곳이 되기 위해 노력하다보니 어떤 학생을 위한 곳도 되지 못하고 있다는 흔한 비판과 관련하여, 학교는 무엇을 지향해야 하며 학생과 어떻게 관계를 맺어야 하는가?

추가학습자료

- EBS (2014, July 15). 교육대기획 10부작: 학교란 무엇인가 1부 [Video]. Youtube. https://www.youtube.com/watch?v=jbJXZ7DSimg
- EBS (2014, July 15). 교육대기획 10부작: 학교란 무엇인가 2부 [Video]. Youtube. https://www.youtube.com/watch?v=2uETvRrdhi8

참고문헌

김예슬 (2010, 3월 10일). *오늘 나는 대학을 그만둔다 아니 거부한다* [대자보].

서덕희 (2003). "교실붕괴" 기사에 대한 비판적 담론 분석: 조선일보를 중심으로. *교육인류학연구, 6*(2): 55–89.

서덕희 (2006). "교실붕괴" 이후 신자유주의 교육담론의 형성과 그 저항: 홈스쿨링에 관한 담론분석을 중심으로. *교육사회학연구, 16*(1): 77–105.

서용석 (2010). 진리와 교육: 하이데거 존재론의 관점. *교육철학연구*, (49):77–97. 한국교육철학회.

우석훈 · 박권일 (2007). *88만원세대: 절망의 세대에 쓰는 희망의 경제학*. 서울: 레디앙미디어.

이정우 (1999). *인간의 얼굴: 탈주와 회귀 사이에서*. 서울: 민음사.

조용환 (1997). *사회화와 교육: 부족사회 문화전승 과정의 교육학적 재검토*. 서울: 교육과학사.

조용환 (2009). *고등학생의 학업생활과 문화 연구*. 서울: 한국교육개발원.

조현명 (2012). *수학공부 체험에 대한 현상학적 내러티브 연구*. 서울대학교 대학원 석사학위논문.

조현명 (2021). 존재론적 교육학에 대한 소고: 체험의 맥락에서 바라본 공부의 의미. *교육인류학연구, 24*(4), 91–137.

주경철 (2009, 1월 20일). 신자유주의는 세련됐으나 타락했다. *이코노미스트*. 서울: 이데일리M.

小川洋子. (2003). *博士の愛した數式*. 日本: 新潮社. 김난주 역(2004). *박사가 사랑한 수식*. 서울: 이레.

Barbery, M. (2006). *L' Élégance du hérisson: roman*. Paris, France: Gallimard. 김완오 역(2007). *고슴도치의 우아함*. 서울: 아르테.

Drake, S. (1998). *Creating integrated curriculum: Proven ways to increase student learning*. Thousand Oaks, CA: Corwin Press.

Ferrucci, P. (2009). *Beauty and the soul: The extraordinary power of everyday beauty to heal your life*. New York, NY: Penguin. 윤소영 역(2009). *아름다움은 힘이 세다*. 서울: 웅진지식하우스.

Han, S. H. (2009). The lifelong learning system in Asia: Emerging trends and issues. In Peter Jarvis (Ed.). *The Routledge international hand-book of lifelong learning*. New York, NY: Routledge.

Heidegger, M. (1979). *Sein und Zeit*. Tubingen, Germany: Max Niemeyer Verlag. 이기상 역(1998). *존재와 시간*. 서울: 까치.

Polanyi, K. (1944). *The great transformation: The political and economic origins of our time*. Boston, MA: Beacon. 홍기빈 역(2009). *거대한 전환*. 서울: 길.

Schuller, T. & Watson, D. (2009). *Learning through life: Inquiry into the future for lifelong learning*. Leicester, UK: National Institute of Adult Continuing Education.

PART 2

교실 수업 이해하기

이 슈 중 심 의 교 육 학 개 론

CHAPTER 04

학교 교육과정 자율화,
독일까 약일까?

강 지 영

학습목표

- 학교 교육과정 자율화가 추진되어온 배경과 경과를 이해한다.
- 학교 교육과정 자율화가 실제 학교 현장에서 구현된 양상을 파악한다.
- 학교 교육과정 자율화 정책의 의의와 한계를 설명할 수 있다.

사례

중학교에서 교육과정 부장 교사를 맡고 있는 B씨는 2022 개정 교육과정부터 새로 도입될 학교자율시간 때문에 고민이 많다. 새로운 교육과정이 적용되면, 학교에서 최대 연간 68시간 정도의 수업 시수를 자율적으로 운영할 수 있게 되는데, 기존에 교과나 창의적 체험활동으로는 할 수 없었던 교과 간 융합이나 지역사회 연계 학습, 진로 연계 학습 등의 다양한 교육과정을 운영하도록 권장하고 있기 때문이다. 심지어 이를 위해 학교 단위에서 새로운 교과목을 개설할 수도 있다고 하니 확실히 교사들이 협력해서 개별 학교 상황에 맞는 무언가를 할 수 있는 여지가 많이 생긴 것 같기도 하다.

그런데 막상 68시간을 어떻게 편성할지를 생각해보면 머리가 아프다. 일단 68시간을 어떤 교과에서 가져올지가 문제다. 이건 교사들의 수업 시수 문제와 직결되는 굉장히 민감한 사안이기 때문에 의사결정을 내리는 과정이 아주 복잡할 것 같아 벌써부터 걱정이다. 그리고 융합적인 접근을 하려면 교사들 간의 시간표도 조정해야 하는데, 이 역시 지난한 과정을 필요로 한다. 시간표 조정과 함께 학교자율시간에 운영할 교육과정을 교사들이 공동으로 개발해야 하는데, 2022 개정 교육과정부터 3학년 2학기에 진로연계학기가 새로 도입되어 준비할게 많은 상황에서, 과연 다른 교사들이 이 작업에 참여할 수 있는 여력이 있을까 확신이 없다. 이 모든 난관을 뚫고 가면서 학교자율시간에 새로운 무언가를 시도해야 할지, 아니면 기존에 하던 방식을 유지하는 것이 현실적으로 더 나은 방향일지 고민이 된다.

1   학교 교육과정 자율화, 왜 해야 할까?

천편일률적, 획일화, 중앙집권적, 하향식… 이 단어들의 공통점은 무엇일까? 바로 한국의 교육과정을 비판할 때 자주 등장하는 키워드들이다. 해방 이후로 한국의 국가 교육과정은 학교에서 무엇을 가르치고 배워야 하는지를 상세히 처방하고, 학교에서는 이를 충실히 이행할 것을 요구하는 중앙집권형 체제를 유지해왔다. 그러나 이러한 강력한 중앙집권형 체제는 개별 학교와 학생들이 처한 다양한 현실과 요구에 적절히 대응하기 어려웠고, 그 결과 학생들에게 최적화된 교육과정을 제공하지 못했다는 점에서 많은 비판을 받았다. 또한 국가중심 교육과정이 가지고 있는 획일성과 경직성은 역동적으로 변화하는 미래사회의 요구에 학교교육이 적절히 대응하지 못하도록 만들었다. 이에 따라 우리나라의 교육과정도 그동안 국가가 학교교육의 많은 것들을 처방하는 역할에서 벗어나, 국가에서는 교육과정의 대략적인 방향과 틀만 정해주고, 세세한 내용과 방식은 단위 학교의 상황과 요구에 맞추어 다양하게 구성해야 한다는 주장이 힘을 얻기 시작했다. 이러한 맥락에서 제6차 교육과정의 '학교 재량 시간'부터 시작되어, 최근 2022 개정 교육과정의 '학교자율시간'에 이르기까지 단위 학교의 교육과정 자율성을 확대하기 위한 여러 가지 시도들이 이루어졌다.

학교 교육과정 자율화 정책은 한국 교육이 직면한 시대·사회적 요구에 대한 당연한 반응이자 중앙집권형 교육과정 체제가 초래한 고질적인 문제를 해결하기 위해 필수적으로 요청되는 과정으로 보인다. 국가 교육과정이 모든 학교의 상황과 요구를 반영할 수 없다면, 단위 학교의 형편에 따라 다양한 교육과정을 편성·운영할 수 있도록 학교에 일종의 '틈' 내지는 '여백'을 줄 필요가 있고, 그렇게 되면 학교 실정을 가장 잘 아는 교사들이 전문성을 발휘해서 학생들에게 가장 필요한 교육과정을 제공할 수 있기 때문이다. 이러한 점에서 학교 교육과정 자율화는 이론적으로 설득력 있고 타당한, 미래 교육을 위한 바람직한 대안으로 보이는 것이 사실이다.

그러나 이러한 예상과는 달리, 학교 현장에서 교육과정 자율화 정책은 크게 환영받지 못하고 있다. 정확히 말하면, 크게 환영받지 못하는 정도가 아니라 오히려 우려와 비판의 목소리가 더 크다. 이러한 이상과 현실의 괴리는 어디서 발생하는 것일까? 국가에서는 학교에 더 많은 자율권을 준다고 하는데, 왜 학교에서는 부정적인 반응을 보일까? 학교 교육과정 자율화를 둘러싼 정부와 학교의 극명한 온도차를 이해하기 위해서는, 그동안 정부에서 학교 교육과정 자율화와 관련하여 어떤 정책들을 시행해왔고, 그것들이 실제 학교 현장에서 어떠한 방식으로 작동되었는지를 살펴볼 필요가 있다.

2 학교 교육과정 자율화, 무엇이 문제일까?

우리나라에서는 언제부터 학교 교육과정 자율화를 추진했다고 볼 수 있을까? 교육과정 자율화 정책의 시초는 제5차 교육과정(1988~1992)으로 거슬러 올라간다. 제5차 교육과정은 그동안 제도적으로는 존재했지만 실질적으로는 운영되지 않았던 고등학교의 '교양 선택' 영역의 최소 이수 단위를 0단위에서 2단위로 확대함으로써, 개별 학교의 실정을 반영한 교육과정 편성·운영의 실질적인 계기를 마련하였다(소경희, 2017). 이러한 조치는 학교에서 융통적으로 교육과정을 편성·운영할 수 있는 여지를 제도적으로 마련했다는 점에서 의미가 있지만, 일부 고등학교에서의 선택적 운영을 허용한 정도에 머물러 있어 정부 차원에서 적극적으로 학교 교육과정 자율화를 추구했다고 보기 어려운 측면이 있다. 그러다 제6차 교육과정(1992~1997)부터는 '교육과정 분권화'를 개정의 주된 배경으로 내세우고, 이를 구현하기 위해 '국가 교육과정'과 구분되는 '지역 교육과정'과 '학교 교육과정'이라는 용어를 새로 도입하고 이를 위한 제도적 기반을 마련하였다. 또한 단위 학교의 필요에 따라 국가 교육과정에 포함되지 않은 새로운 과목을 시·도 교육청의 승인을 받아 학교장 재량으로 개설하는 것도 가능해졌다. 따라서 이 장에서는 우리나라에서 학교 교육과정 자율화의 본격적인 시작을 알리는 신호탄이 제6차 교육과정부터라고 보고, 제6차 교육과정에서부터 2015 개정 교육과정에 이르기까지 학교 교육과정 자율화와 관련된 주요 쟁점을 살펴본다. 특별히, 이 글에서는 학교 교육과정 자율화 정책을 통해 정부가 의도한 것은 무엇이었고, 이것이 학교 현장에서 실제로 구현되는 양상은 어떠했는지를 함께 살펴봄으로써, 학교 교육과정 자율화를 둘러싸고 정부와 학교 현장이 상반된 반응을 보이는 이유가 무엇인지를 이해하고자 한다.

1) 교육과정 분권화와 '재량활동'의 도입

제6차 교육과정 이후로 우리나라에서는 교육과정 관련 권한을 지역과 학교에 분산함으로써 중앙집권형 체제의 한계를 극복하고, 지역과 학교의 특색을 살린 다양한 교육과정의 편성·운영이 가능하도록 지속적인 노력을 해왔다(김소영·김두정, 2015). 구체적으로, 제6차 교육과정에서는 교육부가 전담해왔던 교육과정 편성·운영권을 교육부, 시·도 교육청, 학교로 역할을 분담하여, 교육부가 국가 수준의 기준을 '교육과정' 문서로 고시하면, 시·도 교육청은 이를 근거로 '교육과정 편성·운영 지침'을 작성하고, 각 학교는 국가 수준의 문서와 시·도 교육청 지침을 근거로 학교 실정에 맞게 '학교 교육과정'을 편성·운영하도록 제도화하였다(교육부, 1997). 이전까지는 국가 수준의 교육과정과 지역, 학교 수준의 교육과정이 구분되지 않고 국가에서 개발한 하나의 교육과정으로 전국의 모든 학교가 운영되었다면, 제6차 교육과정부터는 교육과정의 층위가 국가, 지역, 학교로 구분되고, 각 층위별로 서로 다른 교육과정 문서가 생성되기 시작한 것이다. 이를 통해 종래에는 없었던 '학교 교육과정'이라는 개념이 새로 생겨났고, 단위 학교가 교육과정 편성·운영의 주체가 되어 학교의 특색을 살린 교육과정을 편성·운영할 것이 요구되었다.

이를 위해 제6차 교육과정에서 시범적으로 도입된 장치는 바로 '학교 재량 시간'이었다. '학교 재량 시간'은 초등학교에서 3학년~6학년을 대상으로 학교의 교육적 필요와 학생의 요구에 따른 창의적인 교육 활동을 위해 마련된 시간으로(연간 34시간 이내), 학교에 분산 이임된 교육과정 편성권이 실질적으로 구현되도록 하기 위해 교육과정 편제에 일종의 '빈 공간'을 마련해두고 이를 학교 실정에 맞게 자율적으로 채워나가도록 한 것이다. 이러한 시도는 이후에도 계속 이어져, 제7차 교육과정에서는 '학교 재량 시간'이 '재량활동'이라는 이름으로 모든 학교급으로 확대 적용되었고(초등학교 주당 2시간, 중학교 주당 4시간, 고등학교 1학년 12단위), 2009 개정 교육과정에서는 '재량활동'이 '특별활동'과 함께 '창의적 체험 활동'으로 통합되어 초·중학교에는 주당 3시간 이상, 고등학교에는 4시간 이상 편성하는 방식으로 변화되었다. 교육과정이 개정되면서, '학교 재량 시간'은 '재량활동', '창의적 체험활동' 등으로 명칭과 세부 사항이 조금씩 달라지긴 했지만, 단위 학교의 상황과 필요에 따라 자율적으로 교육과정을 편성하도록 고안된 제도라는 점에서 공통점을 가진다.

그렇다면, 이렇게 도입된 학교 교육과정의 '빈 공간'은 과연 학교 현장에서 어떠한 방식으로 구현되었을까? 학교는 부분적으로나마 위임된 교육과정 자율권을 어떻게 사용했을까? 결론부터 말하자면, 원칙적으로 학교에 자율권은 있었지만, 실질적으로 자율권을 발휘하기 어려운 상황이있다. 국가 교육과정 문서에서는 재량 시간을 학교에서 자체적으로 편성·운영할 수 있다고 규정하고 있었지만, 결국 재량 시간에 학교가 무엇을 해야 하는지를 총론의 다른 부분이나 시·도 교육청 지침을 통해서 상세히 처방하고 있었기 때문에 실제로는 학교의 재량이 아니었던 것이다.

좀 더 구체적으로 살펴보면, 제6차 교육과정(1992~1997)을 통해 '학교 재량 시간'이 초등학교에 신설되었지만 1995년부터 초등학교에 '영어' 교과가 새로 도입되면서 수업 시수 확보를 위해 재량 시간이 0~34시간으로 축소되었고(소경희, 2017: 194), 이로 인해 많은 학교에서 재량 시간을 영어 수업으로 운영하는 결과를 낳았다. 또한 제7차 교육과정부터 재량활동이 모든 학교급으로 확대되었지만, 재량활동의 세부 영역과 내용, 영역별 시수 등이 정해져 있어 교사는 제한된 범위 내에서만 자율성을 발휘할 수 있었다(정영근·이근호, 2011). 예컨대, 국가 교육과정 총론에서는 '교육과정 편성·운영 지침'을 통해 다음과 같이 16개의 범교과 학습 주제들을 나열하고, 이를 "재량 활동을 통하여 중점적으로 지도"할 것을 요구함으로써, 교사들이 재량활동 시간에 다루어야 하는 내용들을 처방하는 결과를 낳았다.

> 2. 지역 및 학교에서의 편성·운영 - 다. 학교 - (2) 운영
> (아) 민주 시민 교육, 인성 교육, 환경 교육, 경제 교육, 에너지 교육, 근로 정신 함양 교육, 보건 교육, 안전 교육, 성 교육, 소비자 교육, 진로 교육, 통일 교육, 한국 문화 정체성 교육, 국제 이해 교육, 해양 교육, 정보화 및 정보 윤리 교육 등 범교과 학습은 재량 활동을 통하여 중점적으로 지도하되, 관련되는 교과와 특별 활동 등 학교 교육 활동 전반에 걸쳐 통합적으로 다루어지도록 하고, 지역 사회 및 가정과의 연계 지도에도 힘쓴다(교육부, 1997).

재량활동에 대한 학교의 제한된 자율권은 국가 교육과정 수준에서만이 아니라, 시·도 교육청 지침을 통해서도 이루어졌다. 예컨대, 박민정·성열관(2011)의 연구에서 교사들과 인터뷰한 자료에 따르면, 교육청에서 한 해 동안 학교 교육과정에 반영하라고 내려보낸 지침만 수십 개이며, 이러한 지침들은 "교육과정에 강제로 반영하지 않아도 되나 학교 평가에 반영"되는 것들이기 때문에, 교사들이 교육청에서 요구하는 것들을 하기에도 벅차서 현실적으로 재량 시간에 무언가를 주도적으로 할 여건이 아니라고 토로한다. 즉, 재량 시간을 통해 국가에서 의도한 것은 학교의 특색에 맞게 교사들이 자율적으로 교육과정을 편성할 수 있는 '빈 공간'을 주는 것이었지만, 정작 재량 시간에 학교에서 해야 하는 것들을 국가 수준과 지역 수준에서 상세하게 처방하고 이를 관리하기 위한 각종 공문을 양산함으로써 오히려 교사의 자율권이 제한되었던 것이다. 이러한 역설적인 현상은 2009 개정 교육과정에서 학교 교육과정 자율화가 전면적으로 추진됨에 따라 더욱 두드러지게 나타났다.

2) 교육과정 자율화와 시수 증감권의 도입

학교 교육과정 자율화 정책은 제6차 교육과정을 통해 제도적 기반이 마련된 후에, 제7차와 2007 개정 교육과정을 통해 점진적으로 확대되다가, 2009 개정 교육과정에 이르러서는 본격적인 탄력을 받게 된다. 2009 개정 교육과정은 '학교 교

육과정 자율화'를 주된 개정 배경으로 내세우며, 단위 학교의 교육과정 편성·운영 자율권을 대폭 확대하기 위한 다양한 제도적 장치들을 도입했다. 구체적으로, 2009 개정 교육과정에서는 이전까지 학년별, 교과별로 구분되어 있던 교육과정 편제를 '학년군'과 '교과군'으로 재구조화하고 교과의 '집중 이수'를 가능하게 함으로써 학교의 실정에 따른 융통적인 교육과정 편성과 운영을 가능하게 했다. 또한, 교과(군)별 수업 시수의 20%를 학교의 필요에 따라 증감하여 타 교과(군)에 전환하여 사용할 수 있도록 함으로써, 학교에서 추구하는 교육의 방향과 학생들의 요구에 따라 특색 있게 교육과정을 운영하는 것이 가능해졌다. 또한, 고등학교의 경우 '학교자율과정' 영역이 신설되어 교과(군)에 배당된 180단위 중에 64단위를 학교의 실정에 따라 자율적으로 편성·운영할 수 있게 되었다. 이전까지 학교의 교육과정 결정 권한이 재량활동이나 교양 선택 과목 등의 특정 영역에만 국한되어 있었던 반면에, 2009 개정 교육과정부터는 학교에서 교과 간 시수를 조정할 수 있게 되면서, 학교에서 발휘할 수 있는 자율권의 범위가 대폭 확대된 것이다.

이렇듯 2009 개정 교육과정을 기점으로 단위 학교에서 교육과정을 개발할 수 있는 다양한 제도적 여건이 마련되었지만, 앞서 재량활동의 사례에서 볼 수 있듯이, 이것이 학교 현장에 실제로 적용되었을 때에는 정부의 의도와는 사뭇 다른 현상이 발생했다. 학교의 교육과정 자율성을 확대하기 위한 조치들이 오히려 교사의 자율성을 침해하는 역설적인 결과가 초래된 것이다(김소영·김두정, 2015; 김평국, 2014; 정영근·이근호, 2011; 홍원표, 2011). 이러한 현상이 발생한 데에는 여러 가지 이유가 있었다.

첫째로, 강력한 중앙집권형 교육과정이 오랫동안 유지되어 온 우리나라의 특성상, 실질적으로 교사들이 함께 모여 학교의 교육과정을 개발할 수 있는 행정적, 문화적 여건이 마련되지 않은 상태였다. 오랜 기간 국가 수준에서 학교 교육과정의 세세한 부분까지 처방해온 상황에서, 학교 교육과정 편성은 교사들이 함께 구성해가는 공동의 업무가 아니라, 부장 교사가 도맡아서 수업 시수를 조정하는 단순한 기술적 업무로 인식되어 왔다(홍원표, 2011). 제6차 교육과정을 통해 교육과정 분권화가 시작된 이후로 '국가 교육과정' 문서와는 구분된 '학교 교육과정' 문서가 각 학교마다 작성되기는 했지만, 이는 실제 교사들이 공동의 숙의 과정을 거친 결과라기보다는, 교육과정 부장 교사의 개인 업무로 수행되어 왔다. 이는 교원 수

급과 인사이동, 담임 배정 등의 행정 절차가 개학에 임박해서 이루어지기 때문에, 현실적으로 교사들이 함께 모여 학교 교육과정을 개발하기 어려운 상황이었던 것과도 관련이 있었다(강지영, 2012). 이러한 현실적인 조건들로 인해, 교육과정 자율화를 위한 정부의 조치들은 단위 학교의 교육과정 개발을 촉진하기보다는, 오히려 부장 교사의 업무만 과중시키는 결과를 초래했다.

둘째로, 2009 개정 교육과정을 통해 학교의 자율권이 대폭 확대되었지만, 이와 동시에 교육과정 편성 시 반드시 반영해야 하는 다른 규정이 추가됨으로써 실질적으로 교사들이 자율성을 발휘할 수 있는 범위가 제한되었다. 이는 앞서 재량 활동이 학교 현장에 적용되는 과정에서 발생했던 현상과 비슷한 양상으로 나타났다. 즉, 2009 개정 교육과정은 '학교 교육과정 자율화'와 함께 당시 사회적 이슈였던 '학습자의 학습 부담 경감'을 위해 학기당 8개 교과를 초과하여 이수할 수 없다는 제한을 두었는데, 이는 오히려 학교에서 자율적으로 교육과정을 편성하는 데 장애물로 작동했다(정영근·이근호, 2011). 대표적인 예로, 고등학교의 경우 기초 영역(국어, 수학, 영어), 탐구 영역(사회, 과학), 체육·예술 영역(체육, 음악, 미술)에서 각 한 개 과목씩 개설하고 나면 실질적으로 학교에서 선택할 수 있는 여지가 별로 남아 있지 않게 되어, 오히려 학교에서 교육과정을 편성하는 데 있어 "과거보다도 더 꼼짝달싹 못하게" 만들었다는 비판이 제기되기도 하였다(홍원표, 2011).

정부의 지침과 더불어 학교의 자율권을 제한한 것은 대학입시와 이에 따른 시장의 논리도 있었다. 애초 정부의 의도는 교육과정 자율화를 통해 학교의 실정과 학생의 요구에 맞춘 다양한 교육과정이 편성될 것으로 기대했지만, 실제로 학교에서 교육과정을 편성한 사례를 보면 학교급과 관계 없이 대부분 수학과 영어 시수를 증가시킨 반면에, 도덕, 실과(기술·가정), 음악, 미술의 시수를 감축하는 양상을 보였다(정영근 외, 2010). 시·도 교육청의 승인을 받아 단위 학교에서 자체적으로 개설하는 학교 신설 과목의 경우에도, 실제 고등학교에서 개설된 사례를 보면, 특목고와 자율고를 중심으로 주로 영어와 수학 교과의 대입 준비를 위해 개설된 과목들이라는 특징을 보인다(홍원표·최연수·최보금, 2019). 자율화 조치를 통해 학교 교육과정이 다양화될 것이라는 정부의 기대와는 정반대로, 오히려 모든 학교에서 입시교육이 강화되는 획일적인 결과가 발생한 것이다(홍원표, 2011). 이는 입시 경쟁이 치열한 우리나라의 상황에서 그동안 정부의 개입이 경쟁을 완화시키는 방향으로 작동해온 경향이 있기 때문에, 자율화 정책을 통해 교육과정에 대한 정부의 개입을 축소한 것이 오히려 입시 경쟁을 부추기는 결과로 이어진 것이다.[1] Skott(2004:227)은 최근에 교사에게 주어지는 자율권이 신자유주의 맥락에서 공적 규제를 완화함으로써 학교 간 경쟁을 유도하기 위한 '강요된 자율성(forced autonomy)'의 성격을 갖는다고 지적한 바 있다. 우리나라에서 교육과정 자율화가 학교 교육과정의 입시교육 기능을 강화하는 방식으로 나타난 것 역시 학교 교육이 이러한 신자유주의적인 흐름으로부터 자유로울 수 없다는 점을 보여준다.

마지막으로, 교육과정 자율화 정책은 교사들의 충분한 공감대 형성과 의견수렴 과정 없이 정부에 의해 일방적으로 추진되었다는 점에서 교사들의 자율성을 확대하는 데 있어 근본적인 한계를 가지고 있었다. 엄밀히 말해, 2009 개정 교육과정을 통해 추진된 자율성은 교사들의 자발적인 요구와 필요에 근거한 것이 아니라, 오히려 교사들이 원치 않는 방식의 자율이었고, 이는 교사들의 입장에서 볼 때 자율권이 확대된 것이 아니라 오히려 축소된 것이었다. 김재춘(2011)은 교육과정 자율화 정책들이 애초에 학교와 교사의 자율성 신장을 위해 만들어졌을지라도, 자율화의 내용과 정도, 범위를 자율권을 가진 주체가 아닌 외부의 타자가 규정하고 있다는 점에서 "타율적인 자율화 정책"이라는 모순적인 성격으로 이루어졌다고 비판했다. 이러한 자율화 정책의 타율성은 교사들과의 인터뷰에서도 드러나는데, 박민정·성열관(2011)의 연구에 따르면 교사들이 교육과정 자율화 정책을 부정적인 시각으로 바라보는 이유는 "교육과정에 대한 목적과 비전이 bottom-up식으로 생성돼야 하는데 top-down 형식으로 하달되어 내려오니까" 교사들이 원치 않는 방식

---

1) 이러한 예상치 못한 상황에 대응하기 위해, 정부는 2013년에 국가 교육과정 총론에 대한 부분 개정을 통해, 학교에서 교육과정을 편성할 때 "기초 교과 이수 단위가 교과 총 이수 단위의 50%를 초과하지 않도록 한다"는 규정을 추가함으로써 국어와 영어, 수학 중심으로 교육과정이 편중되는 현상을 방지하고자 하였다. 새로운 규정이 추가된 이후에 2015 개정 교육과정에 따른 중학교 교육과정 운영 실태를 조사한 연구(이상은·홍원표, 2020)에 따르면, 가장 많은 학교에서 시수를 증배 운영하는 교과는 체육인 반면, 감축 운영하는 교과는 국어로 나타나 기초교과 50% 이내 편성 지침이 중학교 수준에서 일정 부분 영향을 발휘하고 있음을 보여준다. 그러나 이 연구의 대상이 중학교에 국한되어 있고, 대학입시에 가장 많은 영향을 받는 것은 고등학교임을 감안해볼 때, 고등학교에서도 기초교과 50% 이내 편성 규정이 실질적으로 학교 교육과정을 다양화하는 데 기여했는지에 대해서는 조금 더 신중하게 판단해볼 필요가 있다. 그동안의 교육과정 개혁의 역사를 통해서 볼 때, 규정의 변화는 교육과정의 변칙적인 운용을 양산하는 결과로 이어지기도 하기 때문에, 기초교과 50% 이내 편성 지침이 실제 학교 현장에서 어떤 양상으로 구현되었는지를 경험적으로 좀 더 면밀히 살펴볼 필요가 있다.

의 자율화를 "어쩔 수 없이 해야 되는" 경우가 많았기 때문이라고 말한다. 이렇듯 우리나라에서 교육과정 자율화는 실행 주체들의 자발적인 과정에 근거하기보다는 단순히 정책으로 하달되어 전해졌다는 점에서 자율화의 근본 취지를 구현하는 데 근본적인 한계가 있었다(정윤리·임재일, 2021).

3 학교 교육과정 자율화, 어떻게 해야 할까?

지금까지 우리나라의 교육과정 자율화 추진 과정과 이에 대한 학교 현장의 반응을 살펴보다 보면, 이청준 작가의 장편소설『당신들의 천국』이 떠오른다. 소설에서 새로운 병원장이 올 때마다 나병 환자들을 위해 거대한 사업들이 추진되지만, 정작 사업이 진행되는 과정에서 가장 많은 희생과 고통을 감내해야 하는 것은 환자들이었고, 결국 환자들의 헌신으로 건설 사업이 힘겹게 마무리되었지만 그렇게 완성된 지상 낙원은 결코 환자들이 원했던 천국이 아니었다. 교육과정 자율화 정책 역시, 취지는 학교와 교사를 위한 것이었지만 정작 정책이 추진되는 과정에서 교사들이 경험한 것은 자율보다는 강제와 통제였고, 이전보다 학교에서 감당해야 하는 업무는 폭발적으로 증가했지만, 그렇다고 학교 교육과정이 이전에 비해 학생들에게 더 나은 방향으로 변화되었는지에 대해서 교사들은 확신하지 못하고 있다. 이러한 상황은 결국 교육과정 자율화 정책이 누구를 위한 것이며, 무엇을 위한 것이어야 하는지에 대해 근본적인 질문을 제기한다.

최근 교육부는 2022 개정 교육과정을 통해 '학교자율시간'[2]과 고교학점제를 도입하고, 단위 학교의 과목 개설권을 확대함으로써 학교 교육과정 자율화 정책을 가속화할 것을 예고한 바 있다. 그동안 교육과정 자율화에 대한 학교와 교사의 피로감이 누적되어 있는 상황에서, 이러한 조치들은 학교 현장에서 많은 반발을 불

---

2) 교육부(2021)에서 발표한 2022 개정 교육과정 총론 시안에 따르면, 학교 교육과정 자율성 확대를 위해, 기존 교과(군)별 시수 내에서만 시수 증감이 가능했던 것에서 교과(군)별 및 창의적 체험활동의 20% 범위에서 시수 증감이 가능해질 예정이다. 또한, 수업량 유연화 정책을 통해, 학기 17주 기준 수업시수를 16회(수업)+1회(자율운영)의 방식으로 운영할 수 있도록 함으로써, 학년별 최대 68시간의 학교 자율시간이 확보되어 이를 활용한 다양한 학교장 개설과목 신설, 지역 연계 특색 프로그램, 교과 교육과정 재구성 등이 이루어질 것으로 기대하고 있다.

러일으키고 있다(이영규, 2022). 그동안 자율화 정책이 많은 문제가 있었던 것은 사실이지만, 그렇다고 해서 교육과정 자율화를 전면 중단하고 예전처럼 중앙집권형 방식으로 돌아가기는 어렵다. 강력한 국가중심 교육과정 체제가 가진 경직성과 획일성은 다양성과 창의성이 중시되는 미래사회에서 학생들에게 필요한 교육과정을 제공하는 데 근본적인 한계가 있기 때문이다. 이러한 측면에서 볼 때, 교육과정 자율화는 한국 교육이 추구해야 하는 방향이자 당면한 과제이며(허숙, 2012), 이러한 자율화의 취지와 필요성에 대해서는 정부와 학계뿐만 아니라 교사들 역시 공감하고 있다(정영근·이근호, 2011). 문제는 자율화를 추구하는 것 자체가 아니라 '어떤' 자율성을 '어떻게' 추구해야 하는가에 있다. 따라서 이 장에서는 앞으로 학교가 국가와 더불어 교육과정 개발의 실질적인 주체로서 참여하기 위해서 자율화 정책이 어떤 방향으로 추진되어야 하는지를 살펴보고자 한다.

1) 상향식 접근: 개혁의 대상이 아닌 주체로서의 교사

지금까지 살펴보았듯이, 학교 교육과정 자율화 정책의 가장 큰 패착은 자율성을 발휘할 주체인 교사들이 어떤 자율성이 필요한지를 스스로 규정하도록 하지 않고, 자율성의 내용과 범위를 국가가 일방적으로 정해서 이를 교사들이 따르도록 강요했다는 데에 있다. 즉, 교육과정 자율화 정책이 추진되는 과정에서 교사들은 자율성의 주체가 아닌 객체에 머물러 있었던 것이다. 교사를 개혁의 주체가 아닌 대상으로 바라보는 이러한 관점은 비단 교육과정 자율화뿐만 아니라, 우리나라의 교육 개혁 전반에 걸쳐 나타난 현상이었다. 중앙집권형 체제가 오랫동안 유지되어 온 우리나라에서는 정책입안자들이 정책을 결정하면 학교 현장은 이를 충실히 이행할 것을 요구받는 '충실도(fidelity) 관점'에 근거하여 각종 교육 정책이 추진되었다. 충실도 관점에 따르면, 외부 전문가 집단이 정책을 만들면, 현장에서는 정책의 취지와 방향에 맞게 이행하는 것이 중요하기 때문에, 새로 도입된 정책이 현장에서 얼마나 충실하게 적용되는지에 따라 교사의 실천이 평가된다. 즉, 변화된 정책을 빠르게 수용하여 이를 교실 현장에 적용하면 '개혁적이고 열정적인 교사'로, 개혁을 거부하고 기존 방식을 고수하면 '개혁 의지가 없는 타성에 젖은 교사'로 간주되었다.

그러나 굵직한 교육 개혁들이 학교 현장을 변화시키는 데 연이어 실패하면서 교육 개혁에 대한 교사의 거부와 저항을 다른 시각에서 해석하려는 움직임이 나타났다. 먼저, Noddings(1986)는 배려 윤리의 차원에서, 교사가 충실해야 하는 대상은 정책보다 학생들이기 때문에, 교사가 새로운 정책이 학생들에게 도움이 되지 않는다고 판단하여 이를 실천하지 않는다면 이 역시 교사의 전문적이고 윤리적인 판단으로서 존중받아야 한다고 주장했다. Thorton(1989) 역시 교사들이 교육 개혁에 순응하지 않는 것은, 이들이 단순히 변화를 거부하기 때문이 아니라, 오히려 외부의 처방이 학교 현실과 들어맞지 않을 때 정책으로부터 학생들을 보호하기 위한 게이트키핑(gatekeeping) 행위라고 주장했다. 이러한 관점은 교육 개혁에 순응하지 않는 교사의 행위를 무지나 안일함의 산물이 아닌, 전문적인 판단에 근거한 주체성의 발현으로 새롭게 해석하도록 했다. 이를 계기로, 교사의 실천을 이해할 때, 충실도의 관점에서 외부에서 처방한 것들을 얼마나 그대로 이행하느냐에 초점을 두기보다는, 학교 상황에 맞게 교사가 어떻게 적절히 변형시키고 재구성하는가를 보는 '상호 적응(mutual adaptation) 관점'과, 현장에서 학생들과 함께 공동으로 교육과정을 창안해가는 과정을 강조하는 '생성(enactment) 관점'이 주목받기 시작했다(Snyder, Bolin, & Zumwalt, 1992). 이러한 관점은 이후 교사의 '행위주체성'(agency) 논의로 확장되었는데, 이에 따르면 교사들은 외부에서 부과된 개혁을 단순히 수동적으로 따르는 존재가 아니라 "자신들의 반응을 비판적으로 형성할 수 있는 능력"(Biesta & Tedder, 2006: 11)을 가진 존재로서, 개혁에 '어떻게' 가담할지를 결정하는 주체적이고 능동적인 행위자이다(소경희·최유리, 2020). 따라서 교사가 국가의 요구를 적극적으로 따르는 것만이 아니라, 변화에 대해 저항하고 침묵하는 것 역시도 교사가 행위주체성을 발현한 결과로 이해되어야 한다고 주장한다(소경희·최유리, 2018).

이렇듯 교사가 행위주체성을 가진 존재라는 사실은 교육과정 자율화 정책이 지금까지 진행되어온 방식과는 근본적으로 다른 접근을 취할 필요가 있음을 시사한다. 즉, 교사를 더 이상 자율화 정책의 대상이 아닌, 자율화 정책을 구성해가는 주체로 바라볼 필요가 있다. 이와 관련하여, 전라북도 이리동산초등학교의 학교교과목 개발 사례는 교육과정 자율화가 실질적으로 구현되기 위해 필요한 조건이 무엇인지를 잘 보여준다. 동산초등학교는 2015년부터 도시형 혁신학교로 지정되어 학년별로 특색있는 교육과정을 운영해왔는데, 교사들은 자신들이 만든 교육과정이 교과와 창의적 체험활동 어디에도 속하지 않는다는 것을 발견했고, 이로 인해 기존의 교육행정정보시스템(NEIS)에 입력하지 못해 수업 시수를 확보하기 어렵다는 문제에 직면하게 되었다(이윤미, 2020). 또한 각 학년에서 유사한 통합수업이 산발적으로 또는 중첩해서 이루어지고 있어 이를 정돈하고 조정하는 작업을 통해 계열성을 확보할 필요성을 느끼게 되었다(김세영·이윤미, 2020). 그러던 중에 교사들은 장학사 및 대학교수와의 간담회를 통해 현재 자신들이 실행하고 있는 "교육과정의 새로운 조각을 담아낼 수 있는 모종의 공간, 그릇이 필요"함을 느꼈고 '학교교과목'이라는 제도가 이를 구현하기에 적합할 것이라는 공감대가 형성되어, 학교교과목 개발 작업을 시작하게 된다. 학교교과목 개발 과정을 통해 교사들은 기존에 학년별로 운영되던 교육과정에 체계성과 지속성을 부여함으로써, 학교의 특색을 살린 교육과정을 개발할 수 있게 되었다(박승배, 2021). 이러한 이리동산초등학교의 성공 사례를 바탕으로 전라북도교육청은 '학교교과목' 제도를 다른 학교에서도 활용할 수 있도록 지역 교육과정을 통해 공식화하였고(전라북도교육청, 2021), 이를 통해 교사의 자발성에 기초한 학교 교육과정 자율화의 가능성을 보여주었다.

물론 전라북도의 학교교과목 제도가 기존에 이루어지고 있던 교사들의 교육과정 개발 노력을 뒷받침하기 위해 상향식으로 만들어진 제도이긴 하지만, 현장에서 이루어진 운동이 공식적으로 제도화되는 순간 개혁의 본질은 사라지고 용어만 확산되면서 결국 '위로부터의 개혁'이 될 것이라는 우려가 제기되는 것 역시 사실이다(박승배, 2021). 이러한 우려가 현실이 되지 않기 위해서는 무엇보다 교육과정 자율화 정책을 구상하고 추진하는 데 있어서 학교와 교사의 자발성과 주도권이 우선적으로 존중되는 것이 중요하다. 그동안 국가와 지역교육청은 다양한 학교 교육과정을 설계하는 데 있어서 장애가 되는 지침과 규정들을 양산해내는 역할을 주로 수행해왔다. 그러나 이제는 국가와 지역 교육과정을 통해 외부의 틀을 교사에게 강요하는 것이 아니라, 교사들이 기존에 하고 있던 것들을 체계화하도록 돕는 시스템을 마련할 필요가 있다(정광순, 2021). 이는 정부와 지역 교육청이 기존에 학교 교육과정을 '통제'하고 '간섭'하는 역할에서 벗어나, 오히려 학교의 자율성을 제한하는 불필요한 지침과 규정들이 무엇인지를 파악하고 이를 간소화하기 위한 노력을 통해 학교와 교사의 교육과정 개발을 '지원'하고 '촉진'하는 역할로 변화될 것을 요청한다(김명철·이현근, 2021; 박승배, 2021).

2) 교육과정 격차와 불평등 문제

　지금까지 우리나라에서 교육과정 자율화 정책이 실효성을 발휘하지 못해서 두드러지지는 않았지만, 앞으로 2022 개정 교육과정을 통해 학교의 교육과정 자율성이 대폭 확대되었을 때 직면하게 될 중요한 과제는 바로 교육과정 불평등 문제이다. 앞서 살펴보았듯이, 그동안 정부에서는 교육과정의 지역화와 학교 교육과정 자율화를 통해 지역과 학교 여건에 따라 교육과정을 다양화하기 위해 노력해왔지만, 현실적·구조적 제약으로 인해 실제 교육과정이 다양화되는 결과로 이어지지는 못했다. 그러나 2022 개정 교육과정은 지역 교육과정과 학교 교육과정의 다양화를 보다 적극적으로 추구하기 위해 '학교 자율시간'과 '지역 교육과정 개발', '고교학점제'라는 구조적인 변화를 시도하기 때문에, 이전에 비해 지역과 학교에 따라 교육과정이 다양해질 가능성이 크다. 이렇듯 교육과정에 대한 국가의 통제와 규제가 느슨해질수록 발생할 수 있는 현상은 지역과 계층, 인종에 따른 교육과정의 질 차이이다.

　이러한 문제를 겪고 있는 대표적인 국가 중 하나가 바로 미국이다. 미국은 우리나라와는 정반대로 오랫동안 연방 정부와 주 정부는 최소한의 개입만 유지하고, 단위 학교를 중심으로 교육과정을 설계해 온 전통이 강하다. 연방 정부와 주 정부는 학교가 따라야 하는 최소한의 가이드라인만 제시하면 이를 구체화하는 것은 학교와 교사들의 몫이었기에, 자연스럽게 지역마다, 학교마다 다양한 교육과정이 개발되었다. 그런데 이런 학교 중심 교육과정 개발 체제가 오랫동안 유지되어온 결과, Kozol(1991)이 『야만적 불평등』을 통해 고발하듯이, 백인 밀집 지역과 유색인종 밀집 지역의 학교에서 제공하는 교육과정과 수업의 질에 현격한 차이가 발생하게 되었다. 그리고 이로 인해 학교교육을 통해 인종 불평등이 재생산되는 문제가 고착화되었다. 백인학생이 대다수인 학교에서는 대학 진학을 위해 필요한 선수 학습 과목들이 모두 개설되고 학문적인 엄밀함과 탁월성, 창의력을 추구하는 좋은 프로그램들이 많이 개설되는 반면에, 유색인종이 대다수인 학교에서는 주로 직업교육에 초점을 둔 교육과정이 제공되고 대학 진학 시 필수적으로 요구되는 과목이 개설되지 않는 경우가 많게 되었다(Ladson-Billings, 1998; Yosso, 2002). 그 결과, 유색인종 학생의 경우 자신이 수강한 수업에서 아무리 뛰어난 학업성취를 보인다 할지라도 대학 진학 시 필요한 선수 과목들을 수강하지 못해 원하는 대학에 지원조차 불가능하게 되어 인종 불평등이 재생산되는 악순환이 반복되었다.

우리나라는 오랫동안 교육과정에서부터 교과서까지 국가에서 제공해주는 '패키지형 교육과정' 체제를 유지해왔고 이러한 교육과정의 대표적인 특징이 바로 교사의 영향을 최소화한다는 점("teacher-proof" curriculum)이다(Apple, 1992). 이로 인해, 상대적으로 단위 학교와 교사의 자율성이 컸던 미국에 비해, 우리나라에서는 지역과 학교에 따른 교육과정의 격차 문제가 크게 부각되지는 않았다. 지역에 따른 학생들의 학업성취도 격차는 한국 교육의 오랜 화두였긴 하지만, 이는 주로 학생들의 사회경제적 배경에 따른 결과였지 교육과정의 차이가 빚어낸 결과로 해석되지는 않았다(추경모, 2012). 그러나 우리나라에서도 최근 들어 교육과정 분권화, 지역화, 자율화를 위한 다양한 시도들이 이루어지면서, 학교에 따른 교육과정의 질 격차의 조짐이 조금씩 보이기 시작하고 있다.[3] 지역별 교육과정 격차에 대한 우려는 최근 고교학점제가 점진적으로 도입되면서 더욱 불거지고 있다. 고교학점제를 도입할 경우 기존보다 다양한 선택과목을 개설해야 하기 때문에 강사 수급이 문제가 될 수밖에 없는데 인구 유출이 많은 지역의 경우 강사 수급이 어려워 학생의 과목 선택권 자체에 제약이 생길 수밖에 없기 때문이다(신하영, 2022). 정부는 각 지역 교육청을 중심으로 하는 '온라인 공동교육과정' 제도를 통해 이를 보완할 계획이라고 하지만, 현재 개설되어 있는 온라인 공동교육과정 교과목 현황을 보면 개설된 과목 수와 다양성, 수업 내용과 질에 있어서 지역별로 많은 차이가 나타난다. 따라서 앞으로 학교 교육과정의 자율화가 교육과정의 불평등으로 이어지지 않기 위해서는, 학교 교육과정을 개발하는 데 있어서 인적·물적 환경이 열악한 지역과 학교에 대한 다양한 교육과정 지원 방안을 모색하려는 노력이 절실히 요청된다.

---

[3] 소경희와 최유리(2020)의 연구 결과에 따르면, 학교의 여건에 따라 자유학기제를 실행하는 양상에 많은 차이가 나타났는데, 규모가 있는 학교의 경우, 자유학기제 정책이 도입되기 전부터 다양한 형태의 교사학습공동체 모임을 통해 수업에 대한 고민과 사례를 공유해온 문화가 있어 자유학기제가 도입되었을 때 이를 활용하여 다양한 수업 혁신을 시도한 반면에, 규모가 작은 학교에서는 교원 수급 문제로 인해 교사들의 행정업무 부담이 많아, 자유학기제를 위해 외부 강사를 섭외하거나 외부 프로그램을 이용하고, 수업의 변화는 최소화하는 방식으로 자유학기제를 운영하고 있었다.

심화질문

- 교육과정 자율화 정책이 학교 교육과정에 어떠한 변화를 가져다 주었을까?
- 학교 교육과정 자율화 정책이 학교에서 효과적으로 구현되기 위해서 필요한 것은 무엇일까?
- 학교 교육과정 자율화로 인해 발생할 수 있는 교육 격차를 해소하기 위한 방법은 무엇일까?

추천활동

- 학교 교육과정 자율화를 둘러싼 다양한 관점 조사하기(조별 활동)

조별로 최근 추진되고 있는 교육과정 자율화 관련 정책들(학교자율시간, 고교학점제 등) 중 하나를 선택하여 관련 기사를 다양하게 수집해보도록 한다. 기사 수집이 완료되면, 기사들 속에서 특정 쟁점을 둘러싸고 집단에 따라, 언론사에 따라 어떠한 견해를 가지고 있는지, 왜 그러한 견해차가 발생하는지를 논의해보도록 한다.

- 교육과정 자율화의 학교 구현 양상 분석하기(개별 활동)

학생들이 각자 관심 있는 고등학교를 선택하여, 해당 학교의 홈페이지에 공개되어 있는 학교 교육 계획이나 교육과정 관련 문서를 찾도록 한 후, 해당 학교에서 '자율편성단위'를 어떤 방식으로 활용하고 있는지를 분석하도록 한다. 이를 통해, '자율편성단위'가 애초에 의도한 바대로 학교의 특색을 반영한 다양한 교육과정을 편성하는 데 효과적으로 활용되고 있는지 평가해보도록 한다.

추가학습자료

- 교육부(2022). 수업량 유연화에 따른 자율적 교육과정 운영 사례집.
- 고교학점제 홈페이지. https://www.hscredit.kr/
- 사최수프(사상 최고의 수업 프로젝트). https://project.futureclassnet.org/index.do

참고문헌

강지영(2012). 국가교육과정에 대한 초등교사의 해석과 실행 연구. 서울대학교 석사 학위 논문.

교육부(1997). 교육과정 총론. 서울: 교육부.

교육부(2021). 2022 개정 교육과정 총론 시안.

김명철·이현근(2021). 학교교과목의 이해 및 발전 방안. 전북교육정책 오늘 Vol. 5.

김세영·이윤미(2020). 학교교과목 개발 절차에 관한 사례 연구. **교육과정연구, 38**(3), 7−32.

김소영·김두정(2015). 교육과정 자율화 정책에 있어서교육과정 권한 분산 실태와 과제. **정책개발연구, 15**(2), 85−105.

김재춘(2011). 이명박 정부의 '교육과정 자율화 정책'에 대한 비판적 논의. **교육과정연구, 29**(4), 47−68.

김평국(2014). 국가 교육과정의 적용 단계에서 교사의 의사결정 참여와 전문성 신장: 교육과정 자율화 정책을 중심으로. **교육과정연구, 32**(3), 95−122.

박민정·성열관(2011). 초등교사의 교육과정 인식 분석에 대한 근거이론적 접근. **열린교육연구, 19**(3), 1−26.

박승배(2021). 학교교과목 개발 및 실행에 관한 사례연구. **통합교육과정연구, 15**(4), 1−21.

이상은·홍원표(2020). 2015 개정 교육과정에 따른 중학교 교육과정의 탄력적 편성·운영 실태와 시사점 탐색. **교육과정연구, 38**(1), 5−32.

이영규(2022. 5. 11). 교사 10명 중 8명 "고교학점제 반대"···정시 확대는 반색. 조선에듀.

이윤미(2020). 한 초등학교에서 개발한 '학교교과목'의 의미 탐색. **초등교육연구, 33**(3), 27−48.

소경희(2017). **교육과정의 이해**. 교육과학사.

소경희·최유리(2018). 학교 중심 교육 개혁 맥락에서 교사의 실천 이해: '교사 행위주체성' 개념을 중심으로. **교육과정연구, 36**(1), 91−112.

소경희·최유리(2020). 교사의 교육개혁 실천의 중재 맥락으로서의 학교의 역할:'자유학기제'사례를 중심으로. **교육과정연구, 38**(1), 33-58.

신하영(2022. 2. 16). 고교학점제 지역격차 벌릴까…벌써부터 도농격차 우려. 이데일리.

전라북도교육청(2021). 전라북도 초등학교 교육과정 총론. 전라북도교육청.

정광순(2021). 교육과정 자율화를 위한 기반 탐색. **통합교육과정연구, 15**(1), 27-48.

정영근·이근호·조규판·박지만·강미란(2010). 학교 교육과정 자율화 운영 실태 및 지원 방안 연구. 한국교육과정평가원 연구 보고 RRC, 20.

정영근·이근호(2011). 교육과정 자율화 정책 수용에 대한 교사의 인식 고찰. **교육과정연구, 29**(3), 93-119.

정윤리·임재일(2021). 교육과정 자율화 정책 논의를 통한 차기 국가교육과정 개발에 대한 일고: 교사교육과정 정책을 중심으로. **교육과정연구, 39**(4), 5-33.

추경모(2012). 교육의 지역적 격차에 관한 연구: 중학교교육현황을 사례로. **한국지리학회지, 1**(1), 33-52.

허숙(2012). 교육과정 자율화 정책과 학교 교육과정 운영의 방향. **교육과정연구, 30**(1), 81-98.

홍원표(2011). 우상과 실상: 교육과정 자율화 정책의 모순된 결과와 해결방안 탐색. **교육과정연구, 29**(2), 23-43.

홍원표·최연수·최보금(2019). 고등학교 신설과목 운영 현황과 개선 방안 탐구. **교육문화연구, 25**(1), 491-511.

Apple, M. W. (1992). Do the standards go far enough? Power, policy, and practice in mathematics education. *Journal for Research in Mathematics Education, 23*(5), 412-431.

Ladson-Billings, G. (1998). Just what is critical race theory and what's it doing in a nice field like education?. *International journal of qualitative studies in education, 11*(1), 7-24.

Kozol, J. (1991). *Savage inequalities: Children in America's schools.* Crown.

Noddings, N. (1986). Fidelity in teaching, teacher education, and research for teaching. *Harvard Educational Review, 56*(4), 496-511.

Skott, J. (2004). The forced autonomy of mathematics teachers. *Educational Studies in Mathematics, 55*(1), 227-257.

Snyder, J., Bolin, F., & Zumwalt, K. (1992). Curriculum implementation. *Handbook of Research on Curriculum, 40*(4), 402-435.

Thornton, S. J. (1989). Aspiration and Practice: Teacher as Curricular—Instructional Gatekeeper in Social Studies. Paper presented at the Annual Meeting of the American Educational Research Association. San Francisco, CA.

Yosso, T. J. (2002). Toward a critical race curriculum. *Equity & Excellence in Education, 35*(2), 93—107.

CHAPTER 05

수행평가는 미래 교육을 위한 평가가 될 수 있을까?

강 태 훈

학습목표

● 수행평가의 개념과 필요성에 대해서 이해한다.
● 우리나라 학교 교육현장에서의 수행평가 시행현황을 파악한다.
● 수행평가와 관련한 쟁점들에 관한 견해를 제시할 수 있다.

사례

고등학교에서 국어를 가르치는 A교사는 수행평가에 대해서 할 말이 많다. "요즘 수행평가는 시험평가 외에 학습과정 등 다양한 평가를 한다는 취지와 달리 형식적이에요. 학생들은 수행 평가가 한꺼번에 몰려서 부담을 느낀다지만, 실제 내신에선 수행평가가 차지하는 비중이 크지 않아요." 학생들이 수행평가를 위해 인터넷 등을 통해 찾은 내용을 베끼고 있는 현실과 평가에 대한 공정성 시비 등 때문에 수행평가로 점수 차이를 만들려고 하지 않는다는 것이다. "일부 교사들이 문제풀기 같이 쉽게 채점할 수 있는 걸 수행평가로 내주는 건 그 때문이에요. 편하게 가는 거죠." 백과사전을 살펴보면 수행평가는 '효과적인 수행평가는 교육개선과 학습증진을 기본으로 하며, 학습현장에서 학생, 교사, 학습내용, 전달과정의 상호작용을 다양한 방향에서 종합하여 의사결정의 자료로 활용하는 데 의의를 둔다'는 정의를 가지고 있다. 하지만 현실은 다르다. "학생들은 친구나 인터넷을 통해 수행평가를 베끼고 있고, 교사들은 학생들이 베끼지 못하는 문제를 내려고 고민하고 있어요" 도입취지를 잃어버린 수행평가는 매년 별다른 변화 없이 되풀이되고 있다. 결국 괴로운 건 학생과 교사뿐이다. 학생들이 한 번에 여러 과목의 수행평가를 해야 해서 힘들다면, 교사들은 많은 수의 결과물을 한꺼번에 평가해야하기 때문에 힘들다. 수행평가가 취지대로 시행된다면, 시험평가의 대안이 될 수 있을런지도 모른다. 하지만 현실에선 학습과정에 대한 평가보단 점수를 받기 위한 과정으로 진행될 수 밖에 없다.

우리나라 학교 교육현장에 수행평가가 소개 및 전격 도입된 것은 1990년대이다. 이후 적지 않은 시간이 흘렀지만, 적정한 실시와 활용을 통하여 학교 교육의 질 향상에 제대로 기여하고 있는지에 대한 의문이 여전히 존재한다. 또한 수행평가가 미래 교육환경 변화 속에서 교수·학습 내실화를 가져올 수 있도록 하려면 구체적 시행 방법, 관련 정책, 채점 공정성 확보, 교육 현장의 현실을 고려한 적용 등에 대한 올바른 방향 설정과 이해 당사자들의 고민이 요구된다. 본 장에서는 우선 수행평가의 의미와 필요성에 대해 간략히 살펴본 후 학교 현장에서의 수행평가 시행과 관련하여 고려해야 할 주요 이슈들에 대한 현황과 쟁점 등을 논의한다.

1 수행평가의 의미와 필요성

1) 수행평가란 무엇인가?

수행평가(performance assessment)는 학생들에게 선다형 문항에서 주어진 답지 중 정답을 구하도록 하는 것과 달리 자유로운 활동과 반응을 요구하고 이를 평가자가 직접 관찰하고 그 수행의 질을 평가하는 것을 기본으로 한다. 수행평가에 대한 정의는 관련 학자들의 관점에 따라 다양하게 나타나는데 대표적인 몇 가지를 소개하면 다음과 같다.

- 실제 혹은 실제와 유사한 모의 상황에서 피평가자가 보이는 반응을 전문가인
  평가자가 직접 관찰하고 판단하는 평가 방식(Stiggins, 1994)

- 선택형(선다형, 진위형, 연결형) 문항으로 평가하는 이외의 다른 모든 평가 방식(McTighe & Ferrara, 1994)
- 학생 스스로가 자신의 지식이나 기능이나 태도를 나타낼 수 있도록 산출물을 만들어 내거나 답을 작성(서술 혹은 구성)하거나, 발표하거나 산출물을 만들거나 행동으로 나타내도록 요구하는 평가 방식(백순근, 2002)

Stiggins(1994)의 정의와 관련하여 주목할 점은 수행평가가 실제 상황 혹은 이와 유사하게 의도적으로 구성된 모의 상황에서 이루어지는 것이라는 언급이다. 예비교사가 학교 현장에 교육실습을 가서 실제 수업을 진행하면서 교수 역량을 평가받는 경우와 같이 평가 상황 자체가 실제인 경우, 이를 참평가(authentic assessment)라고 부른다. 수행평가는 선언적 지식(내용 알기)뿐만 아니라 절차적 지식(적용 방법 파악)의 습득을 중시하기 때문에, 후자를 확인하려면 실제 혹은 모의상황 속에서 학생이 아는 것을 잘 적용하는지 살펴볼 필요가 있다. 추가적으로, 이는 학습의 결과뿐만 아니라 학습 과정 자체를 주요 평가 대상으로 삼는다는 것을 함의하는데 근래 학교 현장에서는 이와 같은 특징의 연장선상에서 과정중심평가가 강조되고 있다.

McTighe와 Ferrara(1994)와 백순근(2002)의 정의에 따라 수행평가를 보면, 선택형 문항으로 이루어지는 평가 방식 이외의 모든 것을 포괄하게 되는데 이는 서답형 문항의 단답형이나 완성형의 경우도 포함될 수 있다는 의미가 된다. 이렇게 학생이 주어진 답지 중에서 고르는 것이 아니라 자유롭게 반응하는 것만을 강조할 때, 흔히 이를 '넓은 의미의 수행평가'라고 부른다. 우리나라 학교현장에 수행평가가 처음 도입되어 1998년에 발표된 『학교교육종합개선안』에서도 수행평가 개념을 선택형 지필평가 이외의 모든 평가 방법이라고 제시한 바 있다. 그러나 이렇게 단순한 수준의 반응을 요구하는 평가는 기존 선다형 문항 위주의 지필평가와 차별화되지 않기 때문에, '좁은 의미의 수행평가'에서는 단답형이나 완성형 문항은 제외하고 산출물 구성의 자유도가 보다 높아야 한다고 본다(서지영 등, 2008).

우리나라 학교현장에서의 수행평가는 '평소 학습과정 평가', '시험형 평가' 그리고 '과제물 제출형 평가' 등의 세 가지 유형으로 나누어 볼 수 있다. 그런데 교육부는 2020년 1학기부터 학생들의 부담을 덜어주기 위하여 과제물 제출형 평가를 폐지하기로 하였기 때문에, 현재 모든 수행평가는 학교 수업 시간 내에 이루어지고 있다. 평소 교실에서의 학습과정을 평가하는 수행평가는 과목에 따라서 주된 방법에 차이가 나기는 하지만 대개 수업태도 평가, 조별 찬반 토론, 실험·실습 등으로 이루어진다. 이러한 교육 수업 중의 수행평가는 결국 개별 학생에게 성실한 수업 준비와 참여 그리고 교사와 동료 학생들과의 적극적 상호작용 그리고 다른 학생에 대한 배려 등을 요구한다고 볼 수 있다. 시험형 수행평가는 서술·논술형 검사, 구술·면접형 검사 그리고 실기 시험 등으로 실시된다. 이러한 수행평가는 학생들에게 주어진 답지 중 정답을 고르는 것이 아니라 문제 해결 과정을 제대로 이해하고 글과 말 혹은 행동으로 자신의 지식과 기능을 나타내도록 한다(송미경, 2020).

2) 수행평가의 필요성

우리나라에서는 대학수학능력시험, 수능 모의평가, 국가수준학업성취도평가, 전국연합학력평가 등 수많은 표준화시험이 실시되고 있으며 이와 함께 선다형 문항 위주라는 측면에서 큰 차이가 없는 학교 단위의 내신고사(중간고사 및 기말고사)가 매우 빈번하게 실시되고 있다. 개인 수준의 객관적 학업 성취도 확인 및 학교 책무성 확인 등을 위한 표준화 시험 및 고부담 시험이 전혀 무용한 것은 아니지만, 문제는 너무 빈번하게 시행되며 이로 인하여 학교에서 지나치게 많은 시간이 시험 준비에 소진되고 있다는 점이다. 결과적으로 이는 학교 수업에서 깊은 사고를 필요로 하는 수업 활동 그리고 발표 및 토론을 통한 학생 간 혹은 학생과 교사 간 상호작용이 원활히 이루어지기 어렵도록 한다.

시험 대비 수업은 그 속성상 학생 개인의 개성 존중이나 개별화된 학습 그리고 호기심과 창의성 발휘를 유도하기 어렵다. 대신, 주어진 답지 중 정답을 고르기 연습, 모의고사 문제풀이, 이미 아는 것일지라도 실수 안 하기 위한 연습 등으로 수업 및 학습 시간의 상당 부분을 채우게 하는 원인이 된다. 허경철(1989)은 선다형 문항 위주의 평가가 유발하는 문제점을 다음과 같이 정리한 바 있다.

- 교육의 목표를 왜곡: 단편적 지식의 암기나 단순한 이해 위주
- 순응형, 동조형 인간 양산
- 교수-학습 상황에서 사제 간의 적절한 관계 형성 방해
- 왜곡된 학습방법의 고착화
- 학업성적 및 자신의 능력에 대한 왜곡된 평가

수행평가는 위와 같은 선다형 문항 위주의 평가 방식이 갖는 문제점을 해결하고 학교 교육에서의 교수학습상 변화를 촉발하기 위해 필요하다고 할 수 있다. 백순근 (2002)은 다음과 같은 여섯 가지 근거를 들어서 수행평가가 필요한 이유를 설명하였다.

- 사고의 다양성과 창의성 신장: 단편적 지식의 암기식 교육이 성행하고 시험 내용이 지식과 정보의 습득 여부를 확인하는 것을 위주로 하였기 때문에 고등 사고 기능에 대한 교육과 평가가 소홀하였음
- 고등정신능력에 대한 교수학습 목표를 좀더 직접적으로 확인: 수행평가 바탕으로 평가 방법의 다양화 전문화·특성화를 통해 고등 사고 기능에 대한 평가 가능함
- 교수·학습의 결과뿐만 아니라 과정을 파악: 학생의 수행을 지속해서 관찰 및 판단함으로써 학생 개인의 역량 수준과 변화 그리고 학습 수요를 알 수 있을 뿐만 아니라 교수 방법 개선을 위한 정보 확보가 가능함
- 학습 내용을 인지적으로 아는 것뿐만 아니라 아는 것을 실제로 적용할 줄 아는 것이 중요: 학문적인 지능(academic intelligence)에 더하여 실천적인 지능 (practical intelligence)이 중요하고 미래 인재는 이 둘을 다 갖추는 것이 필요함
- 학습자 개인에게 의미 있는 학습 활동: 평가의 내용이나 절차를 학습자 개인 에게 의미 있는 것으로 바꾸어 학습과 이해력을 향상시킬 수 있음
- 획일적 표준화 검사의 대안: 다양한 지역과 문화 등 다양성을 존중하면서 동 시에 타당한 평가를 하는 데 필요함

다시 말하여, 수행평가를 통하여 창의성 및 비판적 사고력과 같은 고차적 정 신능력을 학습하고 평가하는 교실 수업을 유도할 수 있다. 또한 교육목표와 관련 된 개별 학생의 능력 변화를 지속적으로 살펴봄으로써 각 학생에게 의미있는 맞춤 형 교육을 제공하는 수단이 될 수 있기 때문에 미래 인재 양성을 위한 필수적 평가 방식이라고 볼 수 있다. 여기에 더하여 학생들이 친구들과 함께 수행평가 과제를 해결하면서 경쟁하기보다는 서로 협력하고 활발하게 의사소통하는 것을 기대할 수 있기 때문에 타인에 대한 배려와 인성 함양 역시 기대할 수 있다(지은림, 2016a).

2 수행평가 관련 주요 이슈별 현황 및 쟁점

앞에서 살펴본 수행평가의 필요성 혹은 장점에도 불구하고 교육 현장의 맥락 속에서 수행평가가 오직 긍정적 반응만을 얻고 있다고 말하기는 어렵다. 수행평가의 이론적 특성이 제시하는 장점과 취지에도 불구하고 실제 시행 속에서 나타나는 여러 문제점으로 인해서 기대와 현실 간의 분명한 간극이 존재하기 때문이다. 이러한 문제점을 대표적인 것들 위주로 간단히 요약하면 다음과 같으며, 이후 이와 같은 문제점 각각에 대해서 자세히 살펴보기로 한다.

- 수행평가의 적극적 실시 및 확대 기조 속에서 교사들의 입장에서 수업 지도와 평가를 동시에 해야 하는 부담이 급격히 증가하게 된다. 또한 학생들은 여러 교과목의 수업 시간에 수시로 실시되는 수행평가를 치르느라 시달리고 있다.
- 수행평가의 공정성과 투명성 문제를 들 수 있다. 같은 교과목인데도 담당 교사에 따라서 수행평가 실시 시간이나 관련 유인물이 다른 경우도 있는 등, 교사 재량에 따라 유불리가 갈리는 경우도 있으며 학생들이 평가 기준을 납득하지 못하는 경우도 자주 발생한다. 또한 수업 수준을 넘어서는 지나치게 어려운 수행평가로 인해 사교육이나 부모 등 외부의 도움을 받을 수 있는지의 여부에 따라서 평가 결과가 달라지기도 한다.
- 수행평가와 과정중심평가와의 관계를 고민해 볼 필요가 있다. 과정중심평가는 2015 개정교육과정에서 평가의 새로운 방향으로 강조되었는데 학문적 개념이라기보다는 학교 수업과 관련한 정책적 성격을 지니고 있다. 과정중심평가는 교수·학습 활동과 유리되지 않은 평가, 수업 과정 속에서의 평가 및 피드백, 학생의 문제해결 및 성장 과정이 중요하다고 강조한다. 그리고 이를 통해 기존 학습 결과에 대한 평가(assessment of learning)에서 학습을 위한 평가(assessment for learning)와 학습으로서의 평가(assessment as learning)로 학생평가 패러다임을 전환하려는 의도를 담고 있다. 이러한 과정중심평가를 도입 및 실시함에 있어서 수행평가의 역할이 무엇일지 살펴보기로 한다.
- 수행평가가 학교 현장에서 본래의 도입 취지에 맞게 실시되기 위한 적정 수준의 교육 정책과 정부 지원이 이루어지고 있는지에 대한 의문이 존재한다. 수

행평가로 인해 증가된 평가 업무를 제대로 담당할 수 있도록 교사 1인당 수업시수와 학급당 학생수를 줄일 필요가 있으며 잡무 감소 등 적절한 교육 여건 및 환경 변화와 함께 교사의 평가 전문성을 높이기 위한 효과적 정책 마련과 지원이 요구되고 있다.

1) 교사와 학생의 평가 관련 부담

1990년대 수행평가가 도입되기 이전은 물론이고 이후 2020년대까지 이어지고 있는 지필평가 위주의 평가 관행은 학생들을 성적 순으로 줄세우기, 고차적 인지능력 함양의 어려움, 전인적 성장을 위한 교육의 부재, 사교육의 성행 등의 문제를 가지고 있다고 진단되었다. 수행평가는 이러한 문제점들을 해결해 나가면서 학교교육 정상화 및 미래인재 양성에 기여할 수 있을 것이라는 기대하에 운영되고 있다고 볼 수 있다. 하지만 교육 현장에서 이러한 기대가 충족되지 않는 이유는 무엇보다도 수행평가를 실시하기 위한 적절한 여건이 마련되지 않은 상태에서 정책적으로 부여되고 있기 때문이다.

학교급, 시도 교육청, 단위학교 등에 따라서 차이가 있기는 하지만 전반적으로 우리나라의 학교 현장에서 수행평가의 비중은 지속적으로 확대되는 추세에 있다. 이는 수행평가 결과가 전체 성적 산출에서 차지하는 비율이 늘어날 뿐만 아니라 각 수업에서의 수행평가 실시 횟수 역시 증가함을 의미한다. 수행평가는 계획 수립, 평가 도구 준비, 평가 시행, 채점 및 결과 산출 등에 적지 않은 교사의 노력을 요구할 뿐만 아니라, 수업 활동과 긴밀히 연계하여 실시될 수 있도록 하려면 치밀한 구상과 관리가 필요하다. 이러한 특성으로 인하여 수행평가를 실시하는 교사의 평가 업무 부담은 증가할 수밖에 없다. 학생 입장에서 보면, 수시로 여러 교과목의 수행평가를 같은 시기에 준비해야 하는 부담을 안게 된다(송미영 등, 2016).

수행평가를 제대로 실시하려면, 우선 교사 입장에서 볼 때 양질의 수행평가 도구(수행과제와 상세한 채점기준)를 개발하고 연구하기 위한 시간 그리고 학생들을 충분히 관찰할 시간이 확보되어야 한다. 그러나 흔히 잡무라고 불리는 학교 행정 업무나 행사 준비, 공문 처리 등으로 시간에 쫓기는 교사에게 이러한 시간은 충분히 주어지고 있지 못하다. 또한 학생들 입장에서 볼 때 수행평가란 수업 시간에 배운 것을 바탕으로 충분히 감당할 수 있는 과제가 되어야 하며, 친구들과 함께 해야 하는 프로젝트나 실험 등에 대해서는 심도 있는 의사소통과 결과 도출을 위한 시간이 확보되어야 할 것이다. 하지만 주어진 시간 동안 하기에는 매우 어렵고 복잡한 과제가 너무 자주 주어지는 것이 현실이다. 또한 논술 형태의 과제물을 제출해야 하는 상황에서, 평소 숙고하여 가지고 있던 생각을 부담없이 정리하여 적는 것이 아니라 수업 시간에 들은 내용을 최대한 암기하여 그대로 적는 것이 유리한 상황이 적지 않게 발생한다.

앞에서 살펴본 바와 같이 수행평가로 인한 교사와 학생의 부담이 매우 크기 때문에 수행평가를 주요 성적 산출 수단으로 계속 활용하려면 이러한 부담을 경감하기 위한 대책이 요구된다. 이를 위해서 첫째, 각 교사가 수행평가에 필요한 여건 및 시간을 확보할 수 있도록 적정 수업시수 부여와 함께 보조 인력의 확충이 필요하다. 둘째, 교사의 평가 역량 강화를 위한 연수를 통해 충분한 전문성을 확보해야 한다. 셋째, 교사가 양질의 평가도구를 개발할 수 있도록 지원함과 동시에 국가 차원에서 수행평가 도구를 제공할 수 있는 대책이 마련되어야 한다. 넷째, 지금처럼 수업 시간에 수시로 실시되어 학생이 하루에 여러 개의 수행평가를 치르는 사태가 일어나지 않도록 해야 한다. 이를 위해 평가계획에 따라 체계적으로 정해진 시간에 수행평가가 실시되어 교과목 간 평가 일정이 지나치게 겹치지 않도록 학교 차원에서 조정하는 절차가 필요하다.

2) 수행평가 결과의 공정성 및 투명성

공정성(fairness)의 개념은 조직이나 집단에 속한 각 개인은 자신이 기여한 정도에 따라 보상을 받아야 한다는 형평성(equity)과 정의(justice) 실현과 밀접한 관련이 있다. 수행평가의 피평가자 입장인 학생은 자신의 과제 수행 정도나 질에 따라서 부당한 차별이나 불이익 없이 타당한 평정을 받을 때 공정한 평가를 받았다고 생각할 것이다. 투명성(transparency)은 윤리적 문제까지 포함해서 이해 당사자가 불필요한 의구심을 갖지 않도록 감추지 않고 공개하여 드러낼 때 확보될 수 있다. 수행평가와 관련해서는 평가 계획, 평가문제 선정, 평가상황의 설정, 평가기준의 설정, 채점기준표의 작성, 평가 절차, 평가결과의 해석 등 전반에 걸쳐서 투명하게 공개할 필요가 있다. 서민원(2016)은 <표 5-1>에 정리된 바와 같이 수행평가의 공정성과 투명성 충족을 위한 전략을 제시한 바 있다.

표 5-1 수행평가의 공정성과 투명성 충족을 위한 전략 과제

공정성 충족을 위한 전략	투명성 충족을 위한 전략
- 수행평가계획, 평가문제 선정, 평가상황 설정, 평가기준 설정, 채점기준표 작성, 평가절차, 평가결과 해석 등에서 편파성(bias)이 없도록 함 - 평가 과정 및 결과 산출에 있어서 남녀, 문화, 경제, 연령, 소득격차, 지역격차 등에 따른 차별 문제가 없도록 함 - 교사에 대한 사전교육과 연수를 통한 전문성 확보와 함께 수행평가 전반에 걸친 모니터링이 이루어져야 함. 이를 통해 이의제기가 있을 경우 합리적 심의를 위한 자료를 확보해야 함 - 채점기준표를 사전에 학생들에게 배포하고 이러한 기준에 의해서 평정이 이루어짐을 공지함	- 평가자인 교사에 대한 신뢰 구축 및 유지를 위하여 학생과 학부모가 불필요한 의구심을 갖지 않도록 가급적 평가와 관련한 사항들을 투명하게 공개함 - 투명성은 윤리적 문제와 밀접하게 관련이 있는 만큼 평가 결과에 대한 의혹은 '학업성적관리위원회' 등을 통하여 확실하게 해소될 수 있도록 하는 조치가 필요함 - 투명성 보장을 위해 수행평가의 계획, 평가 과정, 그리고 결과 공개에 이르기까지 가급적 누구나 손쉽게 접근하여 알 수 있도록 투명하게 공개함

수행평가는 학생이 과제를 수행한 과제와 결과에 대하여 교사가 직접 평정을 하는 형태로 평가 결과가 결정되기 때문에 교사의 주관적 판단이 어느 정도 개입될 수밖에 없다. 교사 입장에서 이러한 주관성을 최소화하고 최대한 공정하고 객관적인 평정을 하기 위해 많은 노력을 함에도 불구하고 학생이나 학부모가 평가의 공정성에 대하여 의구심을 표하는 경우가 드물지 않게 발생한다. 이러한 불만은 대개 '평가 기준이 모호하다', '해당 평정이나 등급이 주어진 이유가 명확하지 않다', '특정 학생을 편애한 것 같다', '평가 내용에 대해서 충분한 사전 설명이 없었다', '조별 평가에서 참여도를 제대로 고려하지 않았다' 등의 내용으로 표출된다.

송미영 등(2016)에 따르면 학교 현장에서의 수행평가 채점 공정성을 확보하기 위한 방안으로 대규모 고부담 시험(high-stake exam)에서의 서답형 문항 채점 절차를 준용하기에는 다음과 같은 제약이 따른다. 대입 논술고사나 토플 시험의 작문 평가와 같은 대규모 고부담 시험에서는 동일 답안에 대해 최소 2인 이상의 전문가가 평정하고 유사한 평가 결과가 산출되지 않을 때 제3의 전문가가 개입하는 등 여러 단계의 채점 과정을 거칠 뿐만 아니라 평가자에 대한 체계적 인증을

통하여 평가 전문성을 담보하기 위한 절차를 지키고 있다. 하지만 학교 현장에서 교사에게 이와 같은 정교한 절차와 채점 과정을 요구하기는 어려울 것이다. 또한 수행평가 시행 시기가 학급별로 차이가 있을 때 또는 동일 교과목을 여러 명의 교사가 지도할 때 평정 과정에서의 객관성 확보를 위해 동일 학생을 여러 명의 교사가 채점하기는 현실적으로 쉽지 않다.

학교에서 실시되는 수행평가의 공정성과 투명성을 확보하고 학생들과 학부모의 관련 민원을 최소화하려면 무엇보다도 교사는 평가자로서 학생의 신뢰를 확보해야 한다. 이를 위해서는 다음과 같은 절차를 통하여 수행평가 과정을 통해 학생 스스로 발전하고 성장해 가는 것을 느낄 수 있도록 하는 것이 중요하다. 첫째, 수행평가 실시 이전 그 배경과 취지 그리고 평가 내용 및 채점 기준에 대해서 자세하게 설명한다. 상세하게 만들어진 채점기준표(rubrics)를 평가 이전에 미리 학생들에게 나누어 주는 것은 평가의 투명성과 공정성을 보장할 수 있는 가장 기본적인 방법이다. 둘째, 수행평가 실시 및 채점 이후에는 단순히 등급 부여뿐만 아니라 가급적 자세한 피드백이 주어져야 한다. 학생 자신이 왜 해당 등급을 받았는지 그리고 개선을 위해 앞으로 무엇을 해야 할지에 대한 정보를 부여 받는다면 평가 결과에 대한 납득 및 교사에 대한 신뢰가 쌓이게 될 것이다(임영환, 2011). 마지막으로, 교사가 수행평가 및 과제 내용에 대한 충분한 전문성을 가지고 수행평가 과제의 채점 결과에 대해 학생이 이의를 제기해도 충분히 납득할 수 있는 설명을 제공해야 한다(김선 등, 2019).

3) 수행평가와 과정중심평가

미래사회 변화에 대비한 학교 교육에서는 학습 결과에 대한 평가 위주의 관행에서 벗어나 학생들의 지식과 역량을 수업 과정 중에 지속적으로 살펴보며 적시에 피드백을 제공할 수 있는 평가 방법을 도입할 필요가 있다. 이는 2015 개정교육과정 총론에서 학습의 과정을 중시하는 평가, 즉 과정중심평가가 새롭게 언급된 이유이기도 한다. 그러나 이러한 논의는 수행평가의 개념 속에 이미 내재되어 있다고 볼 수 있다. 국립평가원(1996)은 수행평가의 다양한 목적을 설명하면서 '수행평가는 창의성이나 고차원적인 사고 기능에 대한 평가 및 학습의 과정에 대한 평가를 하는데 목적이 있다'고 이미 언급한 바가 있으며, 백순근(1999) 역시 수행평가가 학습의 결과뿐만 아니라 교육과정 중심의 평가가 되어야 한다고 말한 바 있다. 따라서 이하에서는 수행평가와 과정중심평가의 관계는 무엇인지 살펴보고자 한다. 그리고 덧붙여서 과정중심평가에 대한 이해를 심화하기 위하여 형성평가와는 어떤 공통점과 차이점을 갖는지 살펴본다.

임은영(2017)에 따르면 과정중심평가란 '교육과정 성취기준에 기반한 평가계획에 따라 교수·학습 과정에서 학생의 변화와 성장에 대한 자료를 다각도로 수집하여 적절한 피드백을 제공하는 평가'로 정의될 수 있다. 사실 수행평가는 교수·학습의 결과와 과정을 모두 대상으로 할 수 있는 평가 방식이지만, "과정을 강조하는 수행평가"를 실시한다면 이는 학교 현장에서 과정중심평가의 의미를 가장 잘 실현시킬 수 있는 평가방법이라고 할 수 있을 것이다.

학생을 평가할 때 학습의 결과보다 과정을 중시하고 학생의 장단점에 대한 정보를 수집하여 피드백을 제공한다는 차원에서 과정중심평가는 기존의 형성평가 개념과도 상당 부분 유사하다고 볼 수 있다. 다만 형성평가가 학기 혹은 학년 단위의 교육과정 속에서 특정 규모의 학습 소단원이 종료된 뒤 그 숙달 정도를 중간에 점검하는 방식, 즉 학습을 위한 평가(assessment for learning)를 강조한다면, 과정중심평가는 수업 과정에서의 학생 성장에 집중하여 수업과 평가의 일체화 혹은 교육과정과 교수·학습 그리고 평가의 연계를 추구하여 학습을 위한 평가뿐만 아니라 학습으로서의 평가(assessment as learning) 또한 추구한다는 차이를 갖는다. 또한 형성평가는 수업 시간 외에 실시될 수도 있는 등 평가 시기가 자유롭고 학업성취도와 같은 수업 목표 달성에 초점을 두지만, 과정중심평가는 주로 수업 중에 실시되며 인지적 수업 목표뿐만 아니라 학생의 수업 태도와 같은 정의적 특성과 모둠활동 참여 등 수업 과정 자체에도 관심을 두어 피드백을 제공한다는 특징이 있다.

결과적으로, 과정중심평가는 기존 결과 중심의 평가 관행을 벗어나 수업 과정을 통한 새로운 평가 패러다임을 학교 교육현장에 강조하기 위한 정책적 모토로 이해할 수 있다. 또한 교수학습 차원에서 교사 중심이 아닌 학생 참여형 수업이 강조되고 있기 때문에 실험실습, 토의토론, 프로젝트, 협동학습 등의 다양한 수업 방법의 적용 속에서 학생의 자발적 배움과 주체적 성장을 수행평가 평가 방법과 형성평가적 피드백 활용을 통해 촉진하고자 하는 시도로 이해할 수 있다.

4) 수행평가 관련 교육정책과 정부 지원

앞서 언급한 바와 같이 우리나라에 학교 현장에 수행평가가 전격 도입된 것은 1990년대 후반이다. 이러한 새로운 평가 방법을 도입할 때 그 취지에 맞는 효과적 시행이 이루어지려면 제반 여건에 대한 충분한 고려와 함께 적절한 교육정책 마련 및 정부의 지원이 선행되었어야 했다. 그러나 학교 현장 입장에서 볼 때 수행평가는 충분한 준비 없이 정부 정책에 의해서 일방적인 착근을 강요당하는 형태로 도입되었다. 이로 인하여 수행평가 관련 제반 문제점들이 이후 상당 기간 교육 현장을 괴롭혀 왔으며, 2020년대에 들어서도 완전히 해결되었다고 보기 어려운 상황이 전개되고 있다. 치밀하게 준비되지 못한 채 도입된 수행평가로 인한 문제점은 다음과 같은 세 가지로 정리할 수 있다(안효일, 2013).

첫째, 수행평가로 인하여 짓눌린 삭막한 교실수업 속에서 학생들이 공부 지옥에 빠지게 되었다는 점이다. 교사의 지속적 관찰과 판단에 기반한 평가는 그 자체의 장점이 분명히 존재하지만, 그 이면을 보면 평가 결과가 상급학교 진학 자료로 활용될 수 있는 만큼 학생들에게 매 시간 수업활동마다 평가를 받는 것은 큰 부담으로 작용하게 된다. 더욱이 학교는 평가 변별력을 높이기 위하여 점차 어려운 수행평가를 부여하는 추세에 있기 때문에 학생들은 기존의 내신고사 부담에 더한 압박을 느끼게 된다.

둘째, 교사는 평가 업무 속에 파묻혀 버리게 되었다. 결과뿐만 아니라 과정을 중시하는 평가의 강조 속에서 교사들은 수업 속에서 교수 활동과 함께 평가를 동시에 해야 한다. 일반적으로 우리나라 교사들이 맡고 있는 과도한 수업 시수나 학생 수 등을 고려할 때, 수행평가로 인하여 늘어난 평가 업무로 인하여 각 교사는 효과적 수업을 위한 연구나 학생 지도에 가중된 어려움을 느낄 수밖에 없다.

셋째, 학부모들의 입장에서 볼 때 학생들이 어려움을 느끼는 수행평가는 추가적 사교육비 증가 요인이 될 수밖에 없다. 또한 수행평가 결과가 교사의 주관에 따라 상당 부분 좌우되기 때문에 학생과 교사의 개인적 친분 관계나 촌지 그리고 치맛바람으로 대변되는 학부모와 교사의 비정상적 유착이 필요한 것은 아닌지 걱정하게 된다.

이하에서는 우선 우리나라에서 수행평가 정책이 시행되고 변화되어 온 과정을 알아본다. 이어서 앞에서 살펴본 학생, 교사, 학부모가 겪는 어려움을 최소화하면서 수행평가 도입의 본질적 의도를 극대화 할 수 있는 정부의 지원은 어떠해야 하는지에 대해서 살펴보고자 한다.

수행평가 도입 및 시행과 관련한 시기별 정책과 해당 시기의 수행평가 개념에 대한 이해를 함께 정리하면 <표 5-2>와 같다. 이 표는 서민원(2016)에서 제시된 내용을 기본으로 재작성되었다. 이 표에서 확인할 수 있는 바와 같이 교육부는 1998년 수행평가를 공식 도입할 당시에 수행평가에 대한 개념을 명확하게 정의하지 않았다. 이후 수행평가를 객관식 선다형 지필평가 이외의 평가방식으로 광의의 개념으로 정의하였지만, 앞서 언급한 바와 같이 수행평가의 본질적 차원의 참평가와 과정평가 등의 기능을 달성할 수 있도록 협의의 개념을 주장하는 입장도 공존하였다. 이후 지속적으로 교사 및 학부모 등 이해관계자에 대한 연수 자료 개발 및 배포에 많은 노력을 기울인 것을 확인할 수 있다. 2016년부터는 수행평가의 확대실시 기조 아래 과정중심평가가 강조되고 있다. 수행평가 확대 실시 방안은 미래 인재 양성을 위한 교육 개선 차원에서 도입된 것이기는 하다. 하지만 한 과목에 대한 평가를 지필평가 없이 수행평가만으로 도출한다든가 수업 중 수시로 수행평가를 실시하는 등의 내용을 담고 있었기 때문에 학생 부담과 학부모의 관련 우려를 증폭시키는 부작용을 가져오기도 하였다. 2017년에는 국가 수준에서 과정중심 수행평가, 성취평가제, 형성평가 등 학생평가에 필요한 자료를 일원화하여 제공하는 학생평가지원포털 서비스가 개시되었다. 이를 통해 교사들은 수업에서 다루고자 하는 단원의 성취수준이나 핵심역량에 따른 수행평가 도구를 다운로드 받아 활용할 수 있다. 2020년부터는 '부모 숙제'로 불리기도 하던 과제형 수행평가를 금지하기로 하여 수행평가가 기본적으로 수업 시간에만 이루어지도록 하였다. 이는 과제형 수행평가가 방과 후 학습 부담을 가중하고 사교육을 낳는다는 지적에 대하여 '부모 찬스'를 막고 학생 평가의 공정성을 강화하기 위한 방편으로 마련된 규정이라고 볼 수 있다.

표 5-2　우리나라 수행평가 정책의 변화

	수행평가 정책의 변화		수행평가 개념에 대한 이해 및 강조점
정책 시행 초기 (1998년)	교육비전 2002: 새 학교 문화 창조 (1998년 10월)		불분명, 이상적 개념으로 이해
정책 시행 후 홍보 노력과 정책	'수행평가의 이해' (1998년)	평가원, 15,000부 배포	정책 시행 후 교육부의 홍보 노력 속에서 수행평가 개념 다소 변화: 신축성, 융통성 있는 개념으로 변화
	'수행평가 이렇게 한다' (1999년)	학부모용 홍보 자료, 15,000부 배포	
	'수행평가의 문제점과 개선점' (1999년)	교육전문직 연수 자료, 4,000부 배포, 16개 시도교육청에 배포	
	훈령 587호 (1999년)	교육부 훈령으로 '학교생활기록부 전산처리 및 관리 지침'에서 위 책자 내용 반영	
	훈령 616호 (2001년)	수행평가의 개념, 용어 설명, 평가 방법의 예, 학업 성적 결과 처리 방법 등을 상세하게 제시	
2008년	훈령 719호	수행평가 방법의 예 및 학업 성적 처리 방법 등을 삭제	수행평가를 객관식 선다형 지필 평가를 제외한 기타 평가 방법으로 인식
2016년	훈령 169호	- 자유학기제 및 국가직무능력표준(NCS)을 이수할 경우 그 결과를 작성할 수 있는 학생부 기재란 신설 - 초중학교의 수행평가 전면 실시 가능 근거 마련	수행평가 확대실시 및 과정중심평가 강조
2017년	한국교육과정평가원의 학생평가지원포털 오픈	- 기존 수행평가, 성취평가제, 서술형 평가 지원사이트를 하나로 통합하여 학생평가와 관련한 모든 자료를 하나의 공간에서 이용	수행평가 도구 검색 서비스를 제공하여 실제 활용 가능한 성취기준에 따른 수행평가 문항 제공
2020년	훈령 321호	- 코로나 19 사태로 인한 원격수업에서 수행주체 관찰·확인이 불가능한 경우 수행평가 결과 학생부 기재 불가능 - 과제형 수행평가 금지	학생 부담 경감을 위하여 정규교육과정 외에 학생이 수행한 결과물에 대해 점수를 부여하는 평가 금지

위에서 살펴본 바와 같이 수행평가에 대한 정책 방향 및 지원책은 주로 교사 연수 및 수행평가 도구 자료 제공 중심으로 이루어져 왔고 근래에 학생 부담 경감을 위한 과제형 수행평가 금지 조치가 이루어졌다는 정도를 확인할 수 있다. 또한 지금까지의 수행평가 관련 교육정책은 교육부, 교육청, 학교 그리고 교실 순의 일방향 하달식으로 이루어지는 경우가 많았으나 이제는 교사, 학생, 학부모 등 다양한 교육 주체들이 상호작용하여 공통된 목표 도출을 통한 실행이 이루어질 수 있도록 정부 지원책이 개선될 필요가 있다. 이하에서는 도입 후 20여 년이 훌쩍 넘은 수행평가가 양적 확대뿐만 아니라 질적 도약 및 교육 개혁을 위한 실질적 기여를 할 수 있으려면 정책 지원 방안으로서 강조되어야 할 것은 무엇일지 알아본다(박종임 등, 2017).

첫째, 수행평가를 본래 취지대로 실시하여 지필평가와 결과 중심 평가에 치우친 관행을 벗어나 교수·학습 연계 및 실질적 수업 개선을 도출할 수 있으려면 이를 위한 교육적 여건이 마련되어야 한다. 먼저 교사가 학생 각자에게 관심을 쏟고 학습 상황을 관찰하여 맞춤형 피드백을 제공하려면, 학기 중 다루어야 하는 학습 분량을 줄이고 학급 당 학생 수를 줄이는 것이 필요하다. 또한 교사의 불필요한 행정 업무를 줄여서 좀 더 많은 시간을 교육과 평가에 투입할 수 있도록 해야 한다. 공정하고 타당한 평가가 가능한 교육적 여건 하에서 전문성을 지닌 교사가 평가권을 인정받으며 학생 개인의 학습에 도움을 줄 수 있는 수행평가를 할 수 있다면 이러한 결과가 상급 학교 진학을 위한 전형 자료로 사용될 때에도 혼란과 불만을 최소화할 수 있을 것이다.

둘째, 교사의 평가 전문성을 높이려면 일방적 강의수강식 연수를 지양하고 프로그램을 다양화·고도화하여 학교급별·교과별·연수대상별로 다양한 교육 집단의 수요를 고려한 맞춤형 연수가 실시될 필요가 있다. 또한 수행평가 결과가 성적 산출에 중요한 부분을 차지하여 고부담(high stake) 시험 결과와 같이 사용될 수 있는 현실을 반영하여, 수행평가 문항 작성을 위한 연수뿐만 아니라 채점 신뢰도를 높이기 위한 연수 프로그램도 확대 개발 및 실시될 필요가 있다. 추가적으로, 장학사나 학교 관리자를 대상으로 수행평가에 대한 방법적 측면 외에 현장 교사의 평가권 확보 및 실질적 교사 평가 업무 지원을 할 수 있도록 연수가 이루어질 필요가 있다.

셋째, 한국교육과정평가원의 학생평가지원포털과 같은 교사를 위한 시스템적 지원을 강화할 필요가 있다. 현재와 같이 수행평가 문항, 채점기준 등 평가 도구를 제공하는 지원도 물론 중요하다. 이를 통하여 수업 중 수시로 사용할 수 있는 수행평가 문항뿐만 아니라 교사가 혼자의 힘으로 제작하기 어려운 협력형 문제해결역량(collaborative problem solving competency) 및 고차적 사고능력을 효과적으로 평가할 수 있는 방법 역시 제공받을 수 있을 것이다. 그리고, 이러한 평가도구 제공 지원에서 한 걸음 더 나아가서 교사들이 학생 개인의 성장과 발달을 손쉽게 기록하고 피드백할 수 있는 시스템을 개발하여 현장에 보급할 필요가 있다. 다시 말하여, 이러한 시스템을 통하여 교사가 관찰한 학생들의 학습 현황을 수시로 기록하고 학생들의 성장과 발달을 종합적으로 관리하여 학생과 학부모에게 효율적으로 피드백할 수 있어야 한다.

마지막으로, 학교 현장에서 교사와 학생들이 인식하는 수행평가 실시상의 어려움이나 비현실적 정책 등이 무엇인지를 파악할 수 있도록 교육부, 교육청, 학교 관리자, 교사, 학생, 학부모 간 적극적이며 지속적인 의사 소통이 이루어질 수 있게 하는 방안이 마련될 필요가 있다. 이는 수행평가와 관련한 이상론적 지침과 탁상행정식의 정책이 학교 현장에 강요될 때, 형식적·파행적으로 운영되거나 오히려 교육 개선에 방해가 될 수 있기 때문이다. 교사, 학생, 학부모를 대상으로 하는 설문조사나 면담 등을 통하여 교육 현장에 대한 효과적인 모니터링이 꾸준히 이루어지고 문제가 발견될 때 그 해결을 위해 꾸준히 노력해 나가야 한다.

3 미래 교육을 위한 수행평가

앞에서 살펴본 바와 같이, 수행평가는 교사의 관찰과 판단을 통하여 학생에 대한 평가를 하는 것이다. 이 때 수행평가 방식이 선택형이 아니라 자유반응 형태이면 된다는 최소한의 기준에 맞추어, 단순한 지식 암기로 해결되는 단답형이나 구술형으로 문항을 출제하고 이를 수행평가라고 부르는 것은 지양해야 한다. 다시 말하여, 수행평가는 학생의 미래 핵심역량이나 비판적·창의적 사고능력을 평가할 수 있도록 제작되고 실시될 필요가 있다.

또한 수행평가는 실시 과정상의 여러 가지 문제점과 교사와 학생들이 느끼는 부담에도 불구하고 학생들의 전인적 발달을 지향하고 미래 사회를 대비한 학생들의 고차적 사고능력을 향상시키기 위한 최선의 평가 방안으로 간주될 수 있다. 따라서 수행평가의 본질적 장점이 우리나라의 교육현장에서 제대로 구현될 수 있도록 하는 개선 노력은 아무리 지나쳐도 모자람이 없다(안효일, 2013). 즉 지능정보 사회로 대변되는 미래를 학생들이 효과적으로 대비할 수 있도록 하는 하나의 방안으로 수행평가가 제대로 기능하려면, 무엇보다도 수행평가는 이하에 기술된 바와 같이 그 본질에 충실해야 한다(지은림, 2016b, 2019).

- 첫째, 학생은 수행평가 과제를 수행하는 과정을 통하여 성장하고 발달할 수 있어야 한다. 또한 교사 및 다른 학생들과의 상호작용을 통하여 문제해결을 위한 협력과 소통 역량을 기를 수 있어야 한다.
- 둘째, 지적 영역뿐만 아니라 정의적 · 심동적 영역 등을 포함한 전인적 평가를 지향해야 한다.
- 셋째, 교사는 학생의 과제 수행 과정을 이해하여 개별 학생에게 최적화된 맞춤형 피드백을 제공할 수 있어야 한다. 이에 더하여 본인의 교수 개선을 이룰 수 있어야 한다.
- 마지막으로, 위와 같은 교육적 성과가 상호 유기적으로 기능할 때 교실 수업의 질 개선 및 미래 인재 양성으로 이어질 수 있을 것이다.

우리 학생들이 미래사회의 구성원으로서 다양한 난제를 상호 협력을 통하여 효과적으로 해결하고 개인과 사회의 안녕 및 행복을 추구할 힘을 갖추려면, 그에 걸맞은 교육 내용과 방법이 요구됨과 동시에 수행평가 위주의 학생평가가 시행될 필요가 있다. 미래 교육을 위한 수행평가의 역할 증대는 다음과 같은 노력 및 변화를 통해 가능할 것으로 보인다.

첫째, 평가 결과에 대한 객관성이나 공정성을 지나치게 요구하는 관행을 지양하고 평가의 타당성을 지향하면서 동시에 수행평가 자체가 주관적 · 심미적 속성을 지니고 있음을 인정해야 한다. 객관성을 지나치게 강조할 경우 선다형 문항 위주의 평가를 중시할 수밖에 없으며, 공정성에 과도하게 집착할 때 교사의 주관적 판단에 따른 정성적 평가를 배척하게 된다. 이는 오늘날 학교 현장에서 교사들이 수행평가를 통한 변별력 있는 점수 부여를 꺼리게 만드는 원인이기도 하다. 물론 평가의 객관성 및 공정성을 경시할 수는 없지만 이에 대한 지나친 강조로 인하여 타당성의 저해, 즉 수행평가를 통하여 평가해야 할 역량을 제대로 평가하지 못하는 문제가 발생해서는 안 된다.

둘째, 교사의 평가역량 증진을 위하여 충분한 학생평가 관련 교사 연수가 이루어져야 하며, 이와 함께 교원양성기관에서 예비교사들이 실제적인 수행평가 방법을 충분히 배우고 적용해볼 수 있는 교육과정이 운영되어야 한다. 동시에 학교 현장에서 교사들이 소위 말하는 잡무에서 벗어나 수업과 평가에 집중할 수 있는 여건을 마련해야 한다. 교사가 신뢰롭고 타당한 수행평가를 계획 및 실행하고 결과를 산출하여 학생 개개인에게 맞춤형 피드백을 제공하기 위해서는 높은 수준의 평가 전문성과 함께 많은 시간과 노력이 요구되기 때문이다.

셋째, 교사의 평가권에 대한 사회적 신뢰가 확립될 필요가 있다. 교사가 판단한 수행평가 결과에 대하여 학생과 학부모가 이의를 제기하는 경우가 최소화되려면, 우선적으로 교사의 평가역량 증진이 요구되겠지만, 이에 더하여 평가 결과를 전문적 절차와 판단에 따른 의사결정으로 수용할 수 있게 하는 장치들이 마련될 필요가 있다. 예를 들어, IB 교육프로그램에서 시행하고 있는 것처럼 한 교사의 평가 결과를 해당 과목에 대한 선임 교사나 교육청에서 지정한 전문가가 학생들의 수행 내용과 함께 살펴보고 필요시 교정하는 제도를 도입할 수 있다. 또한 대입에서 내신 결과를 정량적으로 환산하여 학생들을 줄세우는 전형을 지양하고, 교사가 부여한 점수와 함께 기술한 내용으로서의 수행평가 결과를 입학사정관이 읽고 해석하는 방식의 전형이 주가 되어야 한다.

우리나라의 학령인구가 급감하고 있는 상황에서 학생 한명 한명이 한층 더 소중할 수밖에 없다. 따라서 모든 학생이 높은 수준의 종합적 사고력과 심미적 감성, 정보 활용 역량, 의사소통 및 공동체 역량, 자기관리 역량 등을 갖추도록 맞춤형 교육을 제공해야 한다. 이를 위한 교육에서의 학생평가 방법으로서 수행평가의 필요성과 중요성을 엄중하게 인식하고 그 역할이 실질적으로 증대될 수 있게 하려면 다양한 교육 주체의 지속적 관심과 노력이 요구된다.

심화질문

- 자신의 중·고등학교 학교생활을 통해 경험한 가장 효과적이고 의미 있는 수행평가가 있다면 교사의 역할, 수행평가 문항, 채점 방식 등에 대해서 가능한 한 자세히 설명해 보자.
- 수업 및 행정적 업무 등으로 바쁜 교사들이 적극적으로 수행평가를 활용하고 학생들에게 공정하고 의미 있는 평가 결과를 제공하도록 하려면 학교 교육에 있어서 구체적으로 어떤 개선이 필요할까?
- 학교 내신 산출에서 수행평가가 차지하는 비중이 커지면 사교육 및 가정의 교육비 지출에 어떠한 영향을 미칠까?
- 국가교육과정이 교사들에게 지나치게 많은 지식 내용을 가르치도록 요구하여 수행평가가 제대로 이루어지기 어렵다는 주장도 있다. 수업 시간에 다루어야 할 양이 줄어들면 수행평가가 원래 목적대로 시행되기 수월할 것으로 생각하는가?

추천활동

- 학교교육 현실에서 수행평가 시행 현황에 관련한 조별 토론

학생들은 4명 내외로 팀을 구성하여 조장을 맡은 학생이 조원 각자에게 '심화질문'에서 제시된 질문들 중 적어도 두 개 이상을 선택하도록 한다. 이 때 조장은 제외되는 질문이 없도록 주의하며 한 질문에 대하여 적어도 두 명의 학생이 관련되도록 한다. 각 학생은 선택한 질문들에 대하여 자신의 의견을 정리한 소견문을 작성하는 과제를 수행하며 전체 소견문의 작성은 한쪽 내외로 한다. 수업 시간에 각자 작성해 온 소견문을 바탕으로 조별 토론을 진행한다.

추가학습자료

- 중등학교 수행평가 정책 실행 모니터링 및 개선 방안 연구
  https://www.kice.re.kr/resrchBoard/view.do?seq=337&s=kice&m=030103
- 수행평가의 문제점과 현장 착근 방안
  https://eiec.kdi.re.kr/policy/domesticView.do?ac=0000136550
- 평가방법론으로서 수행평가의 문제점과 해결 방안
  https://www.edpl.co.kr/news/articleView.html?idxno=495

참고문헌

국립평가원(1996) : 수행평가의 이론과 실제, 대한 교과서 주식회사.

김선, 반재천, 박정(2019). 수행평가와 채점기준표 개발. 대전: 도서출판 AMEC.

박종임, 노은희, 김유형, 전경희(2017). 중등학교 수행평가 정책 실행 모니터링 및 개선 방안 연구. 서울: 한국교육과정평가원.

백순근(1999). 수행평가의 이론과 실제. 서울: 원미사.

백순근(2002). 수행평가: 이론적 측면. 서울: 교육과학사.

서지영, 김소영, 신명선, 홍수진(2008). 학교교육 내실화를 위한 수행평가 개선 연구 (I). 연구보고 RRE 2008 - 1. 서울: 한국교육과정평가원.

서민원(2016). 객관성, 공정성, 신뢰성, 투명성 확보를 위한 수행평가 모델 방안. 교육정책네트워크 이슈 페이퍼 CP 2016 - 09. 서울: 한국교육개발원.

송미영, 김경희, 이경언, 노은희, 이정우, 김지영(2016). 수행평가 확대 실시에 따른 주요 쟁점과 과제. 연구자료 ORM 2016 - 26 - 5. 서울: 한국교육과정평가원.

송미경(2020). "수행평가 어려워요ㅜㅜ" 달라진 수행평가 완전정복 하는 법! Retrieved from http://www.edujin.co.kr/news/articleView.html?idxno=32836

안효일(2013). 수행평가의 실태와 문제점 탐색을 통한 근본적 대안 모색. 수한해양교육연구, 25(2), 307 - 320.

임영환(2011). (독서)수행평가의 공정성 확보 방안. Retrieved from https://blog.naver.com/PostView.nhn?blogId=wintertree91&logNo=10100745945.

임은영(2017). 과정중심평가의 개념과 의미. 행복한 교육 2017년 2월호. 세종: 교육부.

지은림(2016a). 수행평가의 개념과 효과. 행복한 교육 2016년 4월호. 세종: 교육부.

지은림(2016b). 올바른 수행평가 시행을 위한 제언. 행복한 교육 2016년 4월호. 세종: 교육부.

지은림(2019). 미래사회 교육평가 패러다임, 왜 '과정 중심 평가'인가. 서울교육 234호, 서울특별시 교육청 교육정보연구원.

McTighe, J. & Ferrara, S. (1994). Assessing learning in the classroom. Washington, D. C.: National Education Association.

OECD (2013). PISA 2015 DRAFT COLLABORATIVE PROBLEM SOLVING FRAMEWORK. Retrieved from http://www.oecd.org/pisa/pisaproducts /Draft%20PISA%202015%20Collaborative%20Problem%20Solving%20Framework%20.pdf

Stiggins, R. J. (1994). Student-Centered Classoom Assessment. New York: Macmillan.

CHAPTER 06

학생 개인의 요구에 부합하는 맞춤형 교육은 어떻게 이루어질 수 있을까?

김 동 호

학습목표

- 지능정보사회에서 요구되는 새로운 학습자 역량을 정의할 수 있다.
- 에듀테크를 활용한 맞춤형 교육과 관련된 개념들을 구분할 수 있다.
- 맞춤형 교육과 관련된 쟁점들에 관한 견해를 제시할 수 있다.

사례

고등학교에서 수학과목을 담당하고 있는 교사 A씨는 최근 학생들의 수준차이로 인하여 수업에 어려움을 겪고 있다. 고성취 학생들은 수업 이해가 빠르고 성적이 잘 나오는 반면에 저성취 학생들은 수업 집중도도 떨어지고 수학 실력이 쉽게 향상되지 않아 수업을 어느 수준에 맞추어 진행해야 할지 난감한 상황이다. 수업 이해에 어려움을 겪는 학생들을 위하여 수업 중 따로 시간을 내어 도움을 주니 수업시간이 모자르고 우수 학생들의 불만도 높아지고 있다. 마침 교사 A씨는 학생들의 수준에 맞게 맞춤형 문제와 설명을 제공하는 수학 플랫폼을 동료에게 추천받았다. 해당 수학 플랫폼은 학생 개개인이 진단평가를 보면 수준에 맞는 문제를 추천받아 풀 수 있다. 주로 틀린 문제들의 유형을 분석하여 새로운 콘텐츠를 추천하거나 추가 연습문제를 제공하기도 한다. 교사 A씨는 학생들에게 해당 플랫폼에서 미리 수업할 단원을 풀고 자주 틀리는 유형에 대한 학습을 스스로 완료한 후 수업에 참여하도록 하였다. 교사용 대시보드를 통하여 수업 이후에도 여전히 이해가 부족한 학생들은 추가적인 학습을 하도록 과제를 부여하였다. 완전하지는 않아도 학생들의 수준차에 의한 수업의 어려움이 상당 부분 해소되었으며 학생들의 수업 만족도도 높아졌다.

1 맞춤형 교육 시대의 도래

우리는 흔히 현시대를 지능정보사회로 부른다. 이러한 사회에서는 보다 창의적이고 혁신적인 역량을 발휘하는 인재에 대한 수요가 높은 것이 사실이다. 재화 생산 중심의 전통적 산업사회에서 요구되던 효율적이고 순응적인 인간상과는 달리 미래 인재는 본인 고유의 전문성에 기반하여 쉽게 예상되지 않는 다양한 문제들을 능동적으로 해결할 수 있어야 한다. 당장 가까운 미래를 예상하기 어렵고 모든 것이 빠르게 변하는 세상은 어떻게 대처해야 할까? 급변하는 사회에서 인간이 직면한 다양한 문제에 유연하게 대처하기 위해서는 끊임없이 지식 및 정보 습득, 지속적인 전문성 개발이 이루어져야 한다. 이를 위하여 우리 교육은 학생 개개인의 다양한 학습 요구에 부응하기 위한 방법을 모색하여 왔다. 개인 학습자가 처한 상황과 필요한 교육적 처방이 다르기 때문에 맞춤형 교육을 통한 인재 양성 방안에 주목하고 있는 실정이다.

그렇다면 맞춤형 교육은 현장에서 잘 이루어지고 있을까? 아마 대부분 그렇지 않다고 대답할 것이다. 우리 사회가 요구하는 바람직한 인재상이 변화함에 따라 기존의 획일화된 학교 교육을 비판하는 목소리 역시 높아지고 있다. 우리나라뿐 아니라 많은 국가들이 국가주도의 교육과정을 따르고 있으며 학생 개인의 다양한 개인적 특성, 학습 상황, 진로 목표를 고려한 맞춤형 교육 경험의 제공은 아직 요원해 보인다. 다수의 학생들을 대상으로 한 국가 단위의 표준화된 초·중등 교육을 받은 학생들은 본인의 학업 역량과 잠재력에 대한 정확한 정보 없이 상급학교에 진학하는 경우가 대부분이고 사회에 진출해서도 재교육을 받아야 하는 등 사회적 낭비가 초래되기도 한다.

사실 맞춤형 교육에 대한 정의는 연구자마다 다를 수 있다. 교육학적 관점이나 본인의 이상에 따라 맞춤형 교육이라고 생각하는 모습이 상이할 수 있기 때문이다. 다만, 정의의 공통된 측면을 보자면 학습자 개인, 혹은 유사한 특성을 가진 각 집단에게 최적화된 교육 경험을 제공하기 위한 접근이라고 볼 수 있다. 주로 표준화된 교육과정이 내비치던 한계를 극복하기 위하여 논의되어 왔으며 교수설계, 시스템 설계, 콘텐츠 개발, 평가 및 피드백 제공 등 폭넓은 범위에서 학생들의 개별적 학습을 도모하기 위한 방안에 가깝다고 보인다. 그렇다면 맞춤형 교육은 국가주도 교육과정이나 학교 시스템과 항상 상충하는 개념일까? 그렇지 않다. 학생들이 갖추어야 할 기본 역량에 대한 방향성이 학교 내에서 거시적 교육과정을 통하여 제공되고 이를 받아들이는 개별 학생들이 맞춤화된 평가와 처방을 받을 수 있도록 맞춤형 교육이 부분적으로 작동될 수도 있다.

본 장에서 맞춤형 교육은 "학습자의 특성에 따라 가장 적절한 교육을 제공하려는 모든 노력"(정미정, 권나현, 2013, p. 101)으로 정의하고자 한다. 이 정의는 정미정, 권나현(2013)이 Tomlinson(2005)의 정의에 기반하여 빅데이터 시대의 맞춤형 교육에 관한 연구에서 서술한 내용이다. 필자는 빅데이터와 인공지능(artificial intelligence)시대의 맞춤형 교육에 대하여 논하는 본 장에 해당 정의가 잘 부합한다고 판단하였다. 맞춤형 교육이라는 개념이 다소 포괄적이기 때문에 교육공학 분야에서 논의되는 주요 쟁점들을 중심으로 이 개념을 탐색하고자 한다. 구체적으로, 디지털 전환 시대에 에듀테크(edutech) 확산과 맞춤형 교육의 관계를 고찰하고, 관련 개념인 학습분석학, 마이크로 학습, 인공지능 등 교육공학 분야에서 맞춤형 교육과 관련하여 주로 언급되는 개념들을 중심으로 서술할 것이다.

2 에듀테크와 맞춤형 교육의 관계

디지털 전환과 비대면 교육의 확대로 인하여 다양한 교육적 맥락에서 에듀테크라는 용어가 심심치 않게 사용되고 있다. 에듀테크는 교육 체제의 총체적 운영을 촉진하는 테크놀로지 집합을 의미한다. 에듀테크가 개별 테크놀로지를 지칭하는 것이 아니라면 실생활에서는 어떻게 개념이 통용되고 있는 것일까? 가령, 학교라는 단위의 교육 체제는 교사, 학부모, 학생, 학습 내용, 물리적 공간 등 다양한 하위 구성요소를 포함하고 있고 학생들이 디지털 수업 시 사용하는 랩탑 컴퓨터, 교사들이 사용하는 전자 칠판, 교육용 소프트웨어는 모두 에듀테크로 정의할 수 있다. 활용하는 테크놀로지의 조합에 따라 수업이나 상호작용의 양상이 크게 달라질 수 있기 때문에 최근에는 학습을 위한 테크놀로지 활용 여부에 초점을 맞추기보다는 에듀테크 활용양상과 전략에 대한 다양한 연구들이 수행되어 오고 있다. 특히, 디지털 전환이 가속화되고 있는 현재 시점에서 에듀테크의 적용에 대한 관심이 그 어느 때보다 높다. 에듀테크는 학문 분야로서의 교육공학(educational technology)과 어떻게 다를까? 학문 분야로서의 교육공학이 인간의 학습과 수행을 향상시키기 위한 자원의 공학적 활용과 윤리적 실천에 대하여 학문적으로 탐구하는 분야라면 일상생활에서 널리 쓰이는 에듀테크라는 개념은 교육공학이라는 학문 분야에서 관심을 가지는 교육환경의 주요 구성요소로 볼 수 있다.

디지털 전환 시대의 에듀테크와 맞춤형 교육은 어떠한 관계가 있을까? 맞춤형 교육에 대한 최근의 열망은 세 가지 측면에서 에듀테크와 관련 지어볼 수 있다. 첫째, 학생들의 학습과정을 효과적으로 관리하기 위한 이유이다. 디지털 기기를 활용한 수업이 보편화되며 교사가 교실 내에서 학생들의 학습 과정을 관리하기 위하여 맞춤형 교육 시스템을 필요로 하고 있다. 온라인 수업 등 디지털기기를 활용한 수업 상황에서 교사들은 학생들과 물리적으로 만날 기회를 갖기 어렵고 관여해야 할 학습 활동도 교실이라는 공간의 범위를 넘어서서 일어나게 된다. 따라서 디지털 수업 상황에서 교수자가 학습자에 대한 다양한 정보를 수집하고, 평가하며, 평가 결과를 수업에 반영하기 위해서는 이에 맞는 시스템이 필요하다. 디지털 시대에 학습활동이 일어나는 시공간의 범위가 넓어짐에 따라 학생들에게 의미있는 학습 경험을 제공하기 위하여 맞춤형 학습 플랫폼에 대한 요구가 높아지고 있는 것이다. 조금 더 구체적으로 예시를 들어보자면, 학생들이 온라인 수업 과정에서 남긴 다양한 활동 로그, 디지털 평가 결과들을 수합하여 개별 학습자의 학습 진행 상황에 따라 다른 종류의 피드백이 시스템으로부터 제공될 수 있다. 또한, 교수자는 시스템에서 수집되어 정리된 학생 정보들을 본인의 수업에 이용할 수 있다. 예컨대, 몇몇 학생들이 특정 온라인 수업에 적극적으로 참여하지 않는다는 정보를 시스템 로그(log)를 통하여 파악하면 그 학생들의 참여를 따로 독려할 수 있다.

둘째, 에듀테크 기반 수업에서 활용할 수 있는 학습관련 데이터가 증가하고 있다. 사실 교육이라는 현상을 관찰할 수 있는 모든 맥락에서 데이터가 생성된다고 보는 것이 적절할 것이다. 디지털 전환에 맞추어서 데스크탑 컴퓨터뿐 아니라, 모바일 기기, 웨어러블 디바이스 등 다양한 형태의 이러닝, 블렌디드 학습(blended learning)이 활성화되고 있고 이러한 기기를 통하여 수집된 학습관련 데이터가 범람하고 있다. 비단 수집되는 데이터의 양만 증가하는 것이 아니다. 기존에는 컴퓨팅 기술이나 데이터 저장 공간의 한계로 이러한 학습 관련 빅데이터의 활용이 제한되었지만 최근 광범위한 학습 데이터를 실시간으로 수집하고 이를 분석하기 위한 기술이 보편화 되고 있다. 디지털 기기를 통하여 저장된 데이터는 전통적인 데이터와 달리 그 특성이나 범위에 있어서 비정형성을 띠고 있다. 학습기기에 기록된 로그 데이터, 텍스트 데이터, 혹은 웨어러블 기기를 통하여 수집되는 생체 데이터는 기존의 인정 사항이나 설문 데이터와 달리 많은 극단값이나 결측값을 포함할 수 있기 때문에 머신러닝과 같은 통계기법을 활용하여 분석해야 할 경우가 많다. 최근에는 실시간으로 수집되는 비정형 데이터를 효과적으로 분석할 수 있는 분석 기법이 제안되고 있고 이를 활용할 방안에 대한 논의도 활발하기 때문에 데이터에 기반한 맞춤형 교육에 대한 관심 역시 높아지고 있는 것이다.

마지막으로, 평생학습역량을 갖춘 인재 양성에 대한 관심이 증대하고 있다. 우리가 활용할 수 있는 데이터의 양과 분석 기술이 발달하였다고 하더라도 학생 개개인의 발전에 관심이 없는 사회라면 맞춤형 교육에 대한 관심은 지금과 같지 않을 것이다. 급변하는 지능정보사회에서는 변화에 능동적으로 대처할 수 있는 자기주도적 학습 능력의 중요성이 커지고 있다. 기존에 학교 교육에서 배운 내용만으로는 학령기 이후의 커리어 계발과 새로운 기술을 배우기 어렵기 때문에 재교육 등으로 인한 사회적 낭비가 초래된다. 학교교육의 경직성이 미래 인재 양성에 적합하지 않다면 새로운 접근을 모색해야 하지 않을까?

에듀테크는 학습자의 전 생애 주기에 필요한 학습 요구를 파악하고 개인 학습자의 학습 진행상황과 필요에 의한 맞춤형 학습 기회를 제공함으로써 이러한 수요에 부응하고자 한다. 최근 초·중등 교육 맥락에서 논의되고 있는 학점제나 고등교육에서의 비교과 영역 강조 역시 비슷한 맥락으로 볼 수 있다. 더이상 미리 마련된 교육과정만으로는 역동적인 사회에서 필요한 역량 증진을 기대하기 어렵고 학교 교육과정을 넘어서는 학습이 필요할 경우 즉시적으로 학습 요구를 충족시킬 수 있는 체제가 마련되어야 한다. 즉, 에듀테크를 통한 맞춤형 교육은 기술의 발전과 창의적인 미래 인재 양성에 대한 열망이 결합된 결과로 보아야 하는 것이다. 인터넷 공개자료, 개방형 공개강의 MOOC(massive open online course), 온라인 마이크로 학위(micro degree), 평생 교육기관의 교육 과정 등 학습자들이 학습 경험을 할 수 있는 채널 역시 다양화되고 있어서 광범위한 교육 자원들을 학습자의 요구에 맞게 효과적으로 매칭해주거나 큐레이션을 제공하는 방식으로 맞춤형 교육이 이루어질 수 있다. 에듀테크는 평생학습 시대의 맞춤형 교육체제를 구성하는 주요한 구성요소로서 기능할 것으로 기대된다.

3 맞춤형 교육과 관련된 주요 개념들

1) 학습분석학

(1) 정의

빅데이터와 인공지능 시대의 교육을 이야기할 때 학습분석학(Learning analytics)이라는 용어를 많이 들어보았을 것이다. 좀 더 학술적으로 접근해 본다면 학습분석학은 학습자나 학습환경과 관련된 정보 및 데이터를 수집·분석·평가하여 학습의 촉진과 최적의 학습 환경을 구축하기 위한 접근으로 볼 수 있다(Elias, 2011). 사실 학습분석학의 역사는 그리 길지 않다. 2011년 첫 번째로 개최된 학습분석 학술대회(Learning Analytics & Kknowledge) 이후 학술적인 용어로 자리 잡았으며 이후 다양한 학술 및 실천 공동체 등에 의하여 급격하게 확산되고 있다. 연구 분야로서의 학습분석학은 기존의 교육학, 데이터 사이언스, 학습과학의 주요 쟁점들을 융복합적으로 다루는 간 학문적 분야로 볼 수 있다.

학습분석학 분야의 주요 목표가 최적의 학습 경험 제공인 만큼 데이터 기반의 평가 및 교육 환경 설계에 있어서 다양한 학문 분야에서 축적된 이론과 지식들이 널리 활용되고 있다. 예컨대, 에듀테크로부터 수집된 비정형 학습데이터의 분석에 있어서는 머신러닝이나 딥러닝 기법들이 활발하게 활용되고, 데이터 평가에 있어서는 학습자와 학습 환경에 대한 교육학 이론들이 적용된다. 또한 데이터에 기반한 처방에 있어서는 다양한 시각화 기법이나 인공지능 피드백 설계 원리들이 적용될 수 있다.

학습분석학은 기존의 교육 통계나 평가와 어떠한 차별점을 가지고 있을까? 데이터에 기반한 교육학적 고민은 기존부터 이루어진 것이 아니냐고 반문하는 경우가 있을 것이다. 학습분석학이라는 용어에서 분석(analytics)은 데이터 분석에서 이야기하는 제한된 의미의 분석(analysis)을 넘어서는 접근으로 보아야 한다. 실제 사전적 정의에서도 분석은 데이터를 활용한 의사결정과 처방이라는 행위를 내포하고 있다. 즉, 사전적 의미에서의 학습분석학은 학습과 관련된 데이터를 과학적으로 활용하여 학습효과와 학습경험을 증진시키는 실천의 영역까지로 확장해서 보아야 한다.

Elias(2011)가 제시한 학습분석 절차 모형에 따르면 학습분석의 주요 과업은 크게 데이터 수집, 정보처리, 지식적용의 세 가지 차원에서 분류할 수 있다. <그림 6-1>에 나타나듯이 이러한 과업을 수행하는 데에 있어 사람, 조직, 컴퓨터, 학습이론이 영향을 미치고 순환적 과정을 통하여 지속적인 학습향상을 지향한다(<그림 6-1> 참조).

그림 6-1 Elias(2011)의 학습분석학 모형

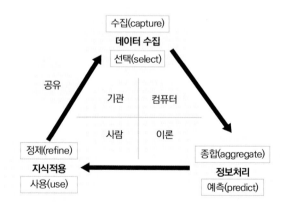

출처: 조일현, 박연정, 김정현(2019)

여기까지 살펴보았을 때 학습분석이 최근 각광받고 있는 경우는 비교적 자명하다. 최근에는 학습분석 영역에서 활용되는 데이터의 종류가 다양화되고 광범위해지고 있는 추세이다. 특히, 학습과학(learning science)처럼 학습 현상을 과학적으로 이해하려는 움직임이 교육학 연구 분야에서 주목받고 있으며 학습자의 생체반응을 통하여 인지, 심리적 기제를 이해하려는 다양한 연구 방법들이 적용되고 있다. 최근에 시선추적기(eye tracker), 뇌파 감지기(brainwave monitor), 자기공명장치(fMRI)를 사용하여 학습 중 몰입, 인지부하, 특정 영역의 두뇌 활동을 측정하고 학습 과정에 대한 깊이 있는 이해를 시도한 연구들이 활발히 수행되고 있다. 에듀테크의 급속한 확산은 어떠한가? 에듀테크 영역에서도 웨어러블 디지털 기기를 활용한 학습이 점차 보편화되고 있어서 실시간으로 학습자의 생체데이터를 수집하고 다른 데이터와 통합하여 적응적 학습 경험을 제공하는 시도가 되고 있다. 예컨대, 박혜정, 김다솜, 조일현(2019)은 학습자 시선추적기로 학습자의 시선움직임과 집중도 등의 생체 정보를 수집하여 학습자의 인지부하와 몰입 정도를 파악하였고 연구 결과를 바탕으로 학습자의 생체정보에 기반한 자기주도학습 지원 원리들을 도출하였다. 다형식의 데이터로부터 학습과정에 대한 통찰을 얻기 위한 연구는 해외에서도 활발하다. Antonenko와 동료들(2019)은 뇌파(brainwave)추적 장치를 이용하여 학생들이 온라인 협력과제를 수행할 동안의 몰입도를 측정하여 향후 적응적 맞춤형 시스템에 대한 시사점을 제공하였다. 학습자의 생체정보를 실시간으로 수집하는 웨어러블 기기들에 대한 접근성과 경제성이 개선됨에 따라 학습과학적 접근을 활용하는 분야에서의 학습분석 적용이 점차 일반화될 것으로 전망된다. 전통적인 데이터 이외에 다양한 비정형 데이터를 통합적으로 이용한 학습분석학적 접근은 다중양식 학습분석학(multimodal learning analytics)으로 일컬어지는데 기존에 단일 양식의 데이터만을 가지고 학습 과정을 파악했을 때보다 학습 메커니즘에 관한 폭넓은 정보를 수집할 수 있어 학습에 대한 깊이 있는 이해를 가능하게 한다. 학습관련 데이터의 범람과 에듀테크의 확산이 지금처럼 지속된다면 학교 현장에서 실시간 학습 진단과 맞춤형 교육은 빠른 시일내에 대중화되지 않을까?

(2) 학습분석학의 분야

학문으로서의 학습분석학은 빠른 속도로 학문분야로서 자리잡고 있고 교육학의 다양한 분야에서 연구가 수행되고 있다. 따라서, 학습분석학의 범위나 방법론으로서의 정의에 관해서는 상당한 이견이 있을 수 있다. 필자는 주요 학습분석학 공동체에서 다루어지는 선행연구와 프로젝트들을 하위 영역으로 분류해보고자 한다. 이는 엄밀한 의미에서의 학술적 분류라기보다는 현재 진행형인 학문 분야에서 수행되고 있는 연구와 실제에 대한 경험적 분류로 볼 수 있다.

학습분석학의 연구와 실제는 크게 예측모델링, 정보 구조화, 패턴 추출 등으로 분류해 볼 수 있다. 각 하위 분류에 대하여 조금 더 구체적으로 이야기하여 보자. 먼저, 예측모델링은 수집된 데이터세트 내의 각 개별 사례(case)들이 레이블(label)이라고 불리는 예측 대상값을 가지는 경우에 적용될 수 있다. 사례의 다양한 특성을 설명하는 예측변수(predictor)와 예측하려는 대상이 되는 레이블 간의 함수관계를 찾아내는 것을 예측모델링이라고 하는데 회귀분석(regression analy-sis)은 예측 모델링의 대표적인 기법으로 볼 수 있다. 예컨대, 온라인 수업 상황에서 학생들의 디지털 기기 이용시간에 따른 최종성적 데이터를 확보하였을 때 이 두 변수 간의 함수관계를 구할 수 있고 향후 학생들의 디지털 기기 이용시간만 가지고도 최종성적을 미리 예측할 수 있다.

이처럼 예측변수와 레이블의 함수관계가 구축되고 새로 투입되는 데이터의 예측변수 값만으로 레이블 값을 예측할 수 있으므로 예측모델링은 온라인 수업 맥락에서의 성적이나 합격 여부 등을 예측하기 위하여 널리 사용되었다. 학습분석학에서의 예측모델링은 왜 머신러닝이나 딥러닝같은 최신 데이터 기법을 활용할까? 학습분석학에서는 교육학 연구에서 전통적으로 사용되던 인적사항이나 설문 데이터 외에도 비정형적 특성을 가진 다양한 데이터를 활용하기 때문에 모집단 분포에 대한 정확한 가정을 하기 어려운 경우가 많다. 이럴 경우 모집단에 대한 엄밀한 통계적 가정이 요구되지 않는 머신러닝 기법을 자주 활용하는 것이다. 예측모델링에 있어서도 전통적인 회귀분석보다는 서포트백터머신(support vector machine)이나 랜덤포레스트(random forest)와 같은 기계학습 방법을 적용하는 경우가 많은

데 비교적 투입되는 변수의 수가 많은 경우에도 적용하기 좋고 분류 및 추정 정확도 또한 높은 것으로 나타난다. 다만, 예측모델링을 위하여 사용한 데이터에만 과하게 최적화되는 과적합(overfitting) 문제가 발생하기도 하는데, 교차 타당화(cross validation)나 전문가 타당화(expert validation)를 통하여 이러한 문제를 해결하고자 한다. 예컨대, Kim et al. (2016)에서는 한 대학의 비실시간 온라인 수업의 학습관리 시스템을 통하여 수집된 다양한 로그 정보를 교육학 이론에 근거하여 대리변수(proxy variable)로 만들고 이를 주차별 성적 예측에 활용하였다. <그림 6−2>는 초기 로그데이터로부터 예측모델에 사용된 대리변수들을 도출하기 위한 과정을 나타낸다. 연구자들은 선행 연구들로부터 고성취 학생들의 행동 특성들을 도출하였고 로그데이터를 조합하여 이를 대표할 만한 변수로 만들어 예측모델에 투입하였다. 구축된 예측모델을 검증한 결과, 2주차부터 70%의 정확도로 학생들의 성적을 예측하였고 학기 중반부에는 약 90% 이상의 분류 정확도를 나타내어 학생들에 대한 선제적인 처방과 맞춤형 피드백의 가능성을 드러내었다.

◎ 그림 6−2 선행연구에 근거한 로그 대리변인 도출 과정

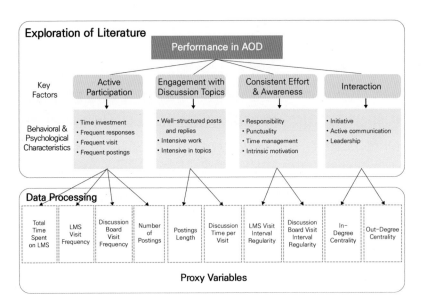

출처: Kim et al., (2016)

학습분석의 두 번째 영역으로는 정보 구조화를 들 수 있다. 학습관련 빅데이터가 일반화되고 있는 만큼 교수자나 학습자, 혹은 학부모와 같은 교육 주체들에게 필요한 정보를 정리하여 제공하는 것 자체가 중요한 과업이 되고 있다. 만약, 쉴새없이 쏟아져 나오는 학습관련 데이터를 교수자나 학습자에게 보여주게 되면 혼란만 가중될 것이다. 즉, 데이터 자체를 해석해야 하는 불필요한 과제를 추가시킬 뿐인 것이다. 예컨대, 학생들이 본인들의 학습진도와 성취를 다른 학습자들과 비교하여 볼 수 있도록 그래프를 제공하거나 학습 결손부분에 대한 시각화 자료를 제공하면 효율적인 자기 모니터링이 가능할 것이다. 학습분석 대시보드(learning analytics dashboard)는 학습관련 정보를 시각화하여 제공하기 위한 도구로서 널리 활용되고 있으며 학교 등의 교육기관뿐 아니라 교육 서비스를 제공하는 다양한 업체들에서도 지속적으로 개발되고 있다. <그림 6-3>에서 볼 수 있듯이 초·중·고등학교 학생들을 위한 교육 콘텐츠 및 교육과정을 제공하고 있는 아이스크림사에서는 학습분석 대시보드를 제공하여 학생뿐 아니라 학부모, 교사들이 학습진행 상황, 학습 결손 부분, 상대적 학습 정도를 파악할 수 있도록 다양한 시각화 정보를 제공하고 있다. 시각화를 위해서는 다양한 종류의 학습 데이터가 필요한데 학생 개개인의 콘텐츠 학습 여부, 과제 완료 여부, 퀴즈 점수와 관련된 로그 데이터를 시각화하고 변화가 있을 때마다 이를 실시간으로 업데이트 한다.

◎ 그림 6-3 아이스크림사의 학습분석 대시보드

출처: 아이스크림에듀 제휴사업 CSR팀 발표자료.

맞춤형 교육시대에 학습분석 대시보드는 어떻게 발전해가고 있을까? 초기의 학습분석 대시보드가 주로 단순 데이터 수치나 기술적 통계분석에 기반한 시각정보를 제공하는 데에 그쳤다면 최근에는 추론적인 통계기법이나 머신러닝, 딥러닝을 활용하여 목표 변수를 예측하는 지능형 대시보드를 제공하는 경우도 많다. 특정 수업에서 학생들의 성적을 미리 예측하고 위험학습자나 고성취 학습자에게 맞춤형 피드백을 미리 제공하는 경우가 그 예이다. 예컨대, <그림 6-4>는 블랙보드(Blackboard)사에서 제공되는 성적예측 기능을 보여준다. 해당 학습관리시스템(learning management system, LMS)을 통하여 수집된 데이터로 학생들의 예상성적을 시각화하고 이 정보를 학생 본인이나 교수자가 활용하여 사전에 학습 전략을 수립할 수 있도록 하는 것이 그 예시이다. 구조화된 정보의 제공을 통하여 향후의 행동 변화까지 이끌어내는 분석학(analytics)의 접근이 잘 적용된 예시로 볼 수 있겠다.

◎ 그림 6-4 블랙보드(Blackboard)사의 성적예측 학습분석 대시보드

	Student ▲	Probability of Passing	Last Activity	Degree Program	Current Grade
High Risk Students (6)					^
	David Devereaux 10993180	3 %	2 days ago	--	F / 58%
	Matt Donohoe 10378904	26 %	2 days ago	--	F / 57%
	Amelia Hart 10325461	15 %	2 days ago	Nursing - BSN	D / 65%
	Bernadette Kim 10082448	47 %	2 days ago	--	D / 60%
	Jacob Lawrence 10046999	39 %	2 days ago	Engineering - BS	D / 62%
	Gabrielle Skinner 10213126	36 %	2 days ago	English - BA	C / 78%
Medium Risk Students (11)					˅
Low Risk Students (12)					˅

출처: 블랙보드사 홈페이지(https://help.blackboard.com/ko-kr/Predict/Instructor)

최신 학습분석대시보드는 여기서 더 복잡한 분석기능을 제공하기도 한다. 학습자의 역량을 다차원적으로 진단하고 약점을 보완할 수 있도록 문항이나 콘텐츠를 추천하는 시스템 역시 학습분석 대시보드의 기능으로 추가될 수 있다. 예컨대, 단국대학교의 인공지능 시스템은 학생들의 인적사항, 수강이력, 관심토픽 등의 학습자 정보를 종합하여 과목, 비교과 프로그램, 대외활동을 추천하기도 한다. 단국대학교의 단아이(Dan.i)시스템은 학과 인공지능 스피커와의 연결을 통하여 최적의 사용성을 제공하고 챗봇 서비스를 제공하여 인공지능 시스템에 대한 접근성을 높였다(<그림 6-5> 참조). 디지털 전환시대의 맞춤형 교육경험 제공이 전연령대의 학습자들에게 중요한 만큼 지능형 시스템의 확산은 고무적인 현상이라고 할 수 있다.

◎ 그림 6-5 단국대학교의 단아이(Dan.i) 기능

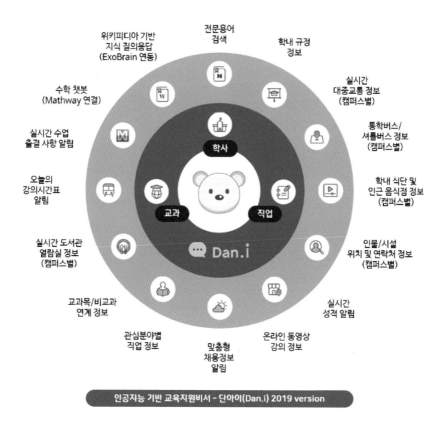

출처: 단국대학교 미래교육혁신원

마지막으로 패턴추출은 주어진 데이터로부터 학습과 관련된 일련의 패턴을 발견하는 기법을 의미한다. 패턴을 추출한다는 의미는 있는 정보를 그대로 구조화하는 것에서 나아가 의미있다고 밝혀진 패턴을 의도적으로 취사, 선택하여 해석하고 활용하는 것을 의미한다. 이 경우 데이터세트상에서 예측해야 할 대상인 레이블(label)변수가 존재할 필요는 없으며, 관심있는 변수들로 이루어진 공간 내에서 데이터 값들의 두드러진 집단군이나 패턴들을 발견하는 데에 초점이 맞추어져 있다. 예컨대, 군집분석(clustering)은 분석자가 관심있는 변수들을 기준으로 하였을 때 두드러지는 학습자 클러스터(cluster)를 찾아내는 데에 주로 활용된다. 구체적인 연구를 예로 들어보자. Kim et al. (2018)에서는 온라인 학습자들의 자기조절 학습능력을 나타내는 학습 시간, 학습간격의 규칙성, 도움추구 행동에 따라 학습자들을 분류하였고 이에 따라 두드러지는 3개의 군집을 발견하였다. 추가적으로 연구자들은 시간의 흐름에 따른 학습자의 학습패턴을 추가적으로 분석하였고 각 학습자 군집특성에 따라 맞춤형 교육 전략에 대하여 논의하였다. 이처럼 패턴 추출의 방식의 하나인 군집분석은 분석결과 밝혀진 군집의 고유한 특성에 기반하여 맞춤형 처방을 제공하기 위한 목적으로 활용되는 경우가 많다. 패턴 추출 분석의 또 다른 접근인 동시발생사건분석이나 순서패턴분석에서도 예측 대상인 레이블이 따로 요구되지 않는다. 이러한 분석들은 동시에 발생할 가능성이 높은 일련의 학습사건(event)들의 집합을 찾아내거나 학습 사건들 간의 순서를 파악하는 경우를 예시로 들 수 있다. 분석자가 설정해놓은 특정 값 이상의 빈도를 나타내었던 사건집합을 찾아내는 비모수 기법이 활용되기도 하고 사건들 간의 순서관계를 확률로 나타내어 분석하는 은닉마코프(hidden markov)기반 기법 등이 활용되기도 한다. 예컨대, Tawfik et al. (2020)에서는 온라인 학습 상황에서 학습자들이 주어진 예시들을 스스로 공부하는 순서를 분석하였고 초보 학습자와 숙련 학습자의 두드러진 패턴을 분석하였다. 군집분석에서와 마찬가지로 학습자별 두드러진 학습 패턴이 분석되면 이에 따라 맞춤형 교수전략을 활용하여 학습자를 지원할 수 있다.

2) 마이크로콘텐츠와 마이크로학습

(1) 정의

일반적으로 교육과정이라는 말을 들을 때 거시적인 차원에서의 교육 계획으로 생각하게 된다. 학술적으로도 교육과정은 특정 조직의 교육 목적에 맞게 가르쳐야 할 교육 내용이나 수업, 교수·학습의 주안점 등을 체계적으로 계획한 것을 의미한다(Wiles, 2009). 따라서 전통적인 의미에서의 교육과정은 국가, 지역, 교육기관의 교육과 수업 운영의 정체성을 결정하였고 학생들도 일관된 양질의 교육경험을 할 수 있다는 장점이 있었다. 그러나 습득해야 할 지식과 정보가 빠르게 변하는 현재, 거시적 교육과정의 문제점이 발생하지 않을까? 실제 산업사회의 구조가 급격하게 변화하고 있고 학생들이 거시적 교육과정에서 계획해놓은 범주를 벗어나는 내용을 학습해야 하는 경우가 증가하였기 때문에 국가주도 교육과정의 한계들이 드러나기 시작하였다. 특히, 개인 학습자의 진로 목표, 학습성향, 학습진도, 학습결손 부분에 따라 학습전략을 세워야 하거나 상황에 따라 독립적으로 학습해야 하는 경우가 늘어나면서 거시적 교육과정 중심교육을 극복하기 위한 다양한 방안들이 논의되었다.

먼저, 교육과정 자체에 대한 이야기를 하기에 앞서 학습콘텐츠의 변화에 먼저 주목해볼 만할 필요가 있겠다. 마이크로콘텐츠(microcontent)는 사용자가 큰 인지 부하 없이 정보와 지식을 습득할 수 있는 짧은 분량의 콘텐츠를 의미하는데, 개인 학습자의 다양한 학습요구를 충족시키기 위한 방안으로 논의되기 시작하였다. 본래 마이크로콘텐츠는 학교 교육에 대한 대안이라기 보다는 빠른 시간 내에 다양한 정보와 지식을 습득해야 하는 성인 학습자의 요구를 반영하기 위하여 제안되었다. 최초로 마이크로콘텐츠라는 용어를 사용한 Jakob Nielsen은 사용자들이 비교적 짧은 시간에 주요 콘텐츠의 핵심 내용을 미리 알아볼 수 있도록 하는 기사 제목이나 색인과 같이 광범위한 대상들이 마이크로콘텐츠가 될 수 있음을 강조하였다. 후에 마이크로콘텐츠는 "광범위하고 깊이 있는 내용에 대한 개요를 충분히 파악할 수 있도록 하는 콘텐츠"라는 의미로 통용되기 시작하였고 성인 학습자들을 위한 디지털 콘텐츠의 새로운 표준으로 자리잡기 시작하였다.

근래에 마이크로콘텐츠는 MOOC, 유튜브, 소셜미디어 등의 Web2.0 플랫폼들을 통하여 급속히 확산되었고 보다 빠른 시간 내에 원하는 학습 정보를 얻고자 하는 전 연령대의 학습자들에게 각광 받기 시작하였다. 비교적 어린 학습자들까지 유튜브를 통하여 필요한 콘텐츠를 활용하고 있으며 학교 수업자원 중 하나로 마이크로콘텐츠가 널리 활용되고 있는 실정이다. 예컨대, <그림 6-6>에서 보듯이 교육용 마이크로콘텐츠 서비스를 제공하는 TED-Ed는 일선 학교의 교사들과 학생들이 널리 사용하고 있다.

그림 6-6 교육용 마이크로콘텐츠를 제공하는 TED-Ed

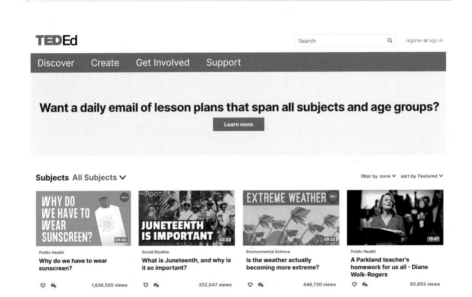

출처: TED-Ed웹사이트

마이크로학습(micro learning)이란 마이크로콘텐츠를 기반으로 하는 학습의 한 유형으로 정의할 수 있다. 마이크로콘텐츠에 기반한 마이크로학습이 맞춤형 교육의 훌륭한 방안이 될 수 있는 이유는 무엇일까? 우선, 급변하는 사회 변화와 학습자의 요구에 맞게 쉽게 콘텐츠를 생산할 수 있다는 점을 들 수 있다. 기존의 거시적 교육과정 중심의 교육상황에서 학습자의 요구에 민첩하게 대응하기가 매우 어려웠다. 다양한 정책 관련자들이 교육과정에 대하여 논의하고 교육과정 변경내용에 대한 합의가 이루어지고 이러한 결정이 학교 수업에까지 적용되는 데에는 비효율적이고 긴 시간이 필요하다. 설령, 한 수업의 교수자가 수업 내용의 일부나 전체를 바꾸려 해도 정해진 수업시수, 수업시간 등 해당 교육기관운영방식을 따라야 해서 유연한 대처를 하기 어려웠다. 그러나 마이크로학습이 적용될 경우 필요한 학습 내용에 대한 짧은 시간의 콘텐츠를 쉽게 제작할 수 있고 이를 필요한 사람들끼리 공유할 수 있다. 콘텐츠 제작과 공유에 필요한 시간이 상당부분 감소하기 때문에 학습 내용에 대한 전문가뿐 아니라 학습자 스스로도 콘텐츠를 창출할 수 있고 생산적인 동료학습(peer learning)과 콘텐츠 교류가 가능하다. 마이크로콘텐츠의 가단성(malleability)은 맞춤형 교육과정의 가능성을 높일 수 있다. 구체적으로 이야기해 본다면, 마이크로콘텐츠가 짧기 때문에 이를 조합하여 다양한 학습요구에 부응하는 다양한 콘텐츠 조합을 창출하기가 용이하다. 기존의 거시적 교육과정의 수정이 어렵다는 점과 대비되는 측면이다. 개인 학습자마다 학습하고자 하는 내용과 그 범위가 다양하기 때문에 마이크로콘텐츠를 이에 맞게 큐레이션(curation)한다면 개인 학습자를 위한 맞춤형 교육과정이 실현될 수 있다.

(2) 마이크로학습과 맞춤형 교육

이미 앞서 언급했듯이 마이크로학습의 효율성과 유연성은 맞춤형 교육의 실현을 위한 좋은 방안이 될 수 있다. 실제로 마이크로학습과 맞춤형 교육이 이루어지고 있는 예시들을 생각해보자. 예컨대, 유튜브와 같은 다양한 비디오 호스팅 플랫폼에서는 학습자의 수강 이력과 학습 진도 등에 따라 다양한 콘텐츠 조합, 즉 마이크로 교육과정을 추천하기도 한다. 더 나아가, 교육기관에서는 기존의 정규 수업시간보다 짧은 길이의 다양한 마이크로콘텐츠를 제작하고 이를 재조합하여 마이크로 교육과정을 창출하고 이수할 시 증명서나 마이크로 학위 등을 제공하기도 한다.

학습자는 긴 시간의 교육과정을 다 수료하지 않아도 본인이 필요하다고 판단되는 마이크로 교육과정을 수료하고 마이크로 학위를 취득하기도 한다. 개인 학습자의 학습 요구에 맞는 교육을 실현한다는 측면에서 학습자 주도의 맞춤형 교육이라고 볼 수 있지 않을까? <그림 6-7>에서 보듯이 호주의 멜버른 대학교(The

University of Melbourne)에서는 학생들이 수 주에 걸쳐서 이수할 수 있도록 다양한 마이크로콘텐츠들을 큐레이션하여 교육과정화 해 놓았으며 이를 수료하면 자격증이나 학위를 수여한다. 최근 MOOC처럼 개방형 디지털 교육과정이 보편화되면서 학생들이 특정 교육기관에 소속되지 않고도 마이크로 학위를 취득할 수 있는 길이 넓어지고 있는데, 이는 평생학습시대의 긍정적 변화로 볼 수 있지 않을까? 성인학습자 뿐 아니라 초·중·고등학생들도 학교 교육과정과 상관없이 온라인 학습에 참여할 수 있게 되어 이상적인 의미에서의 자기주도적 맞춤형 교육이 실현되고 있다.

(◎) 그림 6-7 호주 멜버른대학교의 마이크로 학위 과정

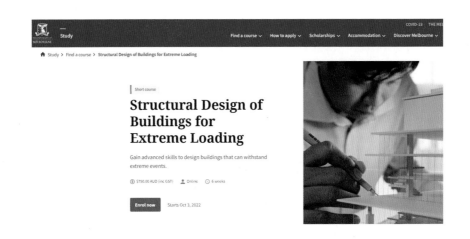

출처: 멜버른 대학교 홈페이지

교육기관이 아닌 조직에서는 마이크로학습을 어떻게 실현하고 있을까? 공공기관뿐 아니라 기업체 등에서도 적극적으로 마이크로학습이나 마이크로 학위제도를 도입하고 있는 실정이다. 예컨대, 우리나라 정부나 공공기관에서도 마이크로 학습을 위한 시스템을 운영하고 있다. <그림 6-8>에 나타난 바와 같이 지방자치인재개발원의 나라배움터 시스템에서는 짧은 동영상 콘텐츠로 이루어진 마이크로 강좌와 교육과정을 운영하고 있다. 해당 시스템에서는 공무원들의 직무역량 강화를 위하여 정규 교육과정과는 독립된 마이크로 교육과정을 따로 운영하고 있으며

수백 편의 콘텐츠들을 학습자가 원하는 시간에 학습할 수 있도록 허용하고 있다.

◎ 그림 6-8 지방자치인재개발원 나라배움터 시스템

출처: 나라배움터 홈페이지

이처럼 다양한 공공기관이나 기업체에서도 근무자들의 자율적인 역량계발을 위하여 마이크로학습을 권장하고 있는데 모바일 기기 등을 이용하여 원하는 시간과 장소에서 필요한 내용을 학습할 수 있어 각광 받고 있다. 직원들은 소속 기관이나 조직에서 제공한 교육과정에 한정되지 않고 외부 플랫폼들을 활용하여 자유롭게 학습하고 이수증, 마이크로 학위나 자격증 등을 통하여 학습 여부를 증명할 수 있다. 마이크로학습과 마이크로교육과정 이수 결과는 구성원들의 자기주도적 학습뿐 아니라 조직인사, 인센티브 제공 등을 위하여 활용되기도 한다.

이렇게 자유로운 시간과 장소에서 상시적으로 학습할 수 있는 문화를 상시학습(anywhere－anytime learning)이라고 하는데 평생학습 시대에 디지털 상시학습은 자기주도적 맞춤형 교육이 실현된 것으로 볼 수 있으며 에듀테크 발전과 함께 빠른 속도로 확산되고 있다. 고무적인 것은 에듀테크의 발전이 마이크로학습의 고도화를 이끌어가고 있다는 점일 것이다. 최근에는 학습 빅데이터를 활용하여 마이크로콘텐츠나 교육과정을 추천해주는 플랫폼들이 증가하고 있다. 예컨대 <그림

6-9>의 두런(DoLearn)플랫폼은 학습자가 미리 입력한 본인의 관심분야, 인적사항, 학습 수준에 따라 웹상에 존재하는 다양한 공개 콘텐츠들을 선택하여 추천한다. 학습의 간편성과 접근성 측면에서 볼 때 마이크로콘텐츠와 마이크로학습은 AI에 기반한 맞춤형 교육 시스템에 최적화된 방식으로 볼 수 있는 것이다.

⊚ 그림 6-9 두런(DoLearn)의 AI기반 콘텐츠 큐레이션 시스템

출처: 두런(DoLearn) 홈페이지

3) AI기반의 지능형 학습시스템

(1) 지능형 학습시스템

지능형 학습시스템에 대한 학계와 산업계의 관심이 심상치 않다. 지능정보사회에 필요한 인재를 양성하는 데에 있어 전통적인 학습방법의 한계를 이야기 할 때 더욱 지능형 학습 시스템의 강점이 두드러진다. 인공지능기반의 지능형 학습시스템은 빅데이터 기술과 시스템 공학, 네트워킹 기술 등이 복합적으로 적용된 시스템으로서 학습자 진단 및 평가, 맞춤형 피드백 제공, 자기주도 학습 지원과 같은 다양한 기능들을 제공한다. 학습과 관련된 빅데이터들이 다양한 경로를 통하여 수집되고 이를 활용하여 최적화된 교육경험을 제공하기 위한 맞춤형 교육 서비스들이 보편화 되고있는 추세다. 또한, 가상현실(virtual reality, VR)이나 메타버스(metaverse) 등 실감형 교육을 위한 다양한 플랫폼 기술이 함께 발전하면서 지능형 학습 시스템을 활용한 맞춤형 교육은 시·공간의 제약을 넘어선 다양한 형태로 이루어질 수 있다.

　맞춤형 교육을 위한 지능형 시스템의 확산은 교육학적으로 어떠한 의미를 지닐까? 첫째, 학습자들은 AI기반의 지능형 학습시스템을 통하여 미래 역량을 증진할 수 있는 기회를 가질 수 있다. 전통적인 교육과정에서 학습자가 습득하기 어려웠던 창의성, 문제해결력, 자기주도학습, 의사소통 능력 등의 4차 산업 역량이 에듀테크를 활용한 독립적인 학습, 학습자 간 상호작용, 시뮬레이션 체험 등 다양한 방식을 통하여 보다 용이하게 계발될 수 있게 되었다. 예컨대, 뉴베이스(Newbase)사에서 의학계열 학생들의 훈련을 위하여 개발된 전문 VR소프트웨어들은 학생들에게 응급 상황에 대처하는 다양한 시나리오와 개개인의 학습 진도에 맞는 다양한 맞춤형 피드백들을 제공한다(<그림 6-10> 참조).

◎ 그림 6-10 뉴베이스(Newbase)사의 VR훈련프로그램인 MediBase

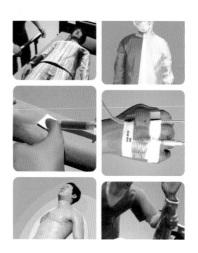

MediBase*

인체모형 없이 온라인으로 무제한 반복할 수 있어 임상술기 완전학습이
가능합니다

▶ Google Play　🍎 App Store

출처: 뉴베이스(Newbase)홈페이지

비대면 학습의 보편화로 각광을 받기 시작한 메타버스 환경에서 사용자는 본인을 대변하는 아바타(avatar)를 이용하여 가상 공간 내에서 다양한 학습활동을 할 수 있다. 메타버스와 기존의 VR의 차별점은 무엇일까? 엄밀히 말하면 두 개념 사이에는 교집합이 존재하며 단순 위계관계로 볼 수는 없다. 그럼에도 메타버스 환경이 기존의 단순한 VR기술과 가장 차별화되는 점은 아바타에의 자기투영(self-projection)이 강조된다는 것이며 이로 인하여 새로운 환경에서의 경험 확장이 일어난다는 점이다. 이는 정해진 시나리오 내에서 규칙에 제한된 활동을 해야하는 게임환경과도 구분되는 점이다. 예컨대, Planet of the plants라는 메타버스 환경에서 사용자는 식물이 자라는데 필요한 영양소를 직접 구하고 식물을 키워가는 프로젝트를 하게 된다. 사용자의 활동에 따라 식물은 다양한 형태로 성장할 수 있다. 이 과정에서 본인이 키우는 식물에 관하여 이미 알고 있던 지식을 적용해보거나 잘못 알고 있었던 내용들을 바로 잡을 수 있는 기회를 가질 수도 있다. 본인이 가상현실 내에서 아바타를 통하여 본인을 투영한 캐릭터로 움직이기 때문에 학습자 간 소통, 협력학습 경험 등 한정된 물리적 공간에서 이루어지는 전통적 수업에서 키워지기 어렵던 역량을 증진시킬 수 있는 기회를 갖는다.

둘째, 지능형 학습시스템은 페다고지(pedagogy)나 안드라고지(andragogy)로 대변되던 전통적인 교육학적 관점에서 휴타고지(heutagogy)라는 새로운 관점으로의 패러다임 변화에 부합한다. 지능정보사회에서의 학습은 더 이상 특정 시공간에서 일어나는 현상이 아니기 때문에 결국 학습자의 독립적 주체성이 매우 중요하지 않을까? 휴타고지는 바로 학습자의 자기결정학습(self-determined learning)을 중시하는 관점으로 볼 수 있는데, 학습자 스스로가 학습 주제와 방향을 결정하기 때문에 학습에 대한 권한과 책임 역시 최대한 존중해야 한다는 관점이다(Blaschke & Hase, 2019). 학생들이 학교 교육의 범위를 벗어나 습득해야 할 정보와 지식의 양이 폭발적으로 증가하고 독립적으로 학습주제의 선정, 학습자원의 탐색, 자기 평가 및 성찰을 수행해야 하므로 이를 지원할 새로운 체제가 필요하다. 지능형 학습시스템은 교육기관과 교육과정이라는 한정된 체제를 벗어난 교육이 이루어질 경우 학습자를 지원할 수 있는 미래형 교육의 중요한 도구로 자리잡을 것이다.

마지막으로, 지능형 학습시스템의 활용은 학습자가 디지털 시대의 평생학습자로서 성장하는 데에 필요한 초연결적 네트워크 환경을 제공할 수 있다. 4차 산업

시대 교육의 중요한 목적 중 하나는 실제적 문제를 해결할 수 있는 창의 인재를 양성하는 것이다. 글로벌 리더십, 의사소통, 창의적 문제해결력 등의 미래 역량은 협력적 학습과 집단지성의 창출 경험 등을 통하여 길러질 수 있는데 기존의 전통적인 교육체제는 초연결 사회의 협력적 학습을 위한 이상적 환경을 제공하기 어려웠다. 인공지능기반의 지능형 플랫폼은 학습자가 속한 조직이나 교육기관을 넘어선 다양한 학습경험을 제공할 수 있다. 예컨대, 소셜네트워킹 기술을 적용한 학습 커뮤니티에 참여를 통하여 학습자들은 세계 곳곳의 학습자들과 소통하거나 유용한 학습자원을 공유할 수 있다. 즉, 시·공간을 초월한 협력학습의 기회를 제공하고 학습자 본인의 학습 요구에 맞는 다양한 환경을 스스로 탐색하고 활용할 수 있도록 하는 맞춤형 교육이 실현될 수 있는 것이다. 예컨대, <그림 6-11>에 보여지듯이 Github은 소프트웨어 개발자들의 대표적인 지능형 오픈소스 커뮤니티로 참여자들이 소프트웨어 개발을 위한 소스코드를 공유하고 이를 발전시켜나가는 등 집단지성을 창출할 수 있는 공간이다. Github에서는 소프트웨어 개발, 인공지능 프로젝트 커뮤니티 참여 등 다양한 활동이 가능하여 하나의 목적을 위하여 다수의 학습자들이 참여하는 크라우드학습(crowd learning)이 이루어지는 공간이기도 하다.

그림 6-11 Github 소스공유 페이지

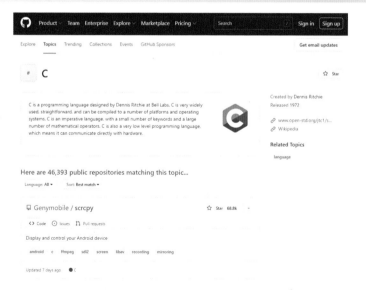

출처: Github

교육 분야에서도 오픈 소스들을 공유하는 지능형 플랫폼들이 확산되고 있다. OER Commons는 개방형교육자원(open educational resources)을 공유하는 포털로서 전 세계의 교육자 및 학습자들이 본인이 창작한 교육자원들을 저작권 없이 타인이 사용할 수 있도록 공개한다(<그림 6-12>). 다양한 사람들이 공유자원을 효과적으로 이용할 수 있도록 지능형 검색 및 추천 등이 가능하다.

그림 6-12 OER Commons 검색창

(2) 지능형 학습시스템의 종류

에듀테크의 보편화와 빅데이터 기술의 발전으로 교육의 다양한 분야에서 지능형 시스템이 활용되고 있다. 지능형 학습시스템은 실제 교육현장에 사용되고 있을까? 답은 '그렇다'이다. 우리가 생각하는 것 이상으로 학습 시스템의 고도화는 빠른 속도로 이루어지고 있다. 지능형 학습 시스템의 대표적인 예시로 교육기관에서 주로 활용하는 LMS를 예로 들 수 있다. 학습관리 시스템은 학습자들의 수강관리, 수업 참여를 지원하기 위하여 사용되는 시스템으로서 출결관리, 게시판 기능 등 다양한 학습 활동을 지원하는 보조도구로 활용되어 왔다. LMS의 학습관리 기능이 점차 고도화되고 인공지능 기술이 접목되면서 LMS는 맞춤형 교육을 위한 좋은 환경을 제공하고 있는 상황이다. 최근, 대학들이 사용하는 LMS상에 인공지능 기술을 접목하여 학습 진단, 평가, 맞춤형 추천을 제공하는 경우가 늘고 있다. 단국대학교의 경우 LMS를 단아이(Dan.i)라는 지능형 학습 시스템으로 개선하여 인적사항, 수강이력, 수업 참여 패턴에 따라 과목이나 학습 전략을 추천하는 서비스를 제공하고 있다.

고려대학교의 경우에도 기존의 LMS에 AI선배라는 지능형 모듈을 추가하여 학생들이 전공과 관심사에 맞는 수업을 수강하고 졸업까지 효과적으로 학사를 관리할 수 있도록 지원하고 있다(<그림 6-13>). 이처럼 각 대학들이 수집하고 있는 학생 및 학습관련 데이터가 폭발적으로 증가하고 있고 맞춤형 학생 관리를 통한 대학 경쟁력 강화를 위하여 LMS가 지능형 학습 시스템으로 고도화되고 있다. 고무적인 것은 지능형 시스템의 활용은 대학들의 브랜드 가치와 경쟁력 향상을 위해서도 적극 활용되고 있는 추세라는 점이다. LMS의 고도화는 학생 유치 및 관리를 위해서도 긍정적인 역할을 하기 때문에 고등교육 맥락에서의 지능형 학습 시스템은 점차 확산될 것으로 전망된다.

◎ 그림 6-13 고려대학교 AI선배

출처: 고려대학교 뉴스 (2020.7.21.)

지능형 학습 시스템의 또다른 형태로 인공지능 챗봇을 들 수 있다. 인공지능 챗봇이라는 용어를 들었을 때 보통 사람들은 그것을 의인화한다. 그러나 사실 챗봇은 자연어처리(natural language processing, NLP)기법을 사용하여 사용자가 입력한 정보로부터 사용자의 의도(intent)를 분류하고 분류 내용의 세부 내용을 추가로 인식하여 답변을 생성한다. 미리 학습한 데이터에 기반해서 응답하는 애플리케이션인 것이다. 그럼에도 챗봇이 학습하는 데이터가 방대해지고 점차 인간의 대화와 가까운 수준의 상담내용을 제공할 수 있게 되었기 때문에 챗봇은 맞춤형 상담 및 교육 서비스를 위하여 활용되고 있다. 구체적인 사례를 들어보자. 중앙대학교는 찰리(Charli)라는 챗봇시스템을 구축하고 여기에 대학의 학사정보, 비교과 프로그램, 학교행사 등 다양한 정보를 학습시켜 재학생들이 자유롭게 원하는 정보를 얻을 수 있도록 하였다(<그림 6-14>). 최근에는 학습자들의 학습과정을 지원하는 챗봇 시스템에 대한 연구가 활발해지고 있다.

그림 6-14 중앙대학교 찰리(Charli) 챗봇

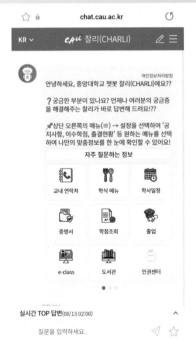

출처: 중앙대학교 찰리챗봇 홈페이지(https://chat.cau.ac.kr)

폭발적으로 증가하는 온라인 학습자에게 교수자의 노고없이 기본 상담을 제공한다는 것은 큰 매력으로 다가온다. 따라서 최근 다양한 교육학 분야에서 챗봇을 활용한 연구가 활발히 수행되고 있다. Song과 Kim(2020)은 학습자들의 자기조절학습전략에 대하여 챗봇을 개발하고 그 효과를 검증하였는데, 챗봇을 자연어처리와 머신러닝 기법으로 학습시킬 때 미리 교육학적 이론에 근거한 학습상담을 제공할 수 있도록 설계되었다. 비대면 학습이 보편화 될수록 교육목적에 특화된 챗봇 서비스가 확산될 것으로 전망된다.

맞춤형 교육을 위하여 최근 주목받고 있는 지능형 학습시스템은 평가 및 추천 시스템이다. 학습상황을 진단하고 이에 맞게 콘텐츠를 추천하는 시스템인데 다양한 머신러닝 기법들이 적용된다. 추천 시스템의 초기 형태는 넷플릭스(Netflix) 등의 상업적 서비스에서 사용자의 콘텐츠 선호도를 파악하고 이와 유사한 콘텐츠를 추천하거나 사용자와 유사한 프로파일을 가진 사용자가 선호하는 콘텐츠를 추천하는 방식으로 운영되었다. 최근 넷플릭스나 유튜브 등 원격 콘텐츠 소비가 증가하고 있기 때문에 이러한 서비스들이 나의 기호를 미리 파악하고 추천해주는 콘텐츠에 적잖이 감명받은 사람들이 있을 것이다.

맞춤형 교육을 위한 추천 시스템은 이보다 복잡한 알고리즘을 사용하는 경우가 많다. 예컨대, 영어 의사소통 능력시험인 TOEIC에 대비하기 위한 학습 시스템을 구축한 뤼이드(Riiid)사의 산타토익은 학습자들의 응답을 문항반응이론(item response theory)으로 분석하여 역량을 진단하고 능력치에 알맞은 연습문제를 추천한다. 이에 더하여 학습자들의 성적향상을 위한 강의 콘텐츠를 추천하는 서비스까지 제공하고 있다(<그림 6-15>).

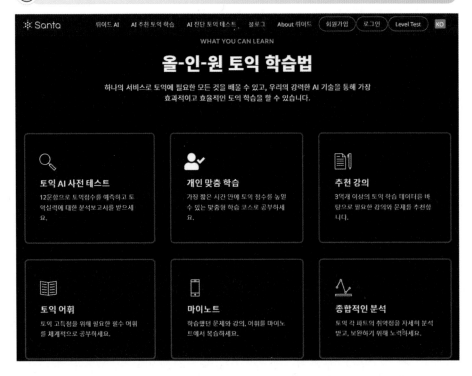

출처: 산타(Santa)홈페이지

지능형 추천시스템의 원리는 비슷하기 때문에 다른 과목으로도 확대될 수 있지 않을까? 실제로 카네기멜론대학교 연구진이 개발한 인공지능 기반 수학 학습 플랫폼인 매시아(MATHia) 역시 문항반응이론에 기반한 맞춤형 학습 서비스를 제공한다. 학습자가 다양한 수학문제를 풀이하면 이 응답에 기반하여 학습자의 영역별 역량을 분석할 수 있고 이에 알맞은 추가 연습문제나 콘텐츠를 추천할 수 있다. 매시아의 차별화되는 특징은 <그림 6-16>에서 보듯이 학습자 분석에 기반하여 실시간으로 힌트나 피드백을 제공하고 향후 일대일 코칭을 운영한다는 점이다.

그림 6-16 매시아(MATHia)실시간 인공지능 피드백 시스템

출처: 카네기러닝사 홈페이지(https://www.carnegielearning.com/solutions/math/mathia/)

4 에듀테크 기반 맞춤형 교육과 관련된 쟁점들

1) 에듀테크 기반 맞춤형 교육 시대에 교육자의 역할은?

에듀테크기반 교육이 보편화 될 경우 교육 현장의 모습은 어떻게 변화하게 될까? 이러한 질문에 답하는 것 자체가 미래교육을 대비하기 위한 출발점이 될 수 있다. 디지털 전환시대에 우리는 저마다 미래교육에 대한 청사진을 그리고 있고 학생, 교사, 학부모 등 다양한 교육 주체의 역할 변화에 대해서도 주목하고 있다. 혹자는 인공지능에 기반한 맞춤형 시스템이 활성화되었을 때, 교육자의 역할이 무엇인가에 대한 우려를 표하기도 한다. 전통적인 교육현장에서는 교육자가 수업에 대한 통제권을 갖고 개별 학생들을 관리할 수 있었다. 그 뿐 아니라 학생들의 참여

독려, 정서적 교감, 동기 부여 등 교육자가 개입할 수 있는 여지도 많았던 것이 사실이다.

그러나 최근 교육현장에서 볼 수 있는 양상은 조금 다르다. 테크놀로지가 현장에서 활발하게 사용될수록 교육자가 학생들의 학습 활동을 직접 관찰하기 어려워진 것이 사실이다. 학생들은 교실이라는 물리적 공간과 수업이라는 규정된 시간을 벗어나 학습하는 경우가 많고 학습에 대한 평가 역시 테크놀로지와 교육서비스들이 대체하고 있다. 교육현장의 급격한 변화 속에서 교육자의 역할은 어떻게 재규정되어야 할까? 교육자는 어떠한 새로운 역량을 키워야 하는 것인가? 인공지능의 교육적 활용이 본격화되면 교육자의 역할이 단순히 축소될 것이라고 보는 견해도 있으나 이는 섣부른 판단일 수 있다. 예컨대, 온라인 학습 상황에서도 교육자는 학습분석 대시보드를 통하여 학생들의 학습진도와 결손 부분을 보다 쉽게 파악할 수 있고 오히려 개별 학생에게 맞춤화된 교육적 처방을 미리 준비할 수도 있을 것이다. 예컨대, Holstein과 동료들(2019)은 AI기반의 실시간 학습자 모니터링 시스템을 제안하였다. 해당 시스템을 교실 가운데에 위치시키고 이와 연결된 VR장치를 교사가 착용하면 학생들이 컴퓨터로 수학문제를 푸는 상황을 관찰할 수 있다. 이 시스템상에서 교사는 개별 학생들이 수학문제의 어떤 부분에서 어려움을 겪고 있는지 확인할 수 있고 <그림 6-17>에서 보듯이 도움이 필요한 학생들의 머리 위로 도움 요청 아이콘이 보이기도 한다.

그림 6-17 Holstein et al. (2019)이 제안한 실시간 학생 모니터링 시스템

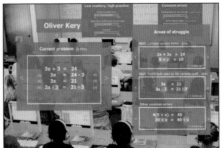

출처: Holstein et al. (2019)

이러한 시스템은 오히려 교사의 수업관리 능력을 증대시키고 학생 개개인에게 맞춤화된 피드백 제공을 가능하게 하지 않을까? 인공지능이 교사를 대체하고 교사의 역할이 축소될 것이라는 전망과는 반대되는 현상인 것이다. 에듀테크나 인공지능 기술을 활용한 맞춤형 교육이 거스를 수 없는 변화라면 오히려 교육자가 이를 활용하고 공존할 수 있는 방안을 모색해야 할 것이다. 실제 많은 에듀테크 업체들이 학습자뿐 아니라 교육자의 학생관리를 위한 솔루션들을 개발하고 있다. 이러한 흐름속에서 교육자는 테크놀로지 활용 역량을 키울 필요가 있을 것이다. 맞춤형 교육의 본질은 학생 개개인의 잠재력을 최대한 발견하고 이에 맞는 환경을 제공하는 것이라고 볼 수 있다. 우리가 학교라는 제도와 수업이라는 교육 방식을 그대로 고수하면서도 오히려 이전보다 나은 맞춤형 교육을 제공할 수 있도록 에듀테크의 다양한 활용방식에 대하여 검토해 보아야 할 것이다.

2) 맞춤형 교육은 학습역량 증진과 교육평등에 기여하는가?

앞서 밝혔듯이 맞춤형 교육의 이상적인 모습에 대한 의견은 다양할 수 있다. 그러나 맞춤형 교육의 바람직한 결과 중 하나는 학생 개개인에게 최적화된 학습 환경이 마련되고 그 안에서 학습역량이 증진되는 것일 것이다. 결과적으로 모든 학생들이 자신에게 맞는 교육경험을 제공받을 수 있기 때문에 교육평등에도 기여할 것으로 예상된다. 그러나 이러한 이상적 상황의 이면에는 우리가 생각해 보아야 할 쟁점들이 존재한다. 맞춤형 교육은 정말로 학습 역량 증진과 교육평등에 기여할까?

하나의 예시를 들어보자. 잘 설계된 에듀테크를 활용하여 맞춤형 교육이 이루어질 때 학생들은 특별한 노력을 하지 않아도 본인들이 원하는 혹은 원한다고 판단된 교육콘텐츠를 추천 받거나 학습 전략에 대한 상담을 받을 수 있다. 즉, 이상적인 학습 경로를 별다른 실수나 시행착오 없이 알게 되는 것이다. 이러한 학습 행태가 문제가 될 여지도 있다. 예컨대, 학생들이 본인에 대한 관찰과 자기 평가를 위하여 노력하기보다는 맞춤형 교육 시스템에 의존하여 제공된 결과물만 학습하는 경우가 있을 수 있다. 이러한 학습 패턴은 크게 세 가지 차원에서 문제가 될 수 있는데, 먼저, 시스템의 분석에 오류가 존재하는 경우이다. 맞춤형 교육 시스템은 학습자가 시스템상에 남긴 데이터에 의해서만 학습자를 판단한다. 예를 들어, 학습자가 온라인 퀴즈에 응답한 내용이나 과거에 학습 활동에 참여한 기록을 통해서 학습자의 역량 수준을 진단하고 결손 부분에 대한 콘텐츠를 추천하는 것이다. 만약 해당 학습자가 성실하게 활동에 참여하지 않았거나 부분적인 과제만 해결하였을 때 학습분석 자체에 상당한 오류가 존재하지 않을까? 학습자는 시스템에서 보이는 결과를 맹신할 수 있으므로 자칫 잘못된 방식으로 학습을 할 수 있다.

또한, 맞춤형 교육 시스템이 제공하는 방향으로만 학습을 할 경우 오히려 자기주도적인 학습능력이 퇴화하는 결과를 초래할 수 있다. 학습은 단순히 지식과 정보를 습득하는 단순한 메커니즘으로 이루어지는 것이 아니다. 학습할 대상을 정하고, 계획을 세우고, 학습 후에는 성찰을 하는 순환적 과정을 거치는 학생들이 장기적으로 고성취 학습자가 될 수 있다는 연구들이 다수 존재한다. 그동안 교육학 연구들을 통하여 검증되어온 이러한 결과가 맞춤형 교육 체제에서도 그대로 작동할 수 있을지는 좀 더 두고 보아야 한다.

마지막으로, 맞춤형 교육 시스템 자체가 학생들의 인지적 측면에만 초점이 맞추어져 있는 것이 현실이다. 현재 수준의 맞춤형 교육 시스템이 교육자들만큼 학생들의 감정을 파악하고 대응할 수 있을까? 그렇지 않다고 생각한다. 학습이 학습자의 동기나 정서를 수반하는 복잡한 행위라고 정의하였을 때 이를 종합적으로 판단할 수 있는 교육자나 학부모의 역할은 여전히 중요한 것이다. 학습자를 지원하는 조력자의 역할이 맞춤형 교육에 대한 맹신으로 인하여 등한시되었을 때 오히려 디지털 소외 집단이 생길 수 있고 이는 교육적 평등에의 기여라는 맞춤형 교육의 의미를 퇴색시킬 수 있다. 에듀테크에 기반한 맞춤형 교육은 교육문제에 대한 만병통치약이 아니라는 점에도 모두 동의할 것이다. 교육학에서 정의하는 학습은 지식을 습득한다는 단순한 행위 이상을 의미한다. 교육 생태계를 구성하고 있는 다양한 교육 주체들 간의 건강한 상호작용이 이루어질 때 이상적인 교육성과를 기대할 수 있다. 테크놀로지의 본질은 인간의 목적을 효과적으로 달성하기 위한 수단이지 목적이라고 볼 수 없다. 에듀테크를 교육 생태계에 역동성을 부여할 수 있는 새로운 도구로 바라보아야 하며 학습자의 성장과 교육의 불평등 해소에 어떠한 식으로 기여할 수 있을지 끊임없이 고민하고 개선해 나가야 하는 것이다.

3) 맞춤형 교육을 선도하기 위하여 교육기관들은 어떠한 혁신을 이루어내 야 하는가?

인공지능의 교육적 활용과 맞춤형 교육이라는 거대한 변화 가운데 학교와 같은 교육기관들은 그 어느 때보다 긴장감을 느끼고 있을지 모른다. 수십년간 지속되어 온 국가주도의 교육과정을 따라야 하면서도 교육혁신에 대한 국민들의 열망을 직면하고 있는 상황인 것이다. 과연 4차 산업시대를 선도적으로 준비해야 하는 교육기관의 주요 과제는 무엇일까? 데이터혁명으로 통칭되는 거대한 흐름에서 교육기관들은 무엇을 고려하여야 할까? 먼저, 통합적인 학습 데이터를 구축해야 한다. 이러한 통합 데이터는 학생들에 대한 인적 정보뿐 아니라 학습활동 데이터, 취업 정보, 이직 정보, 자기 계발 정보 등 다양한 측면의 정보를 모두 포함한다. 개인 학습자는 더 이상 특정 교육 기관에 종속되었다고 보기 어렵다. 학생들은 학창시절 다양한 학교 밖 학습 활동에 참여하며 성인이 된 후에도 자기계발을 계속한다. 기존에는 이와 관련한 데이터를 수집하는 것이 힘들었으나 이제 교육기관들은 학습관련 데이터를 끊임없이 수집하고 있다. 예컨대, 학교의 온라인 학습 관리 시스템에 남겨진 데이터와 상급학교 진학 정보, 학점, 취업, 이직과 관련한 데이터가 축적되고 평생학습자로서의 한 학생의 성장과정이 고스란히 디지털화되어 기록으로 남게 된다. 이것이 의미하는 바는 무엇일까? 먼저, 각급 교육기관들은 이러한 데이터를 계속 축적하여 서로 공유하는 것이 중요하다. 가령, 학생들의 초등학교 시절부터 대학까지 그리고 그 이후 취업 및 이직 과정까지의 데이터가 축적된다면 다양한 학생 성장모형들이 구축될 수 있게 된다. 이러한 참고 모형을 참조하면 새로운 학생들의 현재 데이터에 기반하여 미래를 예측하고 시기에 알맞은 교육적 처방을 제공할 수 있을 것이다. 예컨대, 성균관대학교에서는 졸업생들의 학사정보와 취업데이터를 수합하여 재학생들의 진로상담 및 비교과프로그램 추천 등을 위한 근거 자료로 활용하고 있다. 더 나아가, 특정 재학생과 유사한 졸업생을 찾아내어 이상적인 진로 계발을 위한 교과·비교과 과목을 추천하기 위한 시스템을 구축 중에 있다.

또한, 교육기관 차원에서 데이터의 수집, 평가, 활용을 위한 프로토콜 마련과 교육 데이터 전문가 확보가 이루어져야 한다. 데이터에 기반한 학생관리와 맞춤형 교육 경험 제공은 단순히 통계적인 정확성을 요하는 분석과 차별화된다. 어떠한 데이터를 수집하고 변수화시켜 의사결정에 활용하는지 결정하려면 데이터 전문성과 교육 전문성이 동시에 요구된다. 많은 경우에 학교에서는 이를 위한 전문가들이 확보되지 않은 상황이고 기존의 교원이나 직원들에게 추가적인 업무가 되기 때문에 데이터 기반의 맞춤형 교육이 이루어지기 어려운 실정이다. 학교를 비롯한 교육기관에서는 데이터 기반의 맞춤형 교육을 위한 전담 부서를 확충하고 전문가들을 충분히 채용하여 독립적인 역할을 맡게 하는 것이 중요하다. 학습관련 데이터는 초기에 수집과 활용에 대한 통합 프로토콜이 마련되지 않으면 사후 관리에도 어려움을 겪을 가능성이 많다. 데이터 수집과 활용에 대하여 구성원들의 합의가 미리 이루어지고 기술적인 측면에서도 수집되는 데이터의 종류와 데이터베이스 형태가 결정되어 있는 것이 중요하다. 데이터에 기반한 맞춤형 교육은 훌륭한 데이터의 확보를 전제로 한다는 점을 생각해 볼 때 교육기관에서는 이를 대비한 각 부처 간 협력과 조율을 이루어 내야 한다.

심화질문

- 에듀테크 활용을 통하여 학생들에게 맞춤형 콘텐츠를 제공하거나 학습 전략을 추천하는 것의 장·단점은 무엇이 있을까?
- AI기술이 학교현장에 보편화되었을 때 교사와 학교의 역할은 현재와 어떻게 달라져야 하는가?
- AI시대에 학생들에게 요구되는 새로운 역량은 학교 교육을 통하여 어떻게 향상시킬 수 있을 것인가?
- 미래교육에 대비하기 위하여 교원역량을 강화할 수 있는 방안은 무엇이 있을까?

추천활동

- AI기반 에듀테크 팀별 조사(팀 프로젝트형)

학생들에게 AI기술이 적용된 에듀테크 플랫폼, 애플리케이션 혹은 서비스를 하나 골라서 심층적으로 조사해오도록 한다. 해당 대상을 조사할 때, 그 주요 기능, 작동원리, 적용사례, 수업시 활용 방안, 한계점들을 중심으로 조사하고 개선점에 대한 생각을 발표하도록 한다. 조사한 팀은 수업에서의 토론을 위한 질문도 한 가지 이상 조사해와 토론을 진행시킬 수 있어야 한다.

추가학습자료

<영상>
굿모닝충청. (2021년 11월 2일). '공동교육'. '에듀테크' 미래 선도 맞춤형 교육 실현[대전형 고교학점제]. 유튜브. https://youtu.be/Wbw6eKtx2ZM
충남교육청. (2022년 4월 6일). 에듀테크 활용 학습결손 교육격차 해소 방법 안내. 유튜브. https://youtu.be/5vs4-TuHeNU
차이나는 클라스. (2021년 2월 15일). 개인의 학습효과를 극대화하는 빅데이터 기반의 [맞춤형 교육] 투모로우 클라스 1부 JTBC. https://youtu.be/OGx9nDy5B_k
<신문기사>
박정일. (2022년 09월 30일). 교육부가 미래로 가는 길. 아주경제https://www.ajunews.com/view/20220930073635160
장상윤. (2022년 10월 11일). 기초학력 보장 종합계획 발표. 대한민국 정책브리핑 https://www.korea.kr/news/policyBriefingView.do?newsId=156530136

참고문헌

정미정 & 권나현. (2013). 대학도서관 맞춤형 이용자교육의 운영 현황 분석 연구. **정보관리학회지, 31**(2), 99−119.

박혜정, 김다솜, & 조일현. (2019). 동영상 학습 환경에서 인지부하의 변화 및 학습성과와의 상관관계. **교육정보미디어연구, 25**(4), 797−826.

조일현, 박연정 & 김정현. (2019). **학습분석학의 이해:** 박영스토리.

Antonenko, P. D., Davis, R., Wang, J., & Celepkolu, M. (2019). On the same wavelength: Exploring team neurosynchrony in undergraduate dyads solving a cyberlearning problem with collaborative scripts. *Mind, Brain, and Education, 13*(1), 4−13.

Blaschke, L. M., & Hase, S. (2019). Heutagogy and digital media networks. *Pacific Journal of Technology Enhanced Learning, 1*(1), 1−14.

Elias, T. (2011). Learning analytics: Definitions, processes and potential. Retrieved from http://learninganalytics.net/LearningAnalyticsDefinitionsProcessesPotential.pdf

Holstein, K., McLaren, B. M., & Aleven, V. (2019). Co−designing a real−time class−room orchestration tool to support teacher-AI complementarity. *Journal of Learning Analytics, 6*(2).

Kim, D., Park, Y., Yoon, M., & Jo, I. H. (2016). Toward evidence−based learning analytics: Using proxy variables to improve asynchronous online discussion environments. *The Internet and Higher Education, 30*, 30−43.

Kim, D., Yoon, M., Jo, I. H., & Branch, R. M. (2018). Learning analytics to support self−regulated learning in asynchronous online courses: A case study at a women's university in South Korea. *Computers & Education, 127*, 233−251.

Song, D., & Kim, D. (2021). Effects of self−regulation scaffolding on online partic−ipation and learning outcomes. *Journal of Research on Technology in Education,*

53(3), 249−263.

Tawfik, A. A., Kim, K., & Kim, D. (2020). Effects of case library recommendation system on problem solving and knowledge structure development. *Educational Technology Research and Development, 68*(3), 1329−1353.

Tomlinson (2005). Grading and differentiation: Paradox or good practice?. *Theory into Practice, 44*(3), 262−269.

Wiles, J. (2009). *Leading curriculum development.* Thousand Oaks, CA: Corwin Press.

CHAPTER 07

학생의 학업성취는
어떻게 평가해야 할까?

김 준 엽

학습목표

- 학업성취의 개념과 중요성에 대해 이해한다.
- 학업성취의 평가를 위한 준거참조와 규준참조 방식에 대해 이해한다.
- 학교현장에서 이루어지는 학업성취의 평가방식을 이론에 비추어 분석한다.

사례

대학 동기이자 서로 다른 고등학교 담임인 A교사와 B교사는 최근 성취평가제에 대해 많은 고민을 하고 있다. A교사가 근무하는 학교는 학생들의 입학성적이 우수하고 사교육도 활성화된 지역이다. 반면 B교사의 학교는 상대적으로 상황이 열악하고 학생들의 전체적인 성취도 낮은 편이다.

A교사는 9등급 상대평가제 하에서 본인 학교에서 3~4등급에 해당하는 학생들도 다른 학교에서는 1등급을 받을 수 있는 실력을 가지고 있다고 판단하고, 만약 절대평가인 성취평가제가 전면도입된다면 모든 학교가 국가교육과정상의 공통된 성취기준의 적용을 받으므로 자신의 학생들이 능력에 따른 정당한 평가를 받을 수 있을 것이라 생각한다.

반면 B교사의 경우 전국적으로 공통된 성취기준에 의한 평가를 실시할 경우 자신의 학교 학생들은 상대적으로 불이익을 받을 가능성이 크기 때문에 학교의 성취기준, 즉 학생이 도달하기를 기대하는 학업성취의 수준이 학교마다 다를 수 있다는 점을 인정하고 어느 학교에서든 30% 정도의 학생이 A등급을 받을 수 있도록 평가가 이루어져야 한다고 생각한다.

1 학업성취도의 개념과 유형

학업성취(academic achievement)는 다양한 교과교육을 통해 학생이 성취하기를 기대하는 인지적 목표를 실제로 학생이 성취한 정도를 의미한다(Spinath, 2012). 일반적으로 학업성취는 인지적 영역에서의 산출물에 국한된 개념으로, 예컨대 체육이나 예술영역은 포함하여 논의하지 않는 경향이 있다. 물론 학업성취의 개념에서 다루고 있지 않다고 하여 이들 영역이 학교교육의 중요한 영역이 아니라는 것은 아니다. 학교교육이 설정하고 있는 인지적 목표는 특정 교과에서의 성취목표로 구체화되어 제시되기도 하고, 다양한 교과를 아우르는 보다 일반적인 인지적 목표(예: 비판적 사고)의 형태로 제시될 수도 있다.

학업성취는 교육학에서 매우 중요한 개념으로 다루어지는데, 이는 학업성취가 교육의 산출물로서 개인뿐만 아니라 사회 수준에서 매우 중요한 의미를 가지기 때문이다. 개인수준에서 학업성취는 직업경력 및 이에 따른 사회경제적 지위를 예측하는 가장 중요한 요인이다. 능력주의 사회에서 학교성적이나 성취도검사 결과는 고등교육 및 직업의 선발기준으로 더 빈번하고 강력하게 활용된다. 따라서 중등교육에서의 높은 학업성취는 대학진학 및 직업선택의 폭을 넓혀주고, 결과적으로 학업성취도가 높은 개인은 자신이 원하는 직업과 삶을 영위할 가능성이 그만큼 높아지게 된다. 물론 학업성취가 높을 경우 그만큼 스스로에 대한 기대수준이 높아지므로 높은 학업성취도가 항상 높은 삶의 만족도로 이어진다고 할 수는 없다. 능력주의에 대한 다양한 비판적 논의는 이 책의 다른 장에서 소개될 것이지만, 능력주의가 지칭하는 바 '능력(merit)'은 지능＋노력으로 이루어진 성취를 나타내는 용어로 처음 사용되었고(Young, 1958), 시험이나 평가를 통해 결정되는 학업성취도는 가장 대표적인 '능력'의 지표라 할 수 있다.

사회적 수준에서도 마찬가지로 한 사회의 학업성취 수준은 사회적 번영의 전제조건으로 중요하다. 한 사회의 교육수준과 그 사회의 사회경제적 발달은 강력한 연관성을 가진다는 것이 PISA나 TIMSS를 비롯한 다양한 국제비교연구를 통해 입증되었다. 개별 국가들은 학업성취 국제비교 연구의 결과를 통해 국가 교육시스템의 강점과 약점을 분석하고 우수한 성취를 보이는 국가를 벤치마킹하는 등 국가의 학업성취도를 향상시키기 위해 노력하며, 이 과정에서 막대한 국가적 자원이 교육에 투자된다.

이처럼 학업성취는 개인 및 사회의 번영을 위한 가장 중요한 전제조건이므로 교육학, 사회학, 심리학 등 다양한 학문분야에서 교육의 개선을 위한 다각도의 연구를 진행하고 있다. 궁극적인 목표는 개인의 잠재력을 온전히 구현할 수 있는 수준까지 학습자의 학업성취도를 향상시키는 것이라 할 수 있으며, 이를 위해 학업성취에 영향을 주는 개인특성, 학습환경적 특성 그리고 제도와 불평등의 문제 등을 연구하는 것이다. 이러한 연구에 가장 기본이 되는 것은 물론 학업성취도를 정확하게 측정하는 것이다.

비교적 이른 시기에 형성되어 안정적으로 유지되는 지능과 같은 인지적 특성과는 달리 학업성취도는 가르치고 배워야 할 것이 정해져 있는 상태에서 이를 얼마나 충실히 배웠는가를 보여주는 것이므로, 개인의 학업적 노력을 반영하는 상대적으로 유동적인 개념이라 할 수 있다(황정규, 1998). 따라서 학업성취의 정도를 측정하는 것은 지능을 측정하는 것처럼 비교적 광범위한 대상에 대해 단일한 검사도구를 적용하기보다는 특정 학년을 대상으로 특정 교과 혹은 영역에 대해 평가하는 것이 일반적이다. 중고등학교에서 각 학년별, 과목별로 내신성적을 산출하는 것은 특정 교과 중심의 학업성취 평가의 예시가 될 수 있을 것이다. 내신성적은 중간고사, 기말고사 및 수행평가 등의 결과를 학교가 정한 기준에 따라 합산하는 방식이므로 학습의 과정을 누적적이고 지속적으로 평가한 결과라 할 수 있다. 반면 교과중심의 학업성취 평가이지만 수능과 같이 전체 학업의 결과를 한번의 시험으로 평가하는 경우도 있다. 내신성적이든 수능이든 교육과정에 기반한 학업성취의 평가라는 공통점을 가진다. 즉, 교육과정에 명시된 '가르치고 배워야 할 것'을 얼마나 잘 습득했는지를 평가하는 것이다. 이러한 학업성취 평가는 주로 학업적 노력의 결과로 간주되어 선발이나 배치에 활용된다.

반면 특정 교육과정에 국한되지 않고 학교교육을 통해 갖추어야 할 소양이나 역량을 갖추고 있는지를 평가하여 이를 교육과정이나 교육정책을 개선하는 데 활용하고자 하는 학업성취 평가도 존재한다. 예컨대 경제협력개발기구(OECD)가 주관하는 PISA(Programme for International Student Assessment)는 3년 주기로 만 15세 학생들이 지식을 상황과 목적에 맞게 활용할 수 있는 기본적 소양(읽기, 수학, 과학 등)을 평가한다. 이러한 국제비교평가는 우리나라 교육의 수준을 파악하고 교육과정이나 교수방법을 개선하는 데 주된 목적을 둔다.

학업성취는 매우 다양한 영역에서의 교육적 산출을 포괄하는 개념이므로 학업성취의 정도를 나타내는 다양한 지표들이 사용된다. 일반적으로 교사가 부여하는 각 교과의 등급평정(Teacher grade)이나 표준화된 성취도검사 등이 학업성취를 나타내는 지표로 널리 사용된다. 우리나라를 기준으로 교과등급 평정은 성취평가제와 상대등급제가 교과 및 학년에 따라 활용되고 있다. 성취도검사는 대표적으로 국가수준학업성취도평가 및 대학수학능력시험(이하 수능)을 들 수 있다. 국가수준학업성취도평가는 대표적인 표준-기반 평가로 교육과정에 기반하여 교육과정에서 요구하는 성취수준에 도달했는지 여부를 판정한다. 수능은 과목에 따라 상대평가와 절대평가를 혼용하고 있으며 모두가 잘 알다시피 대학입학을 위한 핵심적인 전형요소로 기능한다. PISA의 개인점수는 주기간 비교 가능하도록 척도화된 점수 및 등급으로 제공되는데, 척도점수를 통한 상대적 비교와 등급을 통한 개인의 구체적인 역량수준의 파악이 가능하다.

이상에서 살펴본 바와 같이 학업성취도는 다양한 지표를 통해 평가할 수 있는데, 평가방식을 크게 두 가지 방식으로 구분하자면 흔히 이야기하는 '상대평가' 방식과 '절대평가' 방식(혹은 두 방식의 혼용)으로 구분할 수 있다. 상대평가와 절대평가는 사실 학문적으로 논의되는 용어는 아니다. 교육학에서는 이를 규준참조평가(상대평가)와 준거참조평가(절대평가)로 구분한다. 또한 규준참조와 준거참조 평가는 학업성취도의 평가에만 사용되는 개념이 아니다. 다양한 심리검사를 포함한 검사 혹은 시험은 거의 모두 이 두 개의 평가방식 중 하나의 방식을 적용한다. 용어상의 문제를 제외하더라도 상대평가와 절대평가에 대한 일반적 상식과 학문적 개념 사이에는 몇 가지 중요한 차이가 존재한다. 특히, 절대평가에 대한 일반적 상식은 준거참조평가의 중요한 지점을 놓치고 있는 것처럼 보인다. 다음 장에서 두 가지 평가방식에 대해 살펴보고, 우리의 교육현장에서 학업성취의 평가에 규준참조평가와 준거참조평가의 개념이 제대로 구현되고 있는지 검토해 보도록 하자.

2 학성성취에 대한 평가방식: 준거참조와 규준참조

전통적인 지필식 시험에서부터 최근 강조되는 수행평가에 이르기까지 학생의 학업성취에 대한 평가는 여러 가지 방식으로 이루어진다. 그렇다면 좀 더 근본적으로 우리는 왜 학생의 학업성취에 대해 평가를 해야 하는 것일까? 아마도 이 질문에 대한 가장 즉각적인 대답은 '대학진학'과 관련되어 있을 것이다. 즉, '시험점수'라는 '공정하고 객관적이라 여겨지는' 학업성취에 대한 측정값을 기준으로 학생들을 서열화하여 선발과 배치에 활용하고자 하는 것이다. 보다 교육적인 관점에서 보자면 학생의 학업성취에 대한 평가는 교육의 본질이라 할 수 있는 학생의 성장과 발달에 관련된다. 즉, 학업성취에 대한 평가는 학생의 현재 성취 정도를 파악하고, 이에 기초하여 교수-학습방법을 개선하고 학생의 배움을 지원하기 위한 목적에 복무해야 하는 당위가 존재한다.

전술한 학업성취 평가의 두 가지 목적은 두 개의 대조되는 평가관, 즉 인재양성의 관점에서 학생의 학업능력을 측정하여 이를 선발과 배치에 활용하고자 하는 선발적 평가관과 학생발달의 관점에서 학생들이 무엇을 얼마나 잘 배우고 있는가에 관련한 증거를 수집하고 이를 활용해 학습을 개선하고자 하는 발달적 교육관에 기초하고 있다고 볼 수 있다. 목적이 다르다면 목적에 맞는 산출물을 얻기 위한 평가 방식도 달라야 한다. 전자의 선발적 평가관을 반영한 규준참조(norm-referenced) 평가방식과 후자의 발달적 평가관에 기초한 준거참조(criterion-referenced) 평가방식이 전통적으로 학생의 학업성취 평가에 활용되어 왔다. 일반적으로는 규준참조 평가방식을 상대평가, 준거참조 평가방식을 절대평가라 칭하기도 하는데, 상대평가-절대평가가 일반 대중에게는 훨씬 익숙한 명칭일 것이다. 그러나 사회적으로 통용되는 상대평가-절대평가의 개념이 규준참조와 준거참조평가의 본질을 온전히 반영하고 있는 것은 아닐 수 있으며, 실상 대중이 이해하는 절대평가와 교육학자들이 강조하는 준거참조평가 간의 괴리로부터 많은 문제가 파생되기도 한다. 이에 관하여서는 이 장의 후반에서 논의하게 될 것이다. 준거참조와 규준참조 평가방식은 물론 학업성취뿐만이 아니라 모든 인지적, 정의적 및 심동적 능력을 평가함에 있어서 점수로 표현되는 검사결과를 해석하기 위한 기본적인 접근의 틀이라 할 수 있으나 본 장에서는 학업성취의 평가에 초점을 맞추어 논의하고자 한다.

1) 규준참조 평가

규준참조평가는 그것이 이론적으로 체계화된 것과는 별도로 평가라는 사회제도와 그 역사를 같이 하고 있다. 기원전 2200년으로 거슬러 올라가는 중국의 관료 선발제도(DuBois, 1970)나 플라톤의 저술에 나타난 고대 그리스의 공무원 선발제도(Doyle, 1974)는 모두 시험을 통해 우수한 성적을 획득한 지원자를 선발하는 과정이었다. 이처럼 평가를 통해 피험자를 서열화하여 의사결정에 활용하고자 하는 것이 규준참조평가의 기본적 관점이다. 굳이 선발을 위해서가 아니라도 사회비교 이론의 관점에서 보자면 인간은 자신의 의견과 능력을 평가하고자 하는 기본적 욕구를 가지고 있으며, 명확히 객관적이고 물리적인 평가의 기준이 존재하지 않을 경우 타인의 의견이나 능력과의 비교를 통해 자신을 평가하게 된다(Festinger, 1954). 타인과의 비교를 통해 자신의 위치를 파악하고자 하는 평가의 방식이 규준참조평가인데, 이 용어를 처음 사용한 Robert Glaser는 규준참조평가를 다음과 같이 설명한다.

한 학생의 성취도 측정치는 또한 다른 학생의 능력과 비교했을 때 해당 학생의 능력수준이 어느 정도인지에 대한 정보를 담고 있다. 성취도의 연속선상에서 개인의 '상대적' 위치를 규정하는 것이 측정의 주된 목적일 경우 위에서 언급한 '기대행동(준거)에 도달했는가 여부'는 중요하지 않다... 이러한 '규준-참조 측정 (norm-referenced measures)에서 특정 학생의 성취도는 해당 학생의 성취도와 집단 내 다른 학생들의 성취도를 비교하는 방식으로 판단하게 된다(Glaser, 1963. p. 520).

A라는 학생이 학업성취도 평가에서 100점 만점에 85점을 받았다고 가정해보자. 85점이라는 숫자가 우리에게 주는 정보는 사실상 아무것도 없다. 규준참조평가에서 중요한 것은 85점이 함께 시험을 본 집단 혹은 비교가 되는 집단에서 어느 정도의 위치에 해당하느냐 하는 것이다. 규준(norm)이란 개념은 이처럼 특정 점수의 상대적 위치를 판단하기 위한 비교의 잣대를 의미한다(황정규, 2006). 상대적 위치를 파악하기 위해 사용되는 대표적 잣대가 백분위와 표준점수이다. 수학능력시험 결과표나 IQ검사 혹은 각종 표준화검사의 결과를 생각해보면 쉽게 이해할 수 있을 것이다.

<그림 7-1>의 수학능력시험 성적통지표에서 홍길동의 '국어' 영역 표준점수와 백분위는 각각 131과 93이다. 수능의 표준점수는 원점수를 평균 0, 표준편차 1의 표준점수(z점수)로 변환한 이후, 이를 다시 특정한 평균과 표준편차를 가지도록 변환한 점수이다(국어와 수학의 경우 평균 100, 표준편차 20, 탐구영역의 경우 평균 50, 표준편차 10). 원점수가 영역별, 선택과목별 난이도를 반영하지 못하고, 원점수만으로는 수험생의 상대적 위치를 파악할 수 없기 때문에 이를 보완하기 위해 제공된다. 표준점수를 통해 자신의 점수가 평균보다 몇 표준편차 높은 (혹은 낮은) 점수인지를 확인할 수 있다. 홍길동의 경우 국어는 평균(100)보다 1.55 표준편차 ((131-100)/20) 높은 점수이고, 생활과 윤리의 경우 평균 (50)보다 0.3 표준편차 ((53-50)/10) 높은 점수로, 국어의 상대적 위치가 생활과 윤리보다 높다.

백분위는 보다 직관적으로 상대적 위치를 파악할 수 있는 점수로, 전체 피험자를 100명으로 본다면 자신의 위치가 아래에서 몇 번째인지, 즉 자신보다 더 낮은 점수를 얻은 수험생이 몇명인지를 보여주는 점수이다. 홍길동의 경우 자신보다 국어점수가 낮은 피험자가 93퍼센트(즉, 상위 7퍼센트), 생활과 윤리 점수가 낮은 피험자가 75퍼센트(즉, 상위 25퍼센트)이다. 이를 통해서도 홍길동은 생활과 윤리에 비해 국어의 상대적 위치가 더 높다는 것을 확인할 수 있다.

2022학년도 대학수학능력시험 성적통지표(예시)

수험번호	성 명		생년월일	성별	출신고교 (반 또는 졸업연도)		
12345678	홍 길 동		03.09.05.	남	한국고등학교 (9)		
영 역	한국사	국어	수학	영어	탐구		제2외국어/한문
선택과목		화법과 작문	확률과 통계		생활과 윤리	지구과학 I	독일어 I
표준점수		131	137		53	64	
백분위		93	95		75	93	
등 급	2	2	2	1	4	2	2

2) 준거참조 평가

앞서 우리는 A라는 학생이 100점 만점의 학업성취도평가에서 85점을 받은 상황을 이야기하면서, 원점수 85점은 그 자체로 아무런 의미를 줄 수 없음을 이야기했다. 규준참조평가에서 원점수는 상대적 위치에 대한 정보로 해석된다. 하지만 여전히 우리는 상위 10퍼센트에 해당하는 점수가 어느 정도의 능력을 의미하는지 알 수 없다. 평가의 목적과 관련하여 우리는 학업성취에 대한 평가가 학생의 현재 성취 정도를 파악하고, 이에 기초하여 교수-학습방법을 개선하고 학생의 배움을 지원하기 위한 목적을 가지고 있음을 살펴보았다. 학업성취도에서 85점을 받은 학생이 상위 몇 퍼센트에 해당하는가 하는 정보는 이러한 목적에 별 도움이 되지 않는다. 중요한 것은 '텍스트의 내용을 바탕으로 인과적 추론을 할 수 있다', '주어진 정보를 수식으로 나타낼 수 있다', '맥락적 정보를 활용하여 드러나지 않은 정보를 추론할 수 있는 능력을 보완할 필요가 있다' 등과 같이 실제로 무엇을 할 수 있고 무엇이 아직 부족한지를 그 학생이 받은 점수로부터 판단하는 것이다. 준거참조평가는 학습자가 획득한 점수를 주어진 학습목표에 도달했는가에 기준을 두고 평가하는 방식을 의미하며, 여기서 준거(criteria)란 어떤 영역에서 학습자가 도달하기를 기대하는 기준을 의미한다. 규준참조평가와 마찬가지로 준거참조평가라는 용어를 처음 사용한 Glaser는 준거참조평가를 다음과 같이 설명한다.

개인의 성취수준은 유창성이 전혀 없는 단계에서 완벽한 수행을 보이는 단계의 연속선상의 어느 지점에 위치하고, 검사과정에서 개인이 보이는 수행에 따라 그 지점이 드러난다. 개인의 성취가 교육에 의해 기대되는 특정 수준(즉, 준거)에 얼마나 도달했는가를 보여주는 측정방식이 준거-참조 성취도 측정(criterion-referenced measures of achievement)이다(Glaser, 1963. p. 519).

Glaser에 따르면 개인의 특정 영역에서의 성취도 혹은 숙달도는 0%에서 100% 사이의 어느 지점에 존재하는데, 교육을 통해 기대되는 수준은 이러한 연속선상의 어느 지점에 위치한다는 것이다. 이러한 기대수준은 예컨대 '교육과정에 제시된 내용을 70% 숙달한 수준'으로 진술될 수도 있지만 보다 학습에 도움이 되는 방식은 '무엇을 알고 있고, 무엇을 할 수 있는 수준'으로 정의하는 것이다. 각 개인의 성취도 원점수를 통해 해당 수준, 즉 준거에 도달했는지 여부를 판단하는 것이 준거참조평가의 본질이라 할 수 있다.

우리나라의 대표적인 준거참조평가는 매년 표집시행되고 있는 국가수준학업성취도평가이다. 국가수준학업성취도평가는 각 과목을 1수준에서 4수준의 4등급으로 분류하는데, <표 7-1>에서 볼 수 있는 바와 같이 2수준에 해당하는 학생은 '언어의 본질, 음운, 단어, 문장, 담화, 어문 규범, 한글창제원리 등에 관한 특성을 부분적으로 이해할 수 있'지만 이러한 특성을 '이해하고, 국어 생활에 적용할 수 있'는 능력까지는 아직 미치지 못한 상태이다.

표 7-1 국가수준학업성취도평가 성취수준에 따른 성취특성 (중학교 국어)

성취수준	학업성취 특성
4수준	• 다양한 담화상황(대화, 면담, 토의, 토론, 발표 등)에서 효과적으로 의사소통할 수 있다. 설득 전략, 주장과 근거의 타당성, 매체 자료의 효과 등을 평가할 수 있다. • 글(매체)에 드러난 표현 방법과 의도, 설명·논증 방법의 효과 및 적절성, 동일 화제의 여러 글 등을 평가할 수 있다. 읽기 맥락을 고려하여 글을 효과적으로 예측·요약할 수있고, 다양한 참고 자료를 활용하며 글을 읽을 수 있다. • 다양한 유형의 글을 매체의 특성과 효과적인 표현방법을 고려하여 통일성 있게 쓸 수 있다. 쓰기 윤리를 준수하며, 자신이 쓴 글을 효과적으로 고칠 수 있다. • 언어의 본질, 음운, 단어, 문장, 담화, 어문 규범, 한글 창제 원리 등에 관한 특성을 이해하고,

그를 바탕으로 언어 자료를 탐구하여 국어 생활에 적용할 수 있다.
- 작품의 갈등, 관점, 비유, 상징, 사회·문화적 배경, 재구성 양상, 다양한 해석과 그 근거등을 이해하며 작품을 감상·평가할 수 있다. 개성적 발상과 표현(운율, 반어, 역설, 풍자 등)을 효과적으로 활용하여 자신의 경험을 형상화할 수 있다.

3수준
- 다양한 담화상황(대화, 면담, 토의, 토론, 발표 등)에서 의사소통할 수 있다. 설득 전략, 주장과 근거의 타당성, 매체 자료의 효과 등을 파악할 수 있다.
- 글(매체)에 드러난 표현 방법과 의도, 설명·논증 방법, 동일 화제의 여러 글의 차이 등을 이해할 수 있다. 읽기 맥락을 고려하여 글을 예측·요약할 수 있고, 참고 자료를 활용하며 글을 읽을 수 있다.
- 다양한 유형의 글을 매체의 특성과 표현방법을 고려하여 통일성 있게 쓸 수 있다. 쓰기 윤리를 준수하며, 자신이 쓴 글을 고칠 수 있다.
- 언어의 본질, 음운, 단어, 문장, 담화, 어문 규범, 한글 창제 원리 등에 관한 특성을 이해하고, 국어 생활에 적용할 수 있다.
- 작품의 갈등, 관점, 비유, 상징, 사회·문화적 배경, 재구성 양상, 다양한 해석과 그 근거등을 이해하며 작품을 감상할 수 있다. 개성적 발상과 표현(운율, 반어, 역설, 풍자 등)을 활용하여 자신의 경험을 형상화할 수 있다.

2수준
- 다양한 담화상황(대화, 면담, 토의, 토론, 발표 등)을 부분적으로 이해하며 의사소통할 수 있다. 설득 전략, 주장과 근거의 타당성, 매체 자료의 효과 등을 부분적으로 이해할 수 있다.
- 글(매체)에 드러난 표현 방법과 의도, 설명·논증 방법, 동일 화제의 여러 글의 차이를 부분적으로 이해할 수 있다. 읽기 맥락을 일부 고려하여 글을 예측·요약할 수 있고, 참고 자료를 활용하며 글을 읽을 수 있다.
- 매체의 특성, 표현방법, 쓰기 윤리, 고쳐쓰기 원리 등을 부분적으로 이해하며, 자신의 생각과 느낌, 경험을 글로 쓸 수 있다.
- 언어의 본질, 음운, 단어, 문장, 담화, 어문 규범, 한글 창제 원리 등에 관한 특성을 부분적으로 이해할 수 있다.
- 작품의 갈등, 관점, 비유, 상징, 재구성 양상, 다양한 해석 등을 부분적으로 이해하며 작품을 감상할 수 있다. 반어, 운율 등을 활용하여 자신의 경험을 표현할 수 있다.

1수준
- 대화, 발표 등의 친숙한 담화 상황에서 의사소통할 수 있고, 주장과 근거, 매체자료의 효과 등을 제한적으로 이해할 수 있다.
- 글(매체)에 드러난 표현 방법이나 읽기 맥락 등을 제한적으로 이해하며 친숙한 소재의 글을 읽을 수 있다.
- 매체의 특성, 표현방법 등을 제한적으로 이해하며 친숙한 화제에 대한 자신의 생각과 느낌, 경험을 글로 쓸 수 있다.
- 일상적인 국어 생활에 나타나는 문법 지식을 제한적으로 이해할 수 있다.
- 친숙한 소재에 관한 쉬운 작품을 제한적으로 감상할 수 있다. 문학적 표현을 제한적으로 활용하여 자신의 경험을 표현할 수 있다.

그렇다면 어떻게 원점수를 통해 숙달도가 몇 퍼센트이고, 어떤 능력을 가지고 있는지를 판단할 수 있는 것일까? 원점수가 100점 만점에 40점이라면 40퍼센트를 이해하고 있다고 결론짓는 것이 과연 합리적인가? 단순하게 생각해 보더라도 시험이 쉽거나 어려운 정도(난이도)에 따라서 같은 학생일지라도 원점수는 달라지게 되므로, 40점이라는 원점수를 40퍼센트의 성취율로 해석하기 위해서는 성취율＝원점수가 되도록 시험을 출제해야 한다는 불가능에 가까운 전제가 필요하다. 따라서 준거참조평가에서 가장 중요한 절차 중 하나가 능력의 수준과 원점수를 매칭시키는 소위 분할점수 설정작업이다.

　　분할점수를 설정하는 방법은 다양하지만 대부분 공통적으로 각 등급별 '최소 능력 소유자'를 가정한다. 예를 들어, 1수준의 최소능력 소유자는 <표 7－1>의 1수준에 기술된 능력을 가지고 있는 학생 중 가장 능력이 낮은 학생, 즉 소위 '턱걸이'로 우수학력으로 분류될 수 있는 정도의 능력수준을 가진 학생을 의미한다. 그리고 이 최소능력 소유자가 해당 시험을 볼 경우 몇 점을 받을 수 있을 것인지를 교과전문가들이 판단하게 된다. 이 과정에서 전문가에게 각 문항의 난이도 정보를 제공하는가, 문항 하나하나의 정답률을 추정하는가, 전문가 집단은 어떻게 구성하며 전문가들의 토의는 어떻게 진행하는가 등에 따라 다양한 방식이 있을 수 있다. 이러한 과정을 거쳐 최종적으로 예컨대 원점수 85점 이상은 '1수준', 70~84는 '2수준', 55~69는 '3수준', 54 이하는 '4수준' 등의 분할점수가 생성된다.

　　결국 준거참조평가의 핵심은 어느 정도의 숙달을 목표로 하는가, 즉 명료하고 구체적인 성취기준(준거)의 설정, 그리고 기대되는 수준에 이르렀음을 보여주는 실제 검사상의 점수설정(분할점수)이라 할 수 있다. 준거참조평가를 흔히 '절대평가'라고 부르기도 하는데, 대체로 절대평가는 일정 점수를 넘기면 다른 사람의 점수와 상관없이 '우수'등급을 받을 수 있기 때문에 보다 교육적이고, 경쟁을 유발하지 않는 평가방식으로 이해하는 경우가 많다. 이러한 사회적 통념상의 절대평가 개념은 틀린 것이 아니지만 준거참조평가의 중요한 맥락을 놓치고 있는 불완전한 이해인 경우가 많다. 규준참조평가가 '너는 수학을 85점 받았고, 상위 10퍼센트야'라는 정보를 준다면, 준거참조평가의 핵심은 '너는 수학을 85점 받았고, 80점 이상이어서 우수등급이며, 지수법칙을 이해하고 있고, 연립방정식을 활용하여 여러 가지 문제를 해결할 수 있어'라는 정보를 주는 것이다. 즉, 검사점수를 통해 그 사람의 행동과 성취의 정도에 대한 구체적인 진술이 가능한 방식의 평가라는 것이 준거참조평가의 핵심이다.

3 학업성취 평가의 실제

학업성취의 평가에 주로 활용되는 규준참조 평가와 준거참조 평가는 교육에 대한 관점, 목적, 평가결과의 활용방식 등에서 선명하게 대비된다. 요약하자면, 규준참조평가가 선발적 교육관에 기초하여 학생들을 점수에 따라 줄세워 선발이나 배치에 활용하고자 한다면 준거참조평가는 발달적 교육관에 기초하여 모든 학생이 주어진 교육목표를 달성하는 데 도움이 되는 정보를 제공하고자 한다. 준거참조평가는 주로 자격의 부여나 부족한 부분의 진단 및 개선을 위해 활용된다. 현실적으로 가장 중요한 학업성취의 평가인 내신성적과 대학수학능력시험의 평가방식을 고찰해보고, 지금까지 살펴본 규준참조 및 준거참조 평가방식이 어떻게 학교현장에서 구현되고, 그 과정에서 문제점은 없는 것인지 살펴보도록 하자.

1) 교과학습의 평가: 성취평가제

현재의 교과학습평가는 2011년 발표된 중등학교 학사관리 선진화 방안의 일환으로 중학교는 2012년부터, 고등학교는 2014년부터 도입된 성취평가제에 기반하고 있다. 성취평가제라는 용어는 학술적 성격의 용어라기보다는 정책용어에 가까우므로 그 자체의 이론적/학문적 배경을 찾기 어려우나 전체적으로 준거참조평가방식(절대평가)을 의미한다고 보아도 무방할 것이다. 다만 기존의 절대평가에서 나타난 학교의 성적 부풀리기, 등급별 비율에 따른 인근 학교와의 비교 등의 문제점들을 고려하여 새로운 정책용어를 제시한 것으로 이해할 수 있을 것이다. 또한 창의·인성교육의 강조와 맞물려 다양한 수업모델이 적용되고, 평가 또한 전통적 지필평가와 더불어 수행평가가 강조되고 있는 상황에서 이러한 평가방식들을 포괄할 수 있는 새로운 평가체제 도입의 필요성이 반영된 것으로 볼 수 있다. 현재 중학교에서는 성취평가제에 의한 A~E 5등급 절대평가체제로 학업성적으로 표기하고, 고등학교에서는 성취평가제에 의한 등급과 석차 9등급이 병행표기되고 있다. 성취평가제는 학기초 평가계획의 수립단계에서부터 정교하게 평가계획이 수립되고, 평가도구가 개발되어야 한다. <그림 7-2>에 성취평가제의 운영절차가 제시되었다.

그림 7-2 성취평가제 운영절차

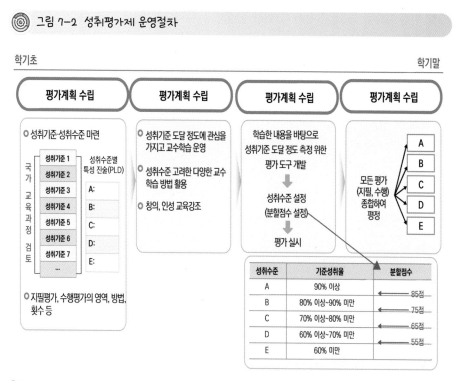

출처: 한국교육과정평가원, 2013.

단위학교는 학기초에 국가교육과정상의 성취기준에 근거하여 교과별 평가계획을 수립한다. 이때 국가에서 제공한 교과별 성취기준이 학생의 수준이나 학교의 교육여건에 적합하지 않을 경우 교과별 성취기준을 재구성할 수 있다. 성취기준의 검토를 통해 학교별로 성취수준 (A,B,C,D,E)별 특성에 대한 상세설명(Performance Level Descriptor, PLD)을 작성한다. 이후 실제 교수·학습단계에서 학교별로 설정된 성취기준에 도달시키는 것을 목표로 교육과정을 재구성하고, 이에 따라 다양한 교수학습이 이루어지도록 한다. 즉, 학교별 성취기준 및 이에 따라 재구성된 교육과정이 수업과 평가의 근거가 되어야 한다. 평가는 수행평가와 선택형 및 서술형 지필평가를 포함한 다양한 평가방식을 활용하되 평가문항은 학교별 성취기준의 달성 여부에 대한 판단에 중점을 두고 구성되어야 한다. 성적이 서열화되지 않으므로 서열화를 위한 함정문제나 동석차를 줄이기 위한 인위적 소수점 배점 등과 같은 출제를 지양해야 한다(한국교육과정평가원, 2013). 평가도구가 개발된 이후 검사의 원점수와 등급을 매핑하기 위한 분할점수가 설정되어야 한다. 현재 중학교의 경우 '고정분할점수'를 적용하는데, 이는 90점 이상 A, 80 이상 90 미만 B 등과 같이 모든 교과, 모든 학교에 동일한 분할점수를 적용하는 것을 의미한다. 고등학교의 경우 학교 유형별로 교육과정과 교육여건, 학생들의 학업수준이 다르기 때문에 전국의 모든 고등학교에 동일한 분할점수를 적용하는 것이 적절하지 않을 수 있으므로 학교의 여건에 따라 교과별 분할점수를 달리 설정할 수 있다(단위학교산출분할점수).

<표 7-2>에 성취평가제를 적용하는 중학교의 학교생활기록부 학업성취 기재방식이 예시되어 있다. 이 학생의 국어점수는 66점으로 60 이상 70 미만에 해당하는 D등급이고, 240명의 평균점수 64.1보다는 약간 높은 수준이다. 이 기록만으로 이 학생의 상대적 위치를 파악하기는 어렵다. 이전에는 과목평균뿐만 아니라 표준편차도 제시했기 때문에 표준점수를 계산하는 것이 가능하여 상대평가적 정보도 획득할 수 있었으나 현재는 불가능하다.

표 7-2 중학교 성취평가제의 학업성취 보고방식

학기	교과	과목	원점수/과목평균	성취도(수강자수)	비고
1	국어	국어	66/64.1	D(240)	
	사회(역사포함)/도덕	사회	73/65.3	C(240)	

출처: 교육부(2022). 2022학년도 중학교 학교생활기록부 기재요령

<그림 7-3>에 성취평가제와 상대등급제를 병용하는 고등학교의 성적일람표 작성방식이 예시되었다. 성적일람표는 매 학기말 교과 담당교사가 작성하여 학교생활기록부 기재사항의 원천자료로 활용한다. 고등학교의 경우 보통교과는 성취평가 등급(절대평가)과 기존의 9등급제 석차등급을 병기한다. <그림 7-3>의 상

단에서 1학년 1학기 국어는 4회의 수행평가 및 2회의 지필평가결과를 가중합산해 총점 100점이 되도록 채점된 것으로 나민주 학생의 경우 원점수 71점으로 70 이상 80 미만에 해당하는 성취평가 C등급에 해당한다. 앞서 언급한 바와 같이 고등학교에서 분할점수는 학교별로, 그리고 과목별로 달리 설정할 수 있다. 만약 이 학교의 국어 C등급 분할점수가 75점이었다면 나민주 학생의 국어등급은 D가 되었을 것이다. 고등학교의 학업성취는 대학입시에 직접적으로 활용되는 자료이므로 등급정보와 더불어 상대평가에 기반한 선발적 정보를 제공할 필요가 있다. 상대평가에 기반한 나민주 학생의 석차는 532명 중 273위로, 상위 40% 초과 60% 이하에 해당하는 5등급이 된다.

 그림 7-3 고등학교 성적일람표 예시

[보통교과]

2022학년도 제1학기
국어과 성적일람표

제1학년 (강의실명)　　　　　　　　　　　　　　　　교과담당교사 (　　　　　　　) 인

평가방법 (반영비율) 반/번호, 성명	지필평가(60%)		수행평가(40%)				합계	원점수	성취도	석차 등급	석차 (동석차수) /수강자수
명칭,영역 (반영비율)	1회 (30%)	2회 (30%)	○○○ (10%)	◇◇◇ (10%)	□□□ (10%)	△△△ (10%)					
1/1　김길동	28.50	29.40	8.80	9.60	8.80	10.00	95.10	95	A	1	4(15)/532
1/2　나민주	25.50	19.20	6.00	8.00	7.00	5.00	70.70	71	C	5	273/532
1/3											
수강자 최고점	30.00	30.00	10.00	10.00	10.00	10.00	100.00				
수강자 최저점	9.95	10.00	5.00	6.00	7.00	5.00	42.95				
수강자 평균	23.42	25.74	8.40	8.16	8.76	7.59	82.07				
강의실 평균	21.24	24.43	8.50	7.52	8.91	7.35	77.95				
과목 평균								82.1			
과목 표준편차								10.1			

출처: 교육부(2022). 2022학년도 고등학교 학교생활기록부 기재요령

2) 국가수준의 학업성취 평가: 대학수학능력시험

대학수학능력시험은 이전의 대학입학 학력고사를 대체하여 1994년부터 시행되고 있는 전국단위의 표준화시험이다. 그간 여러 차례의 체제 개편이 이루어졌고,

최근의 큰 변화는 수학에서 문·이과 구분이 없어지면서 공통수학+선택과목(확률과 통계, 미적분, 기하 중 택1) 체제가, 국어에서도 공통+선택과목(화법과 작문, 언어와 매체 중 택 1) 체제가 도입된 점을 들 수 있다. 또한 탐구영역에서도 사회탐구와 과학탐구의 영역구분을 폐지하고 17개 과목 중 최대 2개 과목을 선택하여 응시하도록 하고 있다. 국어, 수학 및 탐구영역은 규준참조평가에 기반하여 표준점수, 백분위 및 등급을 제공하고 있다. 앞서 규준참조평가를 논의하면서 수능의 표준점수에 대해 살펴보았다. 여기에서는 절대평가와 관련한 논의에 초점을 맞추고자 한다. 한국사, 영어 및 제2외국어/한문영역은 절대평가를 적용하여 과목별로 고정된 원점수 구간에 따라 9등급의 등급만 제공한다. <그림 7-1>의 대학수학능력시험 성적통지표에서 각 영역의 등급은 9등급이라는 형식은 동일하지만 등급산출 방식은 영역에 따라 다르다. <표 7-3>에 상대평가와 절대평가 영역별 9등급의 산출방식이 제시되었다.

🎯 표 7-3 수능 영역별 등급기준

방식	영역	1	2	3	4	5	6	7	8	9
상대평가	국어, 수학, 탐구	≥4%	≥11%	≥23%	≥40%	≥60%	≥77%	≥89%	≥96%	≥100%
절대평가 (원점수 기준)	한국사	≥40	≥35	≥30	≥25	≥20	≥15	≥10	≥5	< 5
	영어	≥90	≥80	≥70	≥60	≥50	≥40	≥30	≥20	< 20
	제2외국어/한문	≥45	≥40	≥35	≥30	≥25	≥20	≥15	≥10	< 10

준거참조평가라는 용어를 여기에 굳이 사용하지 않고 절대평가라고 언급한 이유는 수능 절대평가 영역이 앞서 논의한 준거참조평가의 요건을 온전히 충족시키는 평가방식이라고 보기 어렵기 때문이다. 즉, 수능에서의 절대평가 영역 등급은 준거참조평가의 핵심이라 할 수 있는 각 등급에 속한 피험자의 능력에 대한 기술

(PLD)이 적극적으로 이루어지지 않고 있으며, 대학입시에서 등급이 내포하는 능력수준에 대한 정보가 제대로 활용되지도 않고 있다. 또한 9등급 고정분할점수체제가 엄밀한 의미에서 능력수준을 명확히 반영한 분할점수라기보다는 매년 달라지는 분할점수로 인한 현장에서의 혼란을 고려한 분할점수체제의 성격이 강하다.

실제로 수능에서 절대평가가 도입된 배경과 관련하여 지속적으로 제기되는 도입 필요성의 논리는 경쟁의 완화와 서열화 탈피, 사교육비 경감 등이라 할 수 있는데 이는 엄밀히 말하자면 준거참조평가로 인해 얻을 수 있는 부수적 효과에 가깝다. 평가의 본질을 중심으로 생각해본다면 수능의 절대평가화는 수능문항을 교육과정상의 성취기준에 맞추어 제작함으로써, 변별을 위한 문항이 가져오는 교육과정의 왜곡을 완화하고 평가의 타당도(즉, '수학능력'이라는 수능이 측정하고자 하는 것을 측정하는 정도)를 제고하여 수능이 '대학수학능력'을 재는 도구로서 제 구실을 하도록 하자는 데 있을 것이다(강태중, 2014).

4 생각해볼 문제

지금까지 학업성취도의 개념과 측정을 위한 두가지 관점, 즉 규준참조 및 준거참조평가에 대해 살펴보았다. 또한 규준참조평가와 준거참조평가가 우리나라의 교육현장에서 실제로 어떻게 적용되고 있는지에 대해 성취평가제와 대학수학능력시험을 통해 살펴보았다. 우리나라는 유례없이 대학의 서열화가 강한 나라이고, 동시에 서열의 상층에 위치한 대학에 가고자 (보내고자) 하는 욕구가 강한 나라이며, 출신대학에 따른 사회적 보상의 차등성이 높은 사회적 특성을 가지고 있다. 이러한 상황에서 진학을 위한 경쟁은 강해지고 학업성취도의 평가에 있어 정의와 공정의 이슈에 사람들은 민감하게 반응한다. 이에 따라 성취평가제와 수능과 관련한 다양한 사회적 이슈들이 제기되고 있다. 학업성취의 평가에 초점을 맞추어 몇가지 이슈들을 정리하고 관련하여 생각해볼 문제들을 제기해 보고자 한다. 정답은 없으나 이에 대해 고민하는 과정에서 평가의 실재에 대한 이해의 폭을 넓힐 수 있을 것이다.

1) 성취평가제는 공정한 평가방식인가?

앞에서 논의한 성취평가제와 관련하여 교육부에서는 성취평가제와 기존의 절대평가의 차이에 대해 다음과 같이 설명하고 있다.

> "이전의 절대평가제에서는 성취기준이나 성취수준보다는 평가 결과 학생들이 획득한 점수에 따라 성취 정도가 결정된 반면, 성취평가제에서는 단위학교와 학생의 수준에 맞게 평가의 준거가 되는 성취기준과 성취수준을 마련하고, 이 준거의 달성여부를 종합하여 성취도를 평정한다는 점에서 절대평가와 성취평가는 차이가 있습니다." (교육부, 2013)

결국 성취평가제에서는 같은 교과, 같은 내용으로 수업을 한다고 하더라도 학생들이 도달하기를 기대하는 성취수준이 학교의 판단에 따라 달라질 수 있고, 따라서 같은 A등급을 받은 학생의 성취정도 또한 학교에 따라 달라질 수밖에 없는 문제가 발생한다. 실제로 김신영(2012)의 연구에서는 한 고교에서 실시한 영어 중간고사 문제지로 동일한 교육과정상의 내용범위를 배운 다른 4개 고교에 시험을 치른 결과 학교간 평균점수가 최대 46점 차이가 났다는 점을 보고하고 있다. 고정분할점수방식을 선택했다면 한 학교에서 A등급을 받은 학생이 다른 학교에서는 D나 E등급을 받을, 혹은 그 반대의 상황도 실제로 발생했다.

이처럼 성취평가제는 학교마다 학생에게 기대하는 학업성취 수준이 다르다는 것을 인정하고 받아들이는 것을 전제로 한다. 그렇다면 국가교육과정에 제시된 공통의 성취기준 및 성취수준은 어떤 의미를 가지는 것이며, 공교육에 대한 국가의 책무성은 어떻게 확보될 수 있을까? 더 나아가 같은 수준의 능력에 대해 서로 다른 등급의 평가를 받는 것이 공정하다고 할 수 있을까?

2) 수능에 절대평가가 도입된다는 것은 어떤 의미이고, 학교생활기록부는 학생의 선발에 어떻게 활용되어야 할까?

수능은 중등교육을 마감하는 시점에서 중등교육을 통해 획득한 학업적 성취를 확인한다는 의미도 있지만 실질적으로는 대학입학을 위한 전형자료로서의 역할이 중심이 된다. 가장 많은 학생이, 동시에, 동일한 시험을, 가장 엄격히 관리되는 방식으로 치르고, 그 결과가 '점수'라는 수치로 표현되기 때문에 선발되는 학생도 선발하는 대학도 수능은 가장 공정하고 객관적인 학생능력의 변별수단이라는 통념을 가지고 있는 것이다. 매년 수능이 끝난 이후 사회적 관심의 초점은 수능의 난이도와 변별도에 맞추어져 있고, '측정해야 할 것'을 제대로 측정하고 있는지(즉, 내용타당도)에 대해서는 큰 관심을 두지 않는다. 이런 상황은 결과적으로 교육과정과 성취기준에 근거한 교육이 아닌 수능맞춤형 공교육과 사교육으로 귀결된다. 수능의 절대평가화는 이러한 수능의 변별수단으로서의 기능을 약화시켜 성취기준에 의거한 평가를 도모하고, 그로 인해 약화된 변별기능의 보충을 위해 학교생활기록부를 신뢰할만한 전형수단으로 보다 적극적으로 활용하도록 유도하여 공교육을 정상화시키고자 하는 의도로 보인다. 여기에는 물론 단위학교의 자율성과 교사의 평가전문성에 대한 신뢰가 전제되어야 할 것이다. 이런 의미에서 볼 때 성취평가제의 제대로 된 활용과 정착은 수능의 절대평가화와 밀접하게 맞물려있는 문제라 할 수 있다.

그렇다면, 앞서 살펴본 성취평가제하에서의 성취등급이 학교 간에 서로 비교 가능한 능력의 소유를 의미하지 않을 수 있다는 문제와 관련하여, 수능의 변별도구로서의 기능이 약화될 경우 학생의 선발을 위한 타당하고도 공정한(즉, 대학에서의 수학(修學)에 필요한 능력을 기준으로 선발하면서, 능력의 높고 낮음을 정확히 판별하여 이에 따라 객관적으로 선발할 수 있는) 수능과 학교생활기록부의 활용방법은 어떠해야 할까?

3) 발달적 교육관에 기초한 준거참조평가를 선발에 활용하기 위한 방안은 무엇일까?

수능의 일부 영역에 절대평가가 도입된 이후 대학이 이를 전형자료로 어떻게 활용하고 있는지 간략히 살펴보자. 대체로 대학들은 정시에서 절대평가 방식으로 산출된 영어 등급을 1등급 100점, 2등급 95점 등으로 수치화하여 다른 영역의 점수와 합산하는 방식을 사용하거나, 상대평가 영역의 표준점수를 합산한 이후에 영어 등급에 따라 감점을 주거나 가산점을 주는 방식을 활용한다. 정시에서 절대평가 각 등급에 몇점을 부여할 것인가를 결정하기 위해 대학들은 등급별 인원비율 등을 면밀히 검토한다. 이는 달리 말하면, 결국 절대평가의 결과를 어떤 방식으로든 상대적 위치를 결정하기 위해 활용한다는 의미인데, 본질적으로 준거참조평가의 등급이 절대평가 혹은 준거참조평가의 취지를 살리는 방향으로 활용되지는 못하고 있는 것으로 보인다. 절대평가의 등급을 상대평가에서의 표준점수에 대응하는 점수로 환산하여 서열화에 활용한다면 이는 그저 '조금 완화된 서열화'라는 방식의 활용에 불과하다고도 볼 수 있으며, 무엇보다 준거참조평가는 본질적으로 피험자가 어떤 역량을 소유하고 있고 어떤 능력에는 미치지 못하는지를 알려주는 것이므로, 이러한 능력수준에 따라 의사결정이 이루어지는 것이 타당할 것이기 때문이다.

절대평가 시행의 취지와 본질을 살리는 방향으로 수능 절대평가 결과를 대입에 활용하는 방법은 무엇이며, 이를 위해 수능 절대평가가 어떤 방향으로 개선되어야 할지 생각해 보자.

- 규준참조평가를 위한 다양한 점수들(백분위, 표준점수, 스테나인 등급 등)의 산출방식을 알아보고, 왜 이런 다양한 점수가 필요한지에 대해서 생각해보자.
- 본인이 중고등학교에서 경험한 규준참조 및 준거참조 평가방식을 생각해 보고, 평가가 학생에게 유의미하고 긍정적인 경험이 되기 위해서는 어떻게 해야할지 생각해 보자.
- 최근 학습의 초기에 비해 마무리 단계에서 더 많은 성장과 향상을 보인 학생이 더 좋은 평가를 받아야 한다는 성장참조평가가 주목받고 있다. 성장참조평가는 준거 및 규준참조평가와 어떻게 다른지 알아보고, 성장참조평가가 학교현장에서 어떻게 활용될 수 있을지 생각해 보자.

- 자신의 학교 입시요강 분석(팀 프로젝트형)

: 대학입시는 선발을 위해 학업성취평가결과를 활용하는 절차로, 특히 우리나라에서 학업성취의 평가는 입시와 밀접한 관련을 가지고 있다. 각자 자신의 대학 입시요강을 통해 학업성취 평가결과가 신입생 선발에 어떻게 활용되고 있는지 분석해 보자. 특히 각 전형유형(학생부교과, 학생부종합, 수시 등)이 선발하고자 하는 인재상은 어떻게 다르고, 이러한 서로 다른 인재상에 기초한 선발에서 학업성취도는 그 취지에 맞는 선발자료의 역할을 하는지 살펴보자.

- 학업성취평가 관련 외국 사례를 찾아보고 우리나라와 비교해보기
- 새로운 학력 혹은 미래역량에 관한 자료를 찾아보고 이의 평가방법을 생각해 보기

참고문헌

강태중 (2014). 대학수학능력시험 발전 방향 모색. 제26회 KICE 교육과정·평가 정책 포럼: 수능 영어영역 절대평가 도입 방안 탐색 자료집. 한국교육과정평가원 수능 CAT 2014－13.

교육부 (2013). 성취평가제 가이드북(개정판). 교육부 홍보자료 PM 2013－12.

교육부 (2022). 2022학년도 고등학교 학교생활기록부 기재요령. 교육부.

교육부 (2022). 2022학년도 중학교 학교생활기록부 기재요령. 교육부.

김신영, 김용련, 이현숙 (2014). 학생의 학업성취도 평가 정책의 현실과 미래. 교육을 바꾸는 사람들.

조성민, 구남욱, 김현정, 이소연, 이인화 (2019). OECD 국제 학업성취도 평가 연구: PISA2018 결과보고서. 한국교육과정평가원 연구보고 RRE 2019－11.

한국교육과정평가원 (2013). 2013학년도 중학교 성취평가제 현장지원단 워크숍 자료집. 한국교육과정평가원 연구자료 ORM 2013－52.

황정규 (1998). 학교학습과 교육평가. 서울: 교육과학사.

Doyle,K. (1974). Theory and practice of ability test in ancient Greece. Journal of the History of Behavioral Sciences, 10, 202－212, doi:10.1002/1520－6696(19740 4)10:2＜202::AID－JHBS2300100208＞3.0.CO;2－Q

DuBois, P. (1970). A history of psychological testing. Boston: Allyn and Bacon.

Festinger, L. (1954). A theory of social comparison processes. Human Relations, 7 (2), 117-140. doi:10.1177/001872675400700202

Glaser, R (1963). Instructional technology and the measurement of learning out－comes: Some questions. American Psychologist, 18 (8), 519-522.

Spinath, B. (2012). Academic Achievement. In Vilanayur S. Ramachandran (Eds.), Encyclopedia of human behavior (2nd ed., pp. 1－8). San Diego, CA: Academic Press.

Young, M. (1958). The rise of the meritocracy, 1870－2033: An essay on educa－tion and inequality. London: Thames & Hudson.

CHAPTER 08

조선시대 학교에서는
어떤 방식으로 수업했을까?

이 상 무

학습목표

- 조선시대 학교의 수업 방식을 이해할 수 있다.
- 조선시대와 오늘날 수업 방식의 공통점과 차이점을 도출할 수 있디.
- 긴 역사적 안목에서 오늘날 수업 방식의 특징을 파악할 수 있다.

사례

중학교에서 미술 과목을 담당하고 있는 교사 A씨는 지난주에 학생들에게 김홍도의 '서당'을 가르쳤다. 그 그림은 우리나라 전통교육을 소개할 때 등장하는 대표적인 그림이고, A씨 자신에게 매우 익숙한 그림이기에 수업준비는 수월했다. 그런데 수업 중에 한 학생이 뜬금없이 A씨에 이렇게 물었다. "그림에 등장한 학생들의 나이가 다양한 것 같은데요, 모두 같은 반에서 같은 내용으로 배웠나요?" 학생의 질문에 A씨는 다소 당황했다. 조선시대 교육에 대해 뭐라고 답해야 할지 자신이 없어 다음 시간에 알려주겠다고 했다. A씨가 김홍도의 '서당'에서 울고 있는 아이에게 주목하다 보니, 그 장면이 조선시대 수업 방식을 함축적으로 묘사한 그림일 수 있다는 것을 미처 생각하지 못했다. A씨는 다음 시간에 학생들에게 어떻게 답해주어야 할까?

1 김홍도의 '서당'에서 확인하는 전통적인 교육 방식

조선시대에는 각 마을에 아이들을 모아놓고 가르치는 곳이 있었다. 서재(書齋), 서당(書堂), 서실(書室), 정사(精舍), 가숙(家塾), 이숙(里塾), 여숙(閭塾), 향숙(鄕塾), 서숙(書塾) 등 다양한 이름으로 불리는 이 곳에서 마을의 아이들은 모여서 함께 공부했다. 지금은 많은 사람들이 조선시대 대표적인 초등교육기관을 '서당'이라고 알고 있지만, 사실 서당은 이렇게 다양한 교육기관을 통칭해서 사용하는 말이었다(조화태 외, 2010).

일반적으로 다음과 같은 특징을 갖고 있으면 서당이라고 통칭하였다(조화태 외, 2010). 우선 주로 어린 학생들을 대상으로 한다는 것이었다. 김홍도의 '서당'에서 본 것처럼 나이 많은 학생들도 서당에서 공부하였지만, 주된 연령층은 어린 학생들이었다. 두 번째로는 초보적인 한자 교육을 실시하는 교육기관이었다. 초급 수준의 한자 공부 및 유학 공부를 하기 위해서 학생들은 서당을 찾았다. 마지막으로는 사적으로 설립된 교육기관이라는 것이다. 국가에서 서당을 설립했다는 기록은 없으며, 서당은 민간에서 사적으로 설립한 교육기관이었다.

조선후기에 이르면 각 마을에 서당이 설립되는 것이 보편적인 현상이었다. 이로 인해 서당을 국가 교육체제 안으로 편입하려는 여러 시도가 있었다. 대표적인 것이 경상도 지역 관찰사였던 조현명이 작성한 「권학절목(勸學節目)」이었다. 1732년에 만들어진 「권학절목」에서는 조선시대 행정구역에 맞게 도, 군·현, 동·리 단위에 학교를 각각 재배치하였으며, 서당은 가장 아래 단계인 동, 리 단위의 교육을 담당하는 교육기관으로 설정되어 있다. 「권학절목」에서 이러한 설정이 가능했던 것으로 미루어 짐작해보면, 이미 오랜 기간 동안 서당이 각 마을에 자리잡고 있었음을 보여준다고 할 수 있다(김경용, 2017). 조선시대 행정구역에 맞게 학교를 재배치하려는 구상은 당시의 소위 '실학자'들의 구상에도 자주 등장하였으며(우용제, 1999), 이러한 방식으로 교육 체제를 전반적으로 정비하려는 것이 당시의 교육에 관한 가장 큰 흐름 중에 하나였다. 이러한 생각은 『예기(禮記)』「학기(學記)」편에 '가(家, 25집 단위)에는 숙(塾)이라는 학교가 있었고, 당(黨, 500집 단위)에는 상(庠)이라는 학교가 있었고, 술(術, 12,500집 단위)에는 서(序)라는 학교가 있었고,

나라에는 국학이 있었다'라는 구절에서 유래한 것으로, 유교적 이상을 현실에서 구현하기 위한 노력의 일환으로 볼 수 있다.

많은 사람들이 우리나라 전통교육의 이미지를 생각하면 대부분의 사람들은 가장 먼저 김홍도의 '서당'을 떠올린다. 수업시간에 이 그림을 보고 나서 학생들에게 느낌을 말해보라고 하면 10명 중에 6, 7명은 '뭔가 엄격하다, 무섭다'는 반응이 주류를 이룬다. 어떤 이들은 훈장이나 학생들의 표정을 보면서 해학과 익살이 있다고 표현하지만, 전반적으로 '조선시대 교육은 엄격했구나'라는 이미지에서는 크게 벗어나지 않는다. 사실 이 그림을 통해서 당시의 교육 방식까지 생각하는 경우는 흔치 않다. 아래의 설명은 이 그림에 대한 대표적인 해설 중에 하나이다.

조선후기 화가 단원(檀園) 김홍도(金弘道, 1745~?)의 풍속도 화첩에 수록된 「서당」이다. 풍속도 화첩에서 씨름, 무동과 함께 대표적인 작품으로 조선시대 서당의 모습을 생생하게 표현했다. 훈장을 중심으로 양쪽에 학생들이 나란히 앉아 있는데, 훈장 앞에는 방금 회초리를 맞은 듯한 아이가 등을 돌리고 앉아 서러운 표정으로 눈물을 훔치고 있다. 회초리 옆에는 책이 놓여 있는 것으로 미루어, 전날 배운 것을 제대로 낭독하지 못하여 혼이 난 것 같다.(한국민족문화대백과사전, 2022년 9월 22일 인출)

　그림에 대한 해설에서는 학생이 혼나는 이유를 추정하고 있는데, 바로 학생이 전날 배운 것을 제대로 낭독하지 못하여 혼이 난 것으로 풀이하고 있다. 학생에게 주어진 과제가 있는데 그것을 제대로 완수하지 못했으니 훈장님께 혼나고 있다는 것이다. 김홍도는 이 장면을 서당을 상징하는 가장 대표적인 장면으로 묘사하였다. 그렇다면 우리는 학생이 전날 배운 것을 선생님이 확인하는 장면이 당시 서당의 수업에서 가장 중요한 장면이 아닐까 생각해 볼 수 있다.

　이런 생각을 하면서 다시 한번 그림을 찬찬히 살펴보면, 훈장님의 책상에 책이 없다는 것을 발견할 수 있다. 학생들 앞에는 책이 한 권씩 놓여 있는데 훈장님의 책상 앞에는 유독 책이 없다. 왜 훈장님의 책상에는 책이 없을까? 선생님은 이미 책의 내용을 다 외웠기 때문에 그런 것일까? 물론 좋은 훈장님이라면 당연히 책의 내용은 다 외우고 있을 것이다.

　이렇게 말하면 저 상황에 대한 완벽한 설명이 될 것 같지만 여전히 뭔가 찜찜하다. 이 그림에는 다양한 연령대의 학생 9명이 있다. 그렇다면 이 학생들이 모두 같은 책의 같은 부분을 공부하고 있는 것일까? 그런데 조선시대 학생들의 초학 교재는 생각보다 다양하다. 특히 조선 후기에는 여러 학자들이 우리 실정에 맞는 교재들을 내놓으면서 여러 교육용 도서가 등장하였다. 우리가 흔히 알고 있는『천자문(千字文)』,『동몽선습(童蒙先習)』,『소학(小學)』과 같은 책 이외에도『유학(類合)』,『훈몽자회(訓蒙字會)』,『삼강행실도(三綱行實圖)』,『하학지남(下學指南)』,『사소절(四小節)』,『동현학칙(東賢學則)』,『아희원람(兒戲原覽)』,『아학편(兒學編)』등의 책이 있었다(한기철 외, 2016). 나이도 연령대도 다른 학생들이 지금처럼 학년별로 반을 나눠서 수업을 하지 않는 상황에서 한 가지 교재로 배운다고 하는 것이 더 이상하지 않은가?

　오늘날 우리가 생각하는 학교 수업의 장면은 대략적으로 다음과 같다. 앞에 칠판과 교탁이 있고, 적당한 곳에 모니터도 설치되어 있다. 학생들이 앉아 있는 책상은 일렬로 배치되어 있을 수도 있지만, 상황에 따라서 모둠을 구성하는 형태로 배치되기도 한다. 그리고 그 공간에서 일상적으로 진행되는 전형적인 수업은 선생님이 학생들에게 가르쳐야 할 내용을 구조화해서 전달한다. 아마도 그러한 장면에 익숙한 사람들은 서당에서도 오늘날과 같은 방식으로 가르쳤을 것으로 생각하기 쉽다. 그런데 김홍도의 '서당'에서 묘사된 장면은 오늘날의 수업과는 거리가 좀 있어 보인다.

그렇다면 김홍도의 '서당'에 나온 그 장면을 오늘날의 수업 장면을 기준으로 해석할 것이 아니라 다른 방식으로 한 번 생각해 볼 필요가 있다. 이 장면이 단순히 숙제를 확인하는 정도가 아니라, 서당 수업에서 가장 중심이 되는 장면이 아닐까 생각해 봐야 한다는 것이다. 학생들은 같은 책으로 공부하는 것이 아니라 각기 다른 책으로 공부한다고 볼 수 있다. 즉, 훈장님은 학생들 전체를 대상으로 같은 내용을 가르치는 것이 아니라, 학생들 개인별로 현재의 자기 진도에 맞춰서 가르치는 것이다. 학생들은 서당에서 배운 내용을 집에 가서 완벽하게 자기 것으로 만든 후에 학교에서 훈장님께 얼마나 잘 공부해왔는지 확인받는다. 그 과정에서 학생이 제대로 공부해오지 않으면 <그림 8-1>과 같이 훈장님께 혼나는 것이고, 제대로 잘 해오면 훈장님과 함께 다음 진도를 나가는 것이다.

이 상황에서 훈장님과 수업을 하고 있지 않은 다른 학생들은 무엇을 하는지 의문이 생길 수도 있다. 사실 훈장님과 다른 학생의 수업을 제대로 지켜본다면, 그것만으로도 학생 자신에게 큰 도움이 될 수 있다. 만약 나보다 진도가 빠른 학생이 훈장님께 배우고 있다면, 그 장면을 지켜보는 다른 학생들은 앞으로 공부해야 할 내용이 무엇인지 미리 확인할 수 있다. 한편으로는 나보다 늦게 공부를 시작한 학생들의 수업 장면을 보면서 과거에 내가 공부했던 내용을 자연스럽게 복습할 수 있다.

이러한 수업 방식이라면, 서당에서 훈장님의 역할은 여러 학생들에게 똑같은 것을 가르치며 진도를 나가는 사람이 아니라 학생들이 각자 공부해온 것을 확인하는 사람이라 할 수 있다. 그리고 학생들은 각자 집에서 다음 시간에 훈장님께 확인받아야 하는 부분을 미리 준비해오는 것이 매우 중요하다.

오늘날의 수업에서도 복습은 매우 중요하며, 한 차시 수업을 구성할 때 학생들이 지난 시간에 배운 내용을 제대로 숙지하고 있는지 여부를 확인하는 과정은 반드시 포함되어 있다. 그렇지만 서당의 수업 방식처럼 미리 공부한 내용을 확인하는 것이 수업 방식에서 가장 큰 부분을 차지한다고 보기는 어렵다. 어떤 이들은 이러한 수업 방식이 서당에서만 적용되는 것이 아니냐고 반문할 수 있다. 그렇다면 이러한 의문을 풀기 위해 그 당시에 다른 교육기관의 수업 방식을 확인할 필요가 있다.

2 향교의 등교 방식과 수업 방식

향교는 조선시대의 지방행정구역인 부(府)·목(牧)·군(郡)·현(縣)에 하나씩 설치되었던 교육기관이다. 오늘날로 치면 각 시·군에 하나씩 설치된 교육기관이라고 할 수 있다. 향교의 정원은 행정구역의 크기에 따라 30명에서 90명까지 다양했으며, 조선 초기에는 중앙에서 교관을 파견하였다가, 조선 중기 이후에는 교관 파견을 중지하고 지역에서 자체적으로 교관을 선정하였다. 향교는 각 군·현 단위에 하나만 설치된 교육기관이고, 해당 지역 내에서 공자를 모신 사당이 있는 유일한 기관이라는 점에서 나름의 위상을 유지하였다.

향교는 성균관의 구조와 동일하게 대성전(大成殿)을 중심으로 한 사당 공간과 명륜당(明倫堂)을 중심으로 한 학당 공간이 같이 있는 형태로 되어 있다. 대성전을 중심으로 한 사당 공간에는 동무(東廡), 서무(西廡)가 함께 있으며 이 공간에는 공자(孔子)와 공자의 제자를 비롯하여 중국과 우리나라의 유명한 학자들의 위패가 모셔져 있다. 명륜당을 중심으로 한 학당 공간에는 수업을 위한 교관들의 업무공간이 있는 명륜당과 학생들의 기숙사인 동재(東齋)와 서재(西齋)로 구성되어 있다.

본격적으로 향교의 등교 방식을 설명하기 전에 오늘날 학교의 등교 방식부터 먼저 생각해보자. 오늘날 사람들이 학교에 간다고 한다면 이러한 방식을 떠올릴 것이다. 학생들은 아침 8시 반이나 9시까지 학교로 등교한다. 그리고 초등학생이라면 2시나 3시, 중고등학생이라면 4시나 5시쯤에 공식적인 일과가 끝난다. 고등학생의 경우 자율학습이라는 이름으로 심야까지 학교에 붙잡혀 있기도 할 것이다. 이런 일을 3월부터 7월 중순까지, 8월 중순부터 12월 하순이나 1월 초순까지의 기간 동안 매주 월요일부터 금요일까지 반복해야 한다.

오늘날의 학교 등교 방식을 염두에 두고 향교의 등교 방식을 생각해보자. 앞서 설명했듯이 향교는 전국의 각 부·목·군·현에 하나씩 설치된 기관이며, 향교에 다니는 학생들은 자기 지역에 있는 향교에 다녔다. 지금처럼 교통수단이 발달하지 않았던 조선시대에는 향교의 유생들이 향교에 가기 위해서는 주로 걸어다녀야만 했을 것이다. 그러면 향교의 유생들은 꽤 먼 거리를 걸어다녀야 했을 것으로 추정된다. 보통 사람이 걷는 속도가 시속 4km 정도임을 감안하면 걸어서 1시간 내에 향교에 도달할 수 있는 거리에만 살아도 가까운 편이라고 할 수 있으며, 편도 2시간 이상 걸리는 지역에 살고 있는 학생들이 적지 않았을 것이다. 가까운 지역에 서원이 있지 않냐고 반문하는 사람들도 있겠지만, 서원은 각 행정구역에 고루 설치된 교육기관이 아니다. 어떤 지역은 여러 개의 서원이 있을 수 있지만, 어떤 지역은 서원이 아예 없는 경우도 있었다. 그리고 서원은 그 서원의 사당에 모시는 성현이 누구냐에 따라 서원의 학문적 성향이 달라질 수도 있어서, 무턱대고 집 가까운 지역의 서원에 가는 것이 쉽지 않았을 수도 있다.

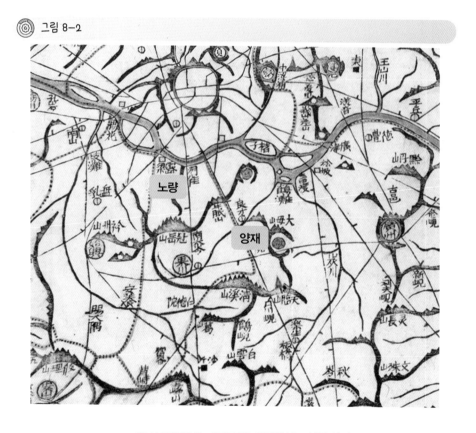

그림 8-2

그림 <8-2>는 대동여지도(大東輿地圖)에서 오늘날의 서울 남쪽 지역을 나타낸 것이다. 지도를 보면 오늘날의 노량진은 과거의 행정구역으로는 과천(果川)에 속해 있었음을 알 수 있으며, 양재동은 경기도 광주(廣州)에 속해 있었다. 만약 어떤 학생의 집이 노량진이라면 이 학생은 과천향교까지 다녀야 하는데, 인터넷에서 지도 애플리케이션을 통해 확인하면, 노량진에서 경기도 과천시의 과천향교까지 도보로 간다면 편도 3시간 정도 소요된다. 그리고 양재에 사는 학생은 광주향교로 다닐 텐데, 양재에서 경기도 하남시에 있는 광주향교까지는 도보로 편도 4시간가량 소요된다는 것을 확인할 수 있다. 이 정도의 거리를 매일 등하교 한다면, 학생으로서는 굉장히 부담될 수밖에 없었다.

당시의 여러 조건을 따져보았을 때 조선시대에 유생들이 매일 등하교를 한다면 그것은 시간 낭비일 가능성이 크다. 그렇다면 향교에 매일 등교하지 않았다면 어떤 방식으로 등교했을까? 가장 쉬운 방법은 학교에 기거하면서 기숙사에서 숙식을 해결하는 것이다. 그래서 향교에는 동재(東齋)와 서재(西齋)라고 하는 기숙사가 있었다.

◎ 그림 8-3

<그림 8-3>은 현재 대전광역시 유성구에 있는 진잠향교 동재(東齋)의 사진이다. 현 단위의 향교의 정원은 30명이며, 기숙사는 동재와 서재 두 곳으로 구성되어 있다. 그런데 이와 같은 건물 두 곳의 규모로 짐작해 보았을 때, 도저히 30명이 동시에 잘 수는 없다. 그렇다면 어떻게 향교의 전체인원이 모두 먹고 자고 할 수 있었던 것일까? 그에 대한 해답은 아래의 인용문에서 확인할 수 있다.

> 사학(四學)은 1백명을 정원으로 하여 시험을 보여(이미 입학한 자를 다시 시험 보여 뽑는다.) 그 수를 채운다. 5개의 번(番)으로 나누어 매번 20여 명씩 학교에 있게 하는데, 10일을 기한으로 돌아가면서 남게 한다. 정원 내의 유생에게는 하루에 두 끼를 주며 정원에 들지 않는 자일지라도 역시 5번으로 나누어 와서 배우게 하는데, 식량은 스스로 준비하게 하고 공공 식량으로 먹이지 않는다. 지방의 모든 고을도 또한 시강하여 그 정원을 채우되, 목사 이상의 고을은 90명, 도호부 이상은 70명, 군은 50명, 현은 30명으로 하고 만일 글에 능한 자가 부족할 때에는 정원수가 차지 않더라도 글에 능한 자로써만 한다. 많고 적음에 따라 정원에 맞추어 공공 식량으로 먹이는데 역시 5번으로 나눈다.

위 인용문은 성균관의 규칙인 『학령(學令)』을 보완하기 위해 율곡 이이가 당시 왕인 선조(宣祖)의 명을 받아 『학교모범(學校模範)』과 함께 만든 『학교사목(學校事目)』이라는 문건의 일부 내용이다. 여기에 등장하는 사학(四學)은 조선시대 서울 지방의 교육기관으로 향교와 같은 위상을 갖고 있는 교육기관이다. 고려시대 5부 학당 체제를 계승하여 조선시대에도 이어졌으나, 조선 초기에 북학(北學)은 없어지고 동학(東學), 서학(西學), 남학(南學), 중학(中學)의 4개만 남아 이들을 '사학(四學)'이라고 통칭하였다. 인용문에서 확인하면 조선시대 사학과 향교는 매일매일 등교하는 학교가 아니었다. 전체 정원을 5개의 번(番)으로 나누어서 열흘씩 돌아가면서 학교에서 기거하며 공부하였다. 학생이 학교에 갈 차례가 되지 않았을 때에는 집에서 공부도 하고, 농사도 짓고, 집안 일도 돌보다가 내 차례가 되면 향교에서 먹고, 자고 하면서 공부하는 것이다.

그렇다면 누군가는 이런 의문을 가질 수 있다. 향교에 나가지 않는 40일이라는 기간이 너무 길지 않나? 그런데 그 40일 동안 향교에서 아무것도 안 하는 게 아니다. 『학교모범(學校模範)』의 규정에 따르면, 음력으로 매월 1일과 15일은 대성전에 있는 공자님을 비롯하여 선현들에게 제사를 지내는 날이다. 이 때는 향교의 모든 학생들이 모이게 된다. 거리가 먼 유생들이 당일에 왔다갔다 하기 쉽지는 않지만, 그래도 새벽 일찍 나와서 저녁 늦게 들어간다면, 매일 하는 것이면 몰라도 15일에 한 번이라면 못할 정도는 아니다. 그렇게 대성전에 모여서 제사를 지낸 후 명륜당으로 자리를 옮겨 같이 공부하게 된다. 이때 학생들은 집에서 공부한 것을 선생님께 확인받게 된다.

학생들 입장에서 조선시대에 향교를 다니는 방식을 재구성하면 다음과 같다. 우선 평소에는 집에서 공부한다. 그러다가 내가 속한 번(番)이 향교에서 공부할 차례가 되면, 향교의 기숙사인 동재와 서재에서 열흘 동안 숙식하며 친구들과 함께 공부한다. 그리고 집에 돌아와서 평소처럼 공부하다가 음력으로 1일과 15일이 되면 향교에서 제사를 지내기 위해 등교를 한다. 그리고 제사를 지낸 후 선생님께 내가 집에서 공부한 내용들을 제대로 공부했는지 다시 한 번 확인받는 과정을 거친다. 이렇게 대략적으로 계산해보면 조선시대 유생들은 열흘씩 5개의 번(番)이 한 바퀴를 도는 50일 동안 12일~13일 정도 학교를 나가게 된다. 오늘날 우리 학생들이 50일 동안 35~36일 정도 학교에 나가는 날과 학교에 나가지 않는 날의 수가 정반대되는 수준이라고 볼 수 있다. 그만큼 조선시대 향교의 학생들은 학교 밖에서 보내는 시간이 더 많았다.

향교의 수업 방식도 서당과 크게 다르지 않다. 아래는 1585년에 전라도 동복현(同福縣, 현재의 전라남도 화순군 동복면 지역, 일명 '복천(福川)')의 현감이었던 김부윤(金富倫)이 작성한 「복천향교학령(福川鄉校學令)」의 일부이다(박종배, 2006).

북이 두 번 울리면 교생들이 각자 읽은 책을 들고 교관에게 간다. 먼저, 앞서 수업한 내용에서 어렵고 의심나는 부분에 대하여 논변한 다음 새로운 내용을 수업한다.

이 내용은 후술할 성균관의 규정인 학령(學令)을 본뜬 것으로 성균관의 교육방식에서도 같은 방식을 확인할 수 있다. 여기서 중요한 것은 학생들이 교관에게 자신이 읽어 온 책을 들고 선생님 앞으로 나아간다는 것이다. 선생님들이 주도적으로 특정한 내용을 정하여 진도를 나가는 것이 아니라 학생들이 자기가 읽어 오고 공부한 것을 선생님께 확인받는다는 것이다. 그렇게 자기가 공부한 부분에 대한 확인이 끝나고 나서 학생들은 새로운 내용을 배우게 된다.

그렇다면 어떤 학생이 자기가 공부한 내용을 선생님께 확인 받을 때 다른 학생들은 무엇을 하고 있을까? 이와 관련해서는 조선시대 어느 서원의 사례에서 확인할 수 있다. 조선후기 성리학자였던 화서 이항로(李恒老)의 「여숙강규(閭塾講規)」에서 확인할 수 있다. 「여숙강규」 배강(背講)과 면강(面講)이 장면이 묘사되어 있다. 「여숙강규」에 따르면 배강은 '자기가 공부한 경전을 암송한 후 해석하고 의견을 발표하면, 강장과 동료들의 질문과 의견을 듣는 것이며, 면강은 정해진 서적을 읽은 후 해석하고 의견을 발표하면, 강장과 동료들의 질문과 의견을 듣는 것'이었다(김대식, 2017).

이러한 회강의 모습은 학생들이 선생님에게 자기가 공부한 것을 확인받는 과정에서 다른 동료들도 함께 참여한다는 것을 알 수 있다. 다른 학생들이 특정한 교재의 특정한 부분의 뜻을 풀이하고 자기 의견을 말하면 학생들이 같이 참여해서 의견을 제시한다는 것이다. 18세기 「영광향교강규(靈光鄕校講規)」에 보면 '청강하는 사람들은 단지 듣고 있기만 해서는 안 되며 반드시 문답과 토론에 참여하도록 한다'는 규정이 있다(박종배, 2006). 이는 학생들이 선생님의 수업을 듣고만 있는 것이 아니라, 다른 학생들의 발표에 귀기울이며 필요에 따라서 대화와 토론에 참여한다는 것을 알 수 있다. 학생들이 단순히 내가 공부해 온 부분만 선생님께 확인받는 것이 아니라 다른 동료들과도 의견을 나누면서 자신의 생각을 정리할 수 있는 계기를 마련할 수 있다는 것이다.

향교의 이러한 교육 방식은 김홍도의 그림이 '시험'이 아닌 '서당'인 이유를 어느 정도 설명해준다. 김홍도의 '서당'에 나타난 장면은 서당에서 가끔 시행하는 특별한 시험장면이 아니라 일상적으로 서당에서 공부하는 모습을 그린 것이라고 볼 수 있기 때문이다. 서당의 훈장님의 책상 위에 책이 없었던 것도 학생들이 서로 다른 책을 공부한 후 확인받는 것이기 때문으로 풀이할 수 있다. 향교의 교육 방식도 이러한 서당의 교육 방식과 일맥상통하는 점이 있다. 향교에서도 같은 교재, 같은 진도를 여러 사람이 한꺼번에 배우는 것이 아니라, 학생이 집에서 또는 학교 기숙사에서 미리 정해진 부분을 공부해오면, 학교에서는 선생님이 그것을 확인해 주는 것이라고 할 수 있다.

3 성균관의 교육 방식

성균관은 조선시대 중앙의 교육기관으로 고구려의 태학(太學), 고려의 국자감 (國子監)과 같은 위상의 조선시대 최고의 교육기관이라고 할 수 있다. 성균관에는 주로 과거시험 소과(小科)의 합격자인 생원(生員)이나 진사(進士)들이 수학하였으며, 이들이 문과(文科)에 급제하여 관리가 되면 자연스럽게 성균관을 떠나게 되었다.

성균관의 구조는 사당 공간과 학당 공간이 분리된 유교식 학교 전형적인 형태를 취하고 있다. 사당 공간에는 대성전(大成殿), 동무(東廡), 서무(西廡)가 있고, 학당 공간에는 명륜당(明倫堂), 동재(東齋), 서재(西齋)로 되어 있다. 향교도 성균관을 본떠서 대성전과 명륜당을 중심으로 나누어 사당공간과 학당공간을 분리하였다. 서원(書院)도 사당 공간의 대표 건물을 대성전으로, 학당 공간의 대표 건물을 명륜당으로 칭하지는 않았으나, 사당 공간과 학당 공간을 구분하고 있는 것은 성균관이나 향교와 동일하다. 이렇게 사당 고안과 학당 공간이 함께 있는 것을 묘학제(廟學制)라고 한다.

성균관의 학생들에게는 여러 혜택이 있었다. 성균관에 재학하는 학생들에게는 국가에서 학비, 식비, 학용품 등을 제공하였으며, 무엇보다도 성균관의 혜택 중에 가장 큰 것은 과거 응시와 관련된 것들이었다. 성균관에서는 식당에서 출석점검을 하게 되는데, 아침과 저녁을 먹으면 원점(圓點) 1점을 획득하게 된다. 여기서 획득한 원점이 300점이 되면 문과(文科)의 1차 시험인 초시(初試) 중에 성균관에 별도로 인원을 배정하여 실시하는 관시(館試)의 응시자격이 생겼다. 그 밖에도 일정한 점수 이상으로 원점을 획득하면 성균관 유생들을 대상으로 실시하는 성균관 내 시험인 과시(課試)에 응시자격이 생겼으며, 과시에서 우수한 성적을 거둔 사람들에게는 직부(直赴)라고 하여 1차 시험인 초시(初試) 2차 시험인 회시(會試)까지

면제해주거나, 급분(給分)이라고 해서 초시 응시 때에 가산점을 주기도 하였다. 특히 직부전시(直赴殿試)는 해당 학생이 과거시험에서 초시와 회시를 모두 면제하고 최종 단계인 전시(殿試)에 바로 응시할 수 있었으며, 전시에서는 답안지를 완성하기만 하면 탈락시키지는 않기 때문에, 사실상 과거급제와 마찬가지의 조치라고 할 수 있다. 조선후기에는 성균관 과시를 통해서 직부(直赴)와 급분(給分)을 주는 제도가 많이 활성화되었으며, 과시는 조선 후기에는 위상이 더욱 확고해졌다(최광만, 2017).

여기서 한 가지 눈에 띄는 것은 당시에 출석 기록에 해당하는 원점 점검을 식당에서 밥을 먹은 기록을 기준으로 한다는 것이다. 오늘날에는 교실에서 출석 점검하는 것이 일반적이라는 것을 감안하면, 식당에서 출석점검을 한다는 것이 익숙하게 느껴지지 않을 것이다. 그렇지만 당시 성균관의 교육 방식을 생각하면, 식당에서 출석 점검을 하는 것이 타당할 수도 있다. 그렇다면 성균관에서는 어떤 방식으로 공부하였는지, 그 일면을 살펴보도록 하자.

성균관에는 성균관의 규칙인 『학령(學令)』이 있다. 이 학령에는 성균관에서 공부하는 장면과 관련하여 다음과 같은 내용을 확인할 수 있다.

> 매일 모든 학관(學官, 교사)들은 명륜당에 앉고, 학생들은 읍례(揖禮, 인사하는 예식)를 행할 것을 청한다. 북이 한 번 울리면 학생들은 차례로 뜰에 들어와 읍례를 행한 후, 각 방 앞으로 가서 서로 읍례를 행한다. 이후에 학생들은 학관 앞으로 가서 일강(日講, 날마다 보는 시험)을 보기를 청하여, 상재(上齋)와 하재(下齋)에서 각 1명씩을 뽑아 독서한 것을 시험본다. 북이 두 번 울리면 학생들은 학생들은 각자 책을 들고 선생님 앞으로 나아가 모르는 것을 선생님에게 묻고, 함께 논의하며, 그 후에 새로운 수업을 나간다.

성균관의 학령에 따르면 서로 인사를 하고 나서 처음에는 날마다 보는 시험인 일강(日講)을 실시한다. 일강은 모든 학생이 응시하는 시험이 아니라, 상재(上齋)와 하재(下齋)에서 각 1명을 선발하여 그 학생들이 본인이 읽은 책에 대해서 선생님 앞에서 구술시험을 보는 것이다. 일강을 마치게 되면 학생들이 선생님 앞으로 가서 수업을 받게 되는데, 이때는 그 전에 수업한 것에 대해서 모르는 것은 질문하고, 선생님의 질문에 답변을 하면서 함께 토론하는 시간을 갖는다. 그리고 이 과정이 끝나면 선생님과 새로운 부분의 진도를 나간다.

성균관 학령에 나타난 교육장면은 크게 보면 두 가지로 나눌 수 있다. 하나는 학생이 공부해 온 것을 선생님께 확인받는 것이고, 다른 하나는 선생님과 함께 진도를 나가는 것이다. 학생이 공부한 것을 선생님에게 확인받는 것은 앞서 살펴보았듯이 서당과 향교에서도 공통적으로 나타나는 모습이며, 왕세자 교육도 이와 비슷한 방식으로 진행되었다. 왕세자 교육은 세제시강원(世子侍講院)이라는 관청에서 담당하였는데, 그곳에서도 왕세자가 전날 배운 것을 발표하여 점검을 받고, 별 문제가 없으면 그 다음 진도를 나갔다(김문식 외, 2003).

이쯤 되면 조선시대의 경전공부는 이러한 방식으로 진행되는 것이 매우 일반적이라고 볼 수 있다. 내가 공부를 해와서 의문나는 점이 있으면 먼저 선생님께 질문하고, 선생님도 내가 반드시 알아야 할 지점이나, 혹시 잘못 알고 있는 부분이 있는 것 같으면 그 부분을 질문한다. 그래서 내가 답을 제대로 하지 못하면 혼나기도 하고, 나름의 논리로 잘 답변하면 선생님과 내가 토론도 하면서 공부하는 것이 성균관의 공부 방식이었다. 이렇게 학생이 먼저 공부해온 것을 바탕으로 선생님과 질문하고, 대화하고, 토론하는 것이 조선시대의 학교의 수업 방식이었다. 이런 방식이 유지되기 위해서는 학생이 평소에 학교에서 스스로 학습해야 하며, 그 학습까지 수업의 연장선상이라고 볼 수 있다. 그렇다면 학습은 교실에서만 일어나는 것이 아니라 학교의 모든 곳에서 일어난다고 볼 수 있다. 그렇다면 출석 점검은 교실이 아니라 식당에서 하는 것이 타당하다고 할 수 있다.

성균관의 수업 방식도 서당과 향교의 수업 방식처럼 학생이 공부해 온 것을 선생님이 먼저 확인하는 장면과 다음 시간에 공부해야 할 진도를 나가는 장면으로 구분할 수 있다. 그렇다면 이 두 장면 중에서 어떤 장면이 더 중요한 장면일까? 이에 관해서는 시학례(視學禮)와 관련된 규정에서 어느 정도 실마리를 찾을 수 있을 것 같다. 시학(視學)은 학문을 살핀다는 뜻으로, 시학례는 임금이 성균관에 행차하여 대성전에 있는 공자에게 제사를 지내고, 수업을 참관하는 행사를 말한다. 다음은 시학례 방법을 설명한 내용의 일부분이다.

내시가 서안(書案)을 내오면 근시는 서책을 강서관(講書官)에게 주며 강서관이 강소(講所)에서 글을 강(講)하면 시강관(侍講官)은 잘못을 논하여 비판한다.(고금을 모아 풀고 혹 다스리는 도를 강론하고 조리가 밝고 환함을 힘써 요구함이요, 문구만을 가리키지 않음)

(중략)

임금은 자리에서 내려와 작은 장막으로 돌아온다. (『태학지(太學志)』「예악(禮樂)」시학(視學))

시학례에서는 학생과 선생님이 직접 수업을 진행하는 것이 아니라, 학생 역할을 맡은 관리와 선생 역할을 맡은 관리가 수업을 재현한다. 학생 역할을 맡은 관리가 학생들처럼 책의 특정 부분을 읽으면서 내용을 설명하면, 그에 대해서 선생 역할을 맡은 관리는 횡경문난(橫經問難)이라고 하여 어려운 점을 물어보고 서로 토론하는 시간을 갖는다. 그 모습까지 지켜본 왕은 작은 장막으로 돌아온 후에 다시 궁으로 돌아간다.

왕이 학교에 와서 학문을 살핀다고 하면서 수업 장면을 확인한다면, 당시에 가장 중요하다고 여기는 장면을 확인할 것이다. 그런데 규정을 확인해보면 학생이 얼마나 공부를 잘 해왔는지를 확인하는 장면은 참관하지만, 새롭게 진도를 나가는 장면은 따로 확인하지 않는다. 그렇다면 이 장면에서 우리는 학생이 얼마나 공부를 잘 해왔는지 확인하는 것을 선생님과 학생이 진도를 나가는 것보다 더 중요하게 생각하였음을 짐작할 수 있다. 그 당시 학교 수업의 중심은 새로운 진도를 나가는 것이 아니라 학생이 공부해온 부분을 확인하는 것이라 할 수 있다.

4 역사적 관점에서 다시 생각해보는 오늘날의 교육 방식

이렇게 살펴보았듯이 조선시대의 수업 방식은 오늘날 학교에서의 수업 방식과 상당히 달랐다. 학생이 미리 집에서 또는 학교에서 스스로 공부한 후, 선생님은 학생이 얼마나 잘 공부해왔는지를 확인하기 위해 질문하고, 토론하는 것이 가장 기본적인 방식이었다. 적어도 오늘날의 수업처럼 같은 학년의 학생들이 같은 교실에 앉아 있고, 선생님은 같은 교재로 같은 내용을 주도적으로 가르치는 것이 주된 방식은 아니었다.

물론 최근에는 학생들의 활동을 강조하면서 과거와 같이 교사가 일방적으로 수업을 진행하는 방식은 많이 사라졌으나, 여전히 여러 학생들이 같은 시간에 같은 진도를 나가는 것은 큰 변화가 없다. 학생들에게 정해진 진도를 미리 예습하는 것을 바람직하게 여기고 그것을 장려하지만, 수업시간에 교사가 일정한 진도를 나가는 것을 우선으로 하는 것은 크게 바뀌지는 않았다고 볼 수 있다.

조선시대의 수업을 수업 전후와 수업 중으로 나누어 활동을 분류하면 다음과 같다.

◎ 표 8-1

순서	구분	활동 내용
1	수업 전후	전 시간에 선생님과 공부해오기로 한 것 학습하기
2	수업 중	선생님에게 공부해온 것 확인받기
3	수업 중	새롭게 진도 나가기
4	수업 전후	전 시간에 선생님과 공부해오기로 한 것 학습하기
5	수업 중	선생님에게 공부해온 것 확인받기
6	수업 중	새롭게 진도 나가기

앞서 우리가 여러 사례들을 확인해보면, 조선시대의 학교에서 수업은 이러한 장면이 지속적으로 반복되는 것이라 할 수 있다. 이 중에서 학교에서 가장 중심이 되는 활동은 2번과 5번이며, 이는 학생이 1번과 4번 활동을 충실히 수행했다는 전제하에서 가능하다. 그리고 3, 6번처럼 새롭게 진도를 나가는 것은 모든 학생들이 동일한 것이 아니라 학생들의 상황에 따라 수준과 양이 결정된다.

이러한 모습은 3, 6번이 중심이 되는 오늘날 우리의 학교 수업과는 다른 모습이다. 각 학교마다, 각 교실마다 상황은 조금씩 다르겠지만, 전반적으로 보면 선생님이 주도적으로 새로운 진도를 나가는 것이 일반적이다. 새롭게 진도를 나가는 것을 중심으로 수업은 구성되며, 수업을 시작하면서 간단히 지난 시간에 학습한 부분을 확인하는 시간을 갖고, 수업이 끝난 후에 오늘 배운 내용을 간단히 확인하는 방식으로 되어 있다. 물론 학생들의 예습을 권장하기는 하나 대부분의 수업에서 학생들이 완벽하게 예습할 것을 전제로 하여 수업계획을 짠다고 보기는 어렵다.

정리하면 조선시대의 수업 방식은 학생들의 1, 4번을 전제로 해서, 2, 5번이 중심이 되고, 3, 6번은 보조적인 수단에 가깝다고 봐야 한다. 반면에 오늘날의 수업은 수업을 시작하면서 2, 5번을 잠시 확인하고, 3, 6번이 중심이 되며, 1, 4번은 하면 좋은 것이 된다. 많은 사람들이 조선시대 교육을 이야기할 때 마치 오늘날의 교육을 기준으로 해서 학교에서 수업이 이루어졌을 것이라 상상하지만, 여러 기록을 근거로 당시의 수업을 재구성해보면 상상과는 많은 차이가 있음을 알 수 있다.

조선시대의 수업 방식에서 주목할 부분 중에 하나는 바로 학생들의 예습을 전제로 하여 수업에서는 학생과 교사가 상호작용하면서 수업을 만들어갔다는 점이다. 그렇다면 어떤 독자들은 이러한 방식이 오늘날의 플립드 러닝(flipped learning) 또는 거꾸로 수업과 유사한 점들이 있다는 것을 떠올릴 수도 있을 것이다.

거꾸로 교실의 개념은 강의식 수업은 교실 밖으로 빼내서 개별적으로 학습하고, 수업 시간은 보다 전략적으로 모둠 활동이가 개별 학습에 활용한다는 것이다(존 머그만 외, 2015). 거꾸로 교실에 대해서는 다양한 정의가 있지만, 핵심만 정리하면 '온라인상에서 디지털 매체를 활용하여 교사가 준비해놓은 자료를 통해 학생들이 기본 선행 학습을 하고 오프라인인 교실에서는 심화·보충 학습을 위한 문제해결, 동료들 간의 토의·토론 등 다양한 학습자 중심의 학습 활동을 통해 수업을 진행하는 교수·학습 방법'이다(류광모 외, 2018).

이러한 거꾸로 교실은 앞서서 조선시대 학교의 교육 방식과 유사한 점이 있다. 조선시대에는 동영상이 없으니 동영상으로 미리 공부해오는 부분은 없지만, 대신에 수업의 뒷부분은 새로운 진도를 나가면서 다음 수업시간에 공부해야 하는 부분을 미리 확인한다. 학생들은 수업 당일 선생님과 수업해야 할 부분에 대해서 미리 선행학습을 하고 온 뒤 선생님과 의문점을 풀고, 동료들 간의 토론을 통해 자신의 생각을 정리한다. 수업 시간에 주로 하는 활동들을 보면 수업 방식은 오늘날의 플립드 러닝과 유사점이 있다고 볼 여지가 충분히 있다.

오늘날 사람들이 보기에는 조선시대의 수업 방식이 매우 생소해 보일지도 모른다. 그렇지만 우리에게 익숙한 지금의 수업 방식은 근대적인 공교육이 도입되면서 나타난 방식이라고 할 수 있으며, 이러한 수업 방식이 등장한 것은 우리나라에서는 길어야 150년 정도라고 할 수 있을 것이다. 오히려 조선시대의 수업 방식이 조선시대 이전부터 오랜 기간 유지되다가 최근 100여 년 정도만 지금의 방식으로 수업을 진행했다고 봐야 한다. 긴 역사적 안목에서 보면 교사가 학생들을 모아놓고 일정한 진도를 나가는 지금의 수업 방식이 거꾸로 된(flipped) 방식일지도 모른다.

미래교육의 방향을 제시하면서 자주 등장하는 것이 바로 학교제도의 유연화이며, 고교학점제는 이와 밀접한 관계가 있다고 할 수 있다. 고교학점제를 다르게 표현한다면 무학년제를 인정하는 것이고, 더 나아가 학생 개인별 교육과정을 인정하게 된다는 것이다(김성열 외, 2021). 근대적인 공교육 이전에는 학년제라는 것이 따로 있지 않았다. 우리 교육의 역사의 대부분은 학년제를 전제하지 않고 학교를 운영하였으며, 조선시대의 교육 방식도 학년제를 전제로 한 것이 아니었으므로, 과거를 돌이켜 보는 것이 미래를 예측하는 데에 어느 정도의 힌트를 줄 수 있다.

물론 조선시대의 수업 방식을 무턱대고 오늘날의 교실 수업에 적용할 수는 없을 것이다. 과거에는 여러 여건상 모든이들이 공부를 했던 것이 아니라 일부의 사람들만 공부할 수 있었다. 유교 경전을 비롯하여 조선시대의 여러 문건에서는 모든 사람들이 공부해야 한다는 것을 표방하였다고 하더라도, 여러 여건으로 인해 모든 백성들이 공부할 수 있는 상황은 아니었다. 그렇지만 지금은 학령기에 있는 거의 모든 학생들이 교육을 받고 있는 상황이므로, 이러한 조건하에서 무학년제에 가까운 정책을 추진해야 한다면, 조선시대의 수업 방식을 그대로 적용할 수는 없다. 다만, 조선시대의 수업 방식을 살펴봄으로써 무학년제에서의 수업 방식은 어떨 것인지 조그마한 실마리를 찾을 수 있을 것이다.

오늘날의 근대적인 공교육도 하나의 역사적인 산물이다. 급변하는 미래사회를 대비하다 보면 다소 과격한 주장이 있을 수 있고, 그러다 보면 그것이 마치 지금까지 한 번도 경험해 보지 못한 어떤 것으로 보일 때도 많다. 그렇지만 오랜 기간 동안의 궤적을 차분히 되짚어 보면, 지금 인류가 당면한 문제들과 비슷한 사례들을 다수 발견할 수 있으며, 그것에서 영감을 얻을 수도 있다.

교육의 역사를 공부하는 것이 오늘날 학교에서 학생들을 직접 가르치는 데에는 큰 도움이 되지 못할 수도 있지만, 그것을 바탕으로 새로운 아이디어를 제공하는 데에 도움이 될 수는 있다. 무엇인가 새로운 제도나 정책을 들여올 때, 우리의 문화적 풍토와 역사적 배경이 다른 외국의 사례들은 많이들 참고하면서도 정작 우리 교육의 역사적 궤적을 확인하지 않는다면, 그만큼 그 제도나 정책이 우리의 현실에 안착할 가능성은 떨어진다고 할 수 있다. 어쩌면 이러한 점 때문에 매우 쓸모없어 보이는 교육의 역사를 누군가는 연구해야 하는 것일지도 모르겠다.

심화질문

- 조선시대의 학교는 어떤 종류가 있었고, 이들 학교들은 각각 어떤 특징이 있었는가?
- 이 장에서 제시된 조선시대의 학습 방법은 주로 경전을 어떤 방식으로 가르치느냐에 초점이 맞춰져 있다. 그렇다면 경전 공부 이외에 글짓기 공부는 어떻게 하였을까?
- 조선시대 학교의 교육 방식 중에서 오늘날에 학교 수업에 적용할 수 있는 요소가 있는가? 있으면 있는대로 없으면 없는대로 본인의 경험에 비추어 답변을 생각해보자.
- 이 장에서는 주로 조선시대의 규정을 중심으로 설명하였다. 이 내용을 심화 보충하기 위해서는 조선시대와 관련하여 어떠한 자료가 보강되어야 할까?

추천활동

- 조선시대 교육 방식과 플립드 러닝과의 관계(팀별 토론)
: 조선시대 교육 방식은 분명히 오늘날의 교육방식과는 차이가 있으며, 해석하기에 따라 플립드 러닝과 유사한 면이 있다. 당시에는 동영상이 없어서 선생님과 함께 진도를 나갔지만, 그 이후의 준비 과정을 보면 플립드 러닝이 표방하는 바와 유사한 면이 있다. 반면에 당시의 여건이 플립드 러닝이 추구하는 바를 완전히 구현할 수 없는 상황이라 형태는 유사해 보여도 플립드 러닝으로 부르기에는 여전히 미흡한 점이 있다. 이에 여러분들은 두 팀으로 나눠서 조선시대 학교 교육 방식을 플립드 러닝에 해당하는지 여부를 각자의 근거를 바탕으로 토론해보자.

추가학습자료

- 조선시대 교육 방식과 관련된 동영상 찾아보기
- 조선왕조실록 홈페이지(https://sillok.history.go.kr), 한국사데이터베이스 홈페이지(https://db.history.go.kr), 한국역사정보통합시스템 홈페이지(https://www.koreanhistory.or.kr) 등과 같은 역사 관련 홈페이지에서 교육 관련 단어를 검색하여 자료를 찾아보기
- 근처의 교육 관련 박물관을 방문하여 학교 관련 전시 자료 감상하기

참고문헌

복천향교학령(福川鄕校學令)
예기(禮記)
태학지(太學志)
학교모범(學校模範)
학교사목(學校事目)
화서선생문집(華西先生文集)

김경용(2014), 조선의 교육헌장, 박영스토리.
김경용(2017), 조선전기 서당교육애 대한 시론, 교육사학연구 27(2), 교육사학회.
김대식(2017), 한국 교육의 역사적 전개, 학지사.
김문식 · 김정호(2003), 조선의 왕세자 교육, 김영사.
김성열 외(2021), 미래교사를 위한 교육학개론, 학지사.
류광모 · 임정훈(2018), 나는 거꾸로 교실 거꾸로 교사, 살림터.
박종배(2006), 조선시대 학령 및 학규, 한국교육사학 28(2), 한국교육사학회.
우용제(1999). 조선후기 교육개혁론 연구, 교육과학사.
조화태, 박종배(2010). 교육사. 한국방송통신대학교출판문화원.
존 버그만 · 애론 샘즈 지음, 정찬필 · 임성희 옮김(2015), 거꾸로 교실 진짜 배움으로
    가는 길, 에듀니티.
최광만(2017), 조선시대 교육사 탐구, 충남대학교출판문화원.
한기철 · 조상식 · 박종배(2016), 교육철학 및 교육사, 교육과학사.

한국민족문화대백과사전 홈페이지: http://encykorea.aks.ac.kr

그림 출처
김홍도의 '서당': 국립중앙박물관 홈페이지 https://www.museum.go.kr/site/main/r
    elic/treasure/view?relicId=552\(2022년 9월 12일 인출)
대동여지도: 규장각 한국학연구원 홈페이지 http://kyudb.snu.ac.kr/pf01/rendererI
    mg.do\(2022년 9월 13일 인출)

PART 3

학교와 정책 이해하기

이 슈 중 심 의 교 육 학 개 론

CHAPTER 09

교사는 무엇으로 사는가?

박 소 영

학습목표

- 교사가 되는 과정과 교사로서의 삶에 대해 이해할 수 있다.
- 교사로서 당면하게 되는 윤리적 문제에 대해 이해할 수 있다.
- 교사의 전문성 계발의 필요성과 방법을 이해할 수 있다.

사례

중학교에서 2학년 수학을 가르치는 A교사는 가르치는 학생 중 상당 수의 학생이 수학의 기초 개념이 부족하다는 것을 발견하고 깜짝 놀라게 되었다. A교사는 평소 학교에서 학습을 하는 것이 가장 중요하며, 학원을 가지 않아도 학교에서 충분히 학습을 시키는 것이 필요하다고 생각해왔다. 이에, A씨는 학생들의 수학 기초학습을 위해 학생들을 남게 해서 지도해야겠다고 생각하고, 학생들 몇몇을 불러서 남아서 학습하도록 이야기하였다. 그런데 학생들은 방과후에 남지 않겠다고 할 뿐만 아니라 학부모들조차 학교에서 남겨서 공부시키는 것을 원하지 않았다.

A교사는 학생을 제 학년에 맞게 공부시키는 것은 교사의 소명이라고 믿어왔다. 그런데, 학생과 학부모의 반대에 부딪힌 상황에서 교사의 소명이 무엇인가에 대해 다시 생각하게 되었다.

교사는 전문직이고, 학생이 잘 학습할 수 있도록 지도하는 것이 임무라고 생각했던 A교사는 자신이 생각한 것을 따라주지 않는 학생과 학부모에 크게 실망하였다. A씨는 교사로서 어떤 일을 하는 것에서 자신의 보람을 찾아야 하는 것일까?

1 교사가 되는 과정

1) 왜 교사가 되고 싶은가?

교사의 지원동기에 대해 오랫동안 교사 연구자들이 관심을 가져왔다. 많은 사람들은 교사에 대해 보다 도덕적으로 높은 잣대로 판단하고 교사의 헌신과 봉사를 기대하고 있다. 교사는 보다 자발적이고 헌신적으로 업무를 수행할 것이 요구되기 때문에, 사람들은 교사가 되고자 하는 학생이 교사의 업무 자체를 좋아하고 즐기기를 기대한다.

이를 교사를 바라보는 관점으로 설명하자면, 교사에 대한 성직자적 관점, 전문가적 관점, 노동자적 관점이 있을 수 있다. 교사에 대한 성직자적 관점은 교직을 성직으로 생각하고 교사가 봉사하고 희생할 것으로 기대하는 관점이다. 교사에 대한 전문가적 관점에서는 교직을 전문직으로 간주하고, 교사가 여타의 전문직과 같이 대우받기를 기대한다. 노동자적 관점에서는 교직은 일의 하나일 뿐이므로 노동자로서의 권리를 인정받기를 요구한다. 전통적으로 교사에 대한 기대는 성직자적 관점을 취하고 있다.

그러나 실제 조사 결과에서는 많은 학생들이 교직을 선택하는 이유가 교사가 주는 경제적, 사회적 안정감 때문인 것으로 나타났다. 학생들은 '안정적 직장', '나중에 취직을 생각해서', '한 번 가보면 어떻겠냐는 부모님의 권유'로 교대나 사대에 진학하고, '가르치는 일이 좋아서', '교사가 꼭 되고 싶어서', '학생들과 함께 있고 싶어서'라고 응답하는 경우는 적었다(김갑성 외, 2009). 최근 입직하는 많은 교사들 역시 직업적 안정성과 함께 이른 퇴근 시간이나 방학과 같은 근무 여건을 이유로 교사가 되기를 희망하는 것으로 나타났으며 이와 같은 교직이 주는 유용성이 교직 선택의 이유가 되는 경우는 이전 세대에 비해 더 심화되고 있다(김혜진 외, 2021).

이는 교직에 대해 성직자적 관점으로 바라보고 기대하는, 즉 교사의 소명의식이나 책임감, 높은 윤리의식 등을 기대하는 사회적 시선과는 차이가 있는 것으로, 교사로서의 업무 수행에서 이런 인식의 차이는 지속적으로 갈등의 요소가 될 수 있다. 교사의 양성과정은 교사에게 지속적으로 타의 모범이 되는 행동과 지식 수준을 요구하게 되므로, 교사가 되고자 하는 학생들은 이 점에 대해 인식할 필요가 있다.

2) 교사에게 교직 윤리는 왜 필요한가?

교사의 윤리의식에 대한 필요성은 앞에서 언급했던 것과 같이 예로부터 교사에 대해 가지는 높은 기대감에서 비롯된다. 교사는 학식과 인격이 높아 세상 사람들의 모범이 되는 사표(師表)로 여겨져 왔기에 교사에 대한 도덕적 기대감이 높다. 때때로 교사가 규범에 어긋난 행동을 하는 경우, 다른 직업에 비해 높은 강도의 비난을 받는 것은 교직에 대한 기대가 높다는 것을 반영한다. 이는 위에서 언급하였던 교직에 대한 세 가지 관점 중 성직자적 관점과 전문직적 관점이 교직에 크게 반영되어 있기 때문이다.

교사의 행위 준칙과 관련하여 교육기본법과 국가공무원법 등에서 규정하고 있지만 법률에서 규정하는 내용은 매우 기본적인 것들이다. 예를 들면, 교사는 직무에 성실히 임해야 하고, 청렴해야 하고, 비밀을 엄수해야 한다는 것 등이다. 그러나 교사는 법 이상의 행동 규준을 필요로 한다. 그 이유는 다음과 같다. 첫째, 교사의 윤리가 교육의 기반을 형성하기 때문이다. 교육은 인간과 인간의 만남으로서 교사와 학생 간 절대적인 신뢰를 기반으로 하고 있다. 신뢰는 교사의 윤리적 실천에서 비롯된다. 교사가 성실과 진실을 기반으로 윤리적인 실천을 할 때, 교사와 학생 간 교육적 상황이 형성된다. 즉, 교사가 진실되지 않으면, 교사와 학생 간 교육이 이루어지기 어렵다(이윤식 외, 2007).

둘째, 전문직적 관점으로 보았을 때, 전문직에게는 높은 수준의 책무가 요구된다. 교직을 전문직으로 보아야 할 것인가에 대해 여전히 논란이 있지만, 교직은 고도로 발전된 기술을 요구하는 전문직이며, 전문직을 지향한다. 전문직 종사자들은 자율적이고 책임있게 활동하기 위해 전문직 윤리가 필수적으로 요구된다. 왜냐하면, 전문직 종사자들은 그들이 가지고 있는 특수하고 전문적인 지식을 활용하여 고객을 속일 수 있다는 점에서 사회에서는 전문적 권력이 남용되지 않도록 높은 수준의 도덕적 책무를 부과하기 때문이다(손봉호 외, 2001).

한편, 앞서 언급한 바와 같이 교직을 바라보는 관점에는 노동자로서 교사를 규정하는 관점이 있다. 만약 노동자로서 교사를 규정한다면, 교사에게 높은 수준의 도덕적 행동을 기대하지 않아도 되는 것일까? 노동자로서 교사를 규정하는 관점은 그동안 지나치게 희생과 헌신을 요구한 교직에 대한 반발로 교사 스스로 단체를 만들어 그들의 권리를 보호하기 위한 관점이라고 이해해야 한다. 교사가 스스로 자신을 노동자로 규정하고 이와 관련된 단체를 가입한다 할지라도 교사에 대한 사회의 기대는 크게 변하지 않으며, 교사가 숭고한 직업이라는 것 역시 변하지 않는다.

교직 윤리는 교직에 종사하는 사람이 마땅히 따라야 하는 길이다. 교직 윤리는 교사 스스로 자신들이 걸어야 하는 길이라고 생각하는 삶의 방식이면서 학생과 학부모가 교사에게 기대하는 행동의 양식이다. 우리 사회에서 학부모나 학생이 교사에 대해 가지는 기대는 교사 스스로 교사에게 거는 기대보다 더 높다는 점을 명심할 필요가 있다.

3) 어떻게 교사가 될 수 있나?

① 교사자격 검정을 위한 교사교육과정

교과교사를 기준으로 할 때, 교사가 되기 위한 방법 중 제도적인 자격 요건을 간단하게 언급한다면, 교사는 국가가 자격을 관리하므로 법률에 따라 정해진 '교원양성 교육과정 기준'에 따른 교직과목과 학점 수를 채우는 것이 가장 기본이 된다. 이 때, 초등교사와 중등교사가 되는 길에 차이가 있는 것은 모든 학생들이 알고 있을 것이다. 크게 구분한다면, 초등교사가 되기 위해서는 교육대학에 입학하면 되고, 중등교사가 되기 위해서는 사범대학에 입학하거나, 교직과정을 이수하거나 또는 교육대학원에 입학하여 교직을 이수하면 된다.

교대, 사대, 교직과정, 교육대학원 등을 통틀어서 교원양성기관이라 칭하는데, 이들이 운영하는 교육과정은 기본적으로 법률에 따른 것이다. 따라서 교대나 사대

학생 중 필수이수 학점 수 등에 대해서 문제를 제기한다면, 이는 학교에 건의한다고 해결되는 문제가 아니라는 점을 이해할 필요가 있다. 즉, 교사가 되는 교육과정은 국가 자격에 대한 문제이므로 법률을 수정해야 하는 문제이다. 교사가 되는 자격을 법률로 정한 이유는 무엇일까? 그것은 교사가 되는 사람이 갖추어야 하는 소양을 전체 국가에서 일정 수준 이상으로 맞추기 위해서다. 한국에서 교사 자격을 받기 위해서는 모두 어느 정도는 동일하게 일정 내용을 학습하고 이에 대한 학점을 이수해야 한다.

그렇다면, 교사가 되기 위해서는 무엇을 배워야 할까? 물론 교사의 자격종별로 차이는 있지만 교사 중 가장 많은 비율을 차지하는 교과 지도 교사를 기준으로 할 때, 크게 가르치는 내용과 관련된 전공과목과 교직과목으로 구분된다. 전공과목은 다시 가르치는 내용에 대한 교과와 가르치는 방법에 대한 교과로 구분되는데, 이를 각각 교과내용 영역과 교과교육 영역이라고 칭하고, 이를 합하여 50학점을 이수하여야 한다. 교직과목은 교직이론과 교직소양, 교육실습 영역으로 구분될 수 있고, 교직이론과 교직소양은 18학점 이상, 교육실습은 4학점을 이수하여야 한다. 이 때 각 영역에서 가르치는 교과목의 내용은 매년 발간되는 교원자격검정 실무편람에서 과목별 기본교수요목으로 규정하고 있다. 이를 통해 교원양성과정을 이수하는 모든 학생들이 크게 편차없는 교육을 받을 수 있을 것이라고 기대한다.

이와 같은 정규 교육과정 이외에 학생들은 교직적·인성검사를 재학 중 2회 합격해야 하고, 응급처치 및 심폐소생술을 2회 수강해야 한다. 교직적·인성검사는 교사의 인성이나 적성에 대한 높은 기대감이 반영된 것이다. 이 과정을 모두 성공적으로 이수하고 좋은 성적을 거두면, 학생들이 수강한 교과목과 학점을 각 교원양성기관에서 확인하게 된다. 기관의 검증이 완료되면 학생들은 별도의 시험 없이 2급 정교사 자격증을 받을 수 있게 되는데, 이를 무시험 검정에 따른 자격 수여라고 한다. 대부분의 신규 교원자격증은 교원양성기관을 통해 무시험검정으로 발급되고 있다. 2급 정교사에서 1급 정교사가 되기 위해서는 3년 이상의 교육 경력을 가지고 소정의 교육을 받거나 교육대학원에서 석사학위를 받고 1년 이상의 교육경력이 있어야 한다.

② 교사가 인식한 교사교육과정

한국의 교사교육과 관련하여 TALIS 2018 조사 결과에 따르면,[1] 초등학교급에서 우리 나라 신규교사는 교과지식, 교수법, 개별화수업, 다문화수업, ICT 활용 수업에 대해 상대적으로 교육을 많이 받고 수업에서의 준비도를 높게 인식한 반면, 생활지도와 학생평가에 대해서는 교육을 받은 비율이 낮고 준비도가 낮다고 인식하였다. 우리 나라의 교직 임용 3년 이내의 신규교사는 대학에서 배웠던 교육 내용이 이론 중심이기 때문에 교직 적응에 크게 도움이 되지 않는다고 인식하고 있다.

③ 교사 임용 과정

아마도 학생들은 '교사가 되기 위해서 무슨 시험을 봐야 한다는데, 그럼 그건 무슨 시험이지?'라는 의문을 가질 수 있다. 이 시험은 바로 초·중등 교원임용시험이다. 교원을 임용하는 시험 역시 「교육공무원임용후보자선정경쟁시험규칙」에 따라 진행되며, 현재 제1차시험은 한국교육과정평가원의 주관 하에 실시되고 있다. 법령에 따르면 제1차시험과 제2차시험으로 구분되며, 제1차시험은 기입형·서술형 및 논술형 필기시험으로, 제2차시험은 교직적성 심층면접과 수업능력(실기·실험 포함) 평가로 구성된다. 이 때, 필기시험은 교육학과 전공과목을, 교직적성 심층면접은 교사로서의 적성, 교직관, 인격 및 소양을, 수업능력 평가는 교사로서의 의사소통능력과 학습지도능력을 평가한다. 제2차시험은 교육청별로 다르게 시행되며, 시험진행방식이나 가산점 등에서 지역별로 차이가 있을 수 있다. 따라서 근무를 희망하는 시·도가 있는 경우 근무 희망 시·도의 임용시험공고를 확인할 필요가 있다. 임용시험에 합격한다고 해서 모두 한꺼번에 발령을 받는 것은 아니다. 순위에 따라 순차적으로 발령을 받게 된다.

한편, 이와 같은 임용시험은 공립학교를 대상으로 한다는 점에 유의할 필요가 있다. 사립학교의 경우, 시도별로 실시하는 임용시험을 치르는 것이 아니라 학교마다 다른 임용시험을 치러 왔으나, 2021년 개정된 「사립학교법」에 따르면, 사립학

---

[1] TALIS는 OECD에서 교원과 관련된 객관적인 자료를 수집하기 위해 진행하는 교원 및 교직환경 국제조사(Teaching and Learning International Survey)를 말한다.

교 또한 시도교육감에 위탁하여 제1차시험인 필기시험을 치르도록 명시하고 있다. 다만, 제2차시험에 대해서는 학교에 따라 개별적으로 실시하기 때문에 제1차와 제2차시험 간 배점 등은 학교마다 다르게 운영된다.

2 교사로서의 입문

1) 교사는 어떻게 살아남는가?

교사의 교직 사회화는 신규교사가 교사가 되어가면서 기존의 교직 문화에 적응해가는 과정을 말한다. 신규교사는 교사로 근무하는 첫날부터 수십년 경력의 교사와 거의 동일한 정도의 업무와 책임이 주어진다는 점에서 '현실 충격'(Veenman, 1984)과 '전환충격'(Corcoran, 1981)을 경험한다. 로티는 교사의 교직 사회화는 'sink or survive'라고 하여, 혼자서 가라앉느냐 헤엄쳐나오느냐의 생존게임으로 표현하였고, 교사의 교직사회화를 연구한 많은 연구자들이 이를 인용하였다. 교사는 임용고사에 합격하게 되면, 발령을 받게 된다. 발령은 공석에 따라 예고없이 이루어지기도 한다. 발령은 개학을 3일 여 남겨둔 시점에 이루어지기도 하고, 전교생 수가 매우 적은 소규모 학교에 배정되어 갑자기 모든 행정업무를 담당해야 하는 경우도 있다. 신규 교사들은 임용 전 기대했던 것과 실제 교직을 수행하는 것 간의 괴리, 신규 교사를 배려하지 않는 문화, 학생과의 관계 등에서 실망감을 느끼기도 한다. 이런 부정적 경험은 이후 교사의 태도나 가치 형성에서 부정적인 영향을 미치게 된다.

신규교사는 교과지도, 생활지도, 학급경영, 학부모 관계 등에서 다양한 어려움을 경험하게 된다. 이들은 대학의 교원양성과정에서 배웠던 내용을 실제에 적용하는 데 있어서 시행착오와 혼란을 경험하고, 이로 인해 좌절감, 회의감 등 부정적인 감정을 느끼게 된다. 이에 시도교육청 등에서는 신규교사의 적응을 위한 연수나 멘토링 등의 지원 체제를 갖추고 있다. 교육부에서는 임용 전 신규임용예정자 직무연수를 운영하고, 임용 후에는 수석교사 중심의 멘토링을 제공하여 학교에 적응할 수 있도록 지원하고 있다. 또한 실행학습 중심의 학습공동체를 단위학교별로 운영하여 교직 적응력을 높이고자 노력하고 있다(교육부, 2019). 그러나 신규임용 예정자 직무연수에 대한 만족도는 낮은 편이었으며, 멘토링에 대한 만족도는 높은 편이었으나 경력교사의 자발성과 적극성 등에 따라 차이가 큰 것으로 나타났다(신현석, 2010).

TALIS 2018에서 초등 신규 교사에 대해 분석한 결과를 토대로 신규 교사의 수업 활동에 대해 정리한 내용을 제시하면 다음과 같다(김혜진, 2021). 신규 교사가 수업을 운영하는 장면에 대한 조사 결과, 신규 교사는 전체 교사보다 실제 수업 및 학습에 사용하는 시간이 적고, 행정업무와 교실 질서 유지에 사용하는 시간이 많게 나타났다. 특히, 신규 교사는 교실 질서를 유지하는 데 수업 시간 중 20%에 가까운 시간을 할애하고 있어 실제 수업 진행에 어려움을 겪고 있었다. 수업 중 활동 내용을 구체적으로 분석한 결과, 신규 교사는 학습 내용을 요약하고 학습 목표를 설정하는 등의 교수의 명확성 활동이 전체 교사 평균보다 낮고, 교실 관리가 가장 높은 것으로 나타났으며 추가 활동 부여 정도는 전체 교사 평균보다 현저히 낮았다. 교사의 학생 평가와 피드백 활동 또한 부족한 것으로 나타났다.

신규교사는 오프라인 강좌나 세미나, 전문서적 탐독, 콘퍼런스나 학회 참석 등을 통해 자신의 전문성을 신장시키기 위해 노력한다(김혜진 외, 2021). 신규교사가 가장 많이 참여한 전문성 개발 주제 두 가지는 교과 지식 및 교수법, 학생 평가였고, 가장 적게 참여한 주제는 행정업무와 다문화 교육이다. 신규교사가 전문성 신장에 대해 가장 많은 필요를 느낀 영역은 생활지도와 상담 영역이었으며, 가장 필요성을 낮게 느낀 영역은 행정업무인 것으로 나타났다.

교사들이 행정업무를 학습하는 과정은 대체로 전임자의 도움에 의한 것이었으며, 주변 동료의 도움을 받는 방식으로 이루어진다. 직전 교육에서 행정 업무와 관련된 내용은 전반적으로 교육이 잘 이루어지지 않고 있는 실정이다. 그럼에도 불구하고 앞서 제시한 바와 같이 교사는 행정업무에 대해 전문성을 신장시킬 필요를 별로 느끼지 않고 있으며 연수 등을 통한 학습의 기회를 갖는 경우도 상대적으로 적었다. 이는 아마도 교사들이 행정업무에 대해 가지는 부정적인 감정과 관련이 있는 것으로 추측된다. 교사의 행정업무는 행정업무의 경계가 어디인가에 대해 논란의 소지가 지속적으로 있어 왔으므로, 이에 대해 외면하고자 하는 심리가 반영되었을 것으로 짐작된다. 그러나 실제로 교사들의 업무 스트레스는 학급 및 학교 행정 업무를 완수하지 않았을 때 느끼는 정도가 크다는 점을 고려하였을 때, 업무를 익숙하게 하는 것은 중요한 과제라 할 것이다. 교육청의 담당자 연수나 컨설팅 장학, 업무 매뉴얼 학습뿐만 아니라 학교 내 동료 멘토링 등을 통한 행정 업무 연수 활동을 적극적으로 활용할 필요가 있다(이고운, 박소영, 2020).

2) 교직 사회, 변화하고 있는가?

신세대 교사들에 대한 연구는 교사에 대한 세대 연구에서 수행된다. 교사뿐만 아니라 여러 직종에서 신세대에 대한 관심을 지속적으로 있어 왔다. 새로운 세대의 출현은 기성세대와 갈등을 일으키기도 하지만 사회를 변화시키는 좋은 동력이 된다. 신규교사의 적응 또한 일부 신세대 교사의 특징을 담기도 한다. 신세대는 언제나 출현하기 때문에 신세대에 대한 연구 결과 또한 조금씩 차이가 있다. 최근 신세대의 특징을 다룬 책 중 임홍택의 '90년생이 온다'라는 책을 들 수 있다. 이 책은 새로운 세대를 맞이하는 기성세대들이 신세대를 이해할 수 있도록 돕기 위한 책이라 할 것이다.

교직문화는 비교적 보수성이 짙고, 예비교사 또한 다소 유사한 성향의 인재들이 유입된다는 점에서 교직 사회는 느리게 변화하는 편이다. 그럼에도 불구하고 최근 20, 30대 교사들은 밀레니얼 세대, N세대, Z세대, MZ세대, 90년대생 교사 등으로 분류되고 이들과 기성 세대와의 갈등과 세대 차이가 부각되고 있다. 신문기사에서도 역시 X세대, MZ세대 등의 용어를 통해, 기성 세대와 신세대 간의 차이를 부각시키고 있다. 이와 같은 세대 간의 차이는 어느 세대나 있어왔다는 점에서 이에 대해 지나치게 우려하거나 세대를 이분법적으로 생각할 필요는 없다. 다만, 예비교사들 또한 기존의 교직 문화를 이해하고, 새로운 세대에서 이를 어떻게 적응하고 있는지에 대해 이해할 필요가 있다.

교직문화란 '교사 집단이 공유하는 가치체계, 태도, 신념, 행동양식 등'으로 이해할 수 있다. 많은 연구에서 교직문화에 대해 공통적으로 개인주의, 보수주의, 현재주의, 형식주의 등이 나타난다고 설명하고 있다. 교사의 개인주의 문화에 대해 교사들은 외부의 간섭을 배제하고 자신의 생활을 폐쇄적이고 고립시키는 특징이 있다는 점에 대해 기술하면서 "경계유지"(이혜영, 2001), "닫힌 자기 성에서 혼자 살기"(오영재, 2010) 등으로 교사의 개인주의 문화를 표현하였다. 교사의 보수주의 문화란 교사가 전통적인 방법과 과거 학생 시절의 경험에 의존하며, 새로운 것을 시도하고자 하지 않는다는 특징을 말한다. 교사의 현재주의 문화란 미래를 위한 활동에 노력하지 않는 특징을 의미한다(황기우, 1992). 교사에 대한 연구에서 교사의 현재주의는 교사가 자신들이 할 수 있는 일이 별로 없다고 생각하며 현실에 안주하고자 하는 무력감과 체념으로 나타난다. 교사의 형식주의 문화는 교사의 보여주기식 문화로 표현되기도 하는데, 교사들이 수업이나 생활지도, 행정업무 등을 수행하면서 활동의 의미를 찾기보다는 과업의 수행이나 완료에 의미를 부여하는 문화를 의미한다. 이는 교사들이 업무를 빨리빨리 처리하면서 종료시켜야 하는 상황을 보여준다(김병찬, 2003).

한편, N세대, MZ세대, N세대, 90년대생에 대한 연구에서 새로운 세대의 특징을 종합해볼 수 있다. 이에 따르면 신세대 교사들의 교직관은 교직을 직업으로 이해하고 있다는 점에서 교직을 전문직보다는 노동직으로 바라보는 경향이 있다. 신세대 교사들에게서 임홍택의 '90년생이 온다'에서 기술하고 있는 것처럼 직장에 대한 충성보다는 자신의 미래에 충실하고, 워라밸을 요구하며, 형식을 중시하는 관행에 비판적이며, 동등하게 일을 나누고 더 일한 만큼 보상받고자 하는 특징이 나타났다(임홍택, 2018). 새로운 세대의 교사들은 수업에서 멀티미디어 활용 역량이 높았고, 학교 내 교사들에게 도움을 구하기보다는 인터넷 커뮤니티에 의존하는 등 자기 개발 방식에서 기성세대들과는 차이를 보였다. 물론 이런 세대의 특징은 세대간 차이도 있지만 세대내 개인 차이도 큰 것으로 나타나 교사들의 경력개발이나 교사의 역할에 대한 인식, 의사표현 방식, 업무태도 등에서 개인 차가 있다(박상완, 박소영, 2022).

교직 사회에서 개인 간 경계가 짙어지고, 업무 협력에 있어서 선배가 후배를 돕기보다는 후배가 선배의 디지털 기기 활용을 도와주는 등의 변화가 있다는 점은 분명하다. 신세대 교사들은 자신의 업무를 명확하게 하고, 자신의 업무에 대한 보상을 받고자 한다. 이는 기존의 교직 문화에서 연공서열을 중심으로 평가하고 이에 따라 보상하는 체제에 대한 불만으로 이어지게 된다. 한 공간 안에 여러 세대가 비교적 동질적인 직급으로 사회를 이루는 교직 사회에서 세대 간 가치체계의 차이가 불러일으킬 수 있는 갈등을 어떻게 해소해야 할 것인가는 교직 사회의 중요한 숙제가 된다.

3 교사의 삶

1) 교사는 어떻게 살고 있는가?

교사가 어떻게 살아야 하는가에 대해 기준을 찾기는 어렵다. 이와 관련하여 법적인 준거를 택한다면, 최소한의 기준을 알 수 있을 것으로 보인다. 교사는 사립에서 근무할 수도 있지만 사립에서 근무하는 교사 역시 교육공무원에 준하는 의무를 요구받는다. 따라서 교사의 복무는 국가공무원법, 교육기본법, 교육공무원법, 초중등교육법에 따라 의무를 요구받는다. 초중등교육법 제20조4항에 따르면 "교사는 법령에서 정하는 바에 따라 학생을 교육한다"고 규정하고 있으며, "교육"은 수업지도안 작성 등 수업준비, 수업활동, 평가 결과의 활용, 생활지도, 상담활동, 기타 교육활동과 연계된 활동 등을 모두 포함한다. 이 때, "법령에서 정하는 바"가 의미하는 바는 국가공무원법에 따라 상관의 직무상 명령에 복종하여 학생을 교육하고 국가공무원복무규정에 따라 근무해야 할 것을 의미한다.

이와 같은 법률에 따른 규정이 교사의 생활 전반에 대해 규정하고 있다면, 교사의 실제 삶은 어떻게 구성되는지에 대해 알아볼 필요가 있다. 교사가 되고자 하는 학생들은 흔히 교사의 업무를 '가르치는 일'에 대해 국한하거나 담임교사로서의 교사의 업무에 대해 생각하는 경우가 많다. 그러나 교사의 시간이 어떻게 배분되는지를 보면 실제 교사의 삶에 대해 생각하는 데 도움이 될 것이다.

교사의 시간배분에 대한 연구에 따르면(정바울 외, 2014), 교사는 하루 중 수업에 가장 많은 시간을 쓰고(2.73시간, 27.8%), 그 다음으로 학교 행정 업무(15%), 수업 준비 및 평가(14.6%), 학급 행정 업무(10.6%), 전문성 신장 및 동료 협력(10.3%), 휴식 및 사적 업무(9.6%)를 하는 데 시간을 사용하였다. 이와 같은 업무 시간 구조는 대체로 OECD 여러 국가들과 크게 다르지 않은 것으로 나타났지만, 수업 진행 시간은 다른 국가 교사들과 비슷한 반면, 행정 업무와 생활지도 시간이 높고 수업 준비 및 평가 시간이 상대적으로 작다는 특징을 지닌다. 행정 업무와 생활지도 시간에 대한 부담은 신규 교사들의 교직 적응에도 영향을 미치는 것으로 나타난다.

교사의 근무 시간에 대한 국제적인 비교 자료인 TALIS 2018 연구 결과에 따르면, 우리 나라 초등 교사의 근무 시간은 주당 총 32.5시간으로 TALIS 2018 분석 대상 국가인 13개 국가(벨기에, 아르헨티나, 덴마크, 영국, 프랑스, 일본, 한국, 스페인, 스웨덴, 대만, 튀르키예, 아랍에미리트, 베트남)보다 7.8시간 적은 수준이다. 수업 시수 역시 다른 국가에 비해 1.7시수 더 적게 나타났다. 근무시간 중 업무 수행 내용으로 수업 활동(9.9), 행정업무(6.2), 전문성 개발 및 협력활동(5.7), 생활 지도 및 상담(4.3)으로 다른 국가와 비교하였을 때, 수업 활동에 할애하는 시간이 적고, 행정업무와 전문성 개발 및 협력 활동에 사용하는 시간은 다른 국가에 비해 높았다(김혜진 외, 2021).

TALIS 2018 조사 결과에서 분석된 신규 교사 적응에서 많은 교사들이 학교 행정업무와 생활지도에 대한 준비도가 낮다고 응답한 데에는 학교 현장에서 그들의 예상보다 학교 행정이나 생활지도에 대한 부담이 크기 때문인지도 모른다. 한편, 한국의 교사는 수업 준비 및 평가에 상대적으로 적은 시간을 사용하였는데, 이와 관련하여 그동안 정책적으로 교원의 행정업무 경감을 위한 정책을 지속적으로 집행해왔다. 그러나 교원의 행정업무를 경감하면 수업 준비 및 학생 평가에 대한 시간이 증가할 것인가에 대해서는 그렇게 명확하지 않다(김혜진 외, 2021).

2) 교사는 누구와 시간을 보내는가?

학생들이 바라보는 교사는 항상 학생들과 함께 한다. 교사가 되었을 때, 교사가 가장 많이 시간을 보내는 대상은 누구인가? 위에서 언급한 교사의 시간관리에 대한 연구에 따르면(정바울 외, 2014), 초등학교 교사는 업무 시간의 약 48.6%의 비율로 학생과 함께 하였고 중학교 교사는 약 32.1%의 비율로 학생과 함께 하였다. 초등교사의 경우 18%의 비율로 동료 교사와 함께 하였고, 중학교 교사는 약 27%의 비율로 동료교사와 함께 하였다. 초등 교사의 경우 약 25.9%의 빈도로 혼자 있었지만 중학교 교사는 27%의 비율로 혼자 있는 것으로 나타났다. 교감 또는 교장과 함께 하는 비율은 초등학교보다 중학교가 더 많았는데, 초등은 2.7%, 중학교는 6.2%였다. 이는 초등 교사는 교실에 있지만 중학교 교사는 교무실에 있기 때문에 나타나는 차이로 이해된다.

이 연구에서 함께 하는 대상에 따른 행복감을 조사하였을 때, 초등학교의 경우 학생과 학부모와 함께 할 때 행복감이 비교적 낮았고, 교장 또는 교감, 동료 교사, 그 외 학교구성원과 함께 할 때, 비교적 행복감이 높았다. 중학교의 경우 학부모, 교장 또는 교감, 그 외의 학교 구성원과 함께 할 때, 행복감이 높았고, 혼자 있을 때나 동료 교사와 함께 있을 때 행복감이 낮았다.

3) 교사의 직무 스트레스는 어떠한가?

교사는 직무로 인한 스트레스를 얼마나 받을까? 직무 관련 스트레스 정도는 직업을 선택할 때, 중요한 고려사항이 되기도 한다. 교사의 직무 스트레스와 관련하여 2017년 전국 초, 중, 고등학교 교사 약 7,071명을 대상으로 조사한 결과에 따르면(전혀 그렇지 않다~매우 그렇다, 4점 척도)(이희현 외, 2017), 교사의 직무 스트레스는 직무요구(시간적 압박, 업무량 증가, 과도한 직무 부담)로 인한 스트레스가 2.98로 가장 높았으며, 직무 자율(직무관련 재량 및 자율성, 직무수행권한, 업무예측가능성)에 의한 스트레스가 2.44로 두번째로 높았다. 관계 갈등(상사, 동료의 업무관련 도움 등)은 2.01, 조직체계(조직의 운영체계 및 자원, 조직 내 갈등, 합리적 의사소통 등)로 인한 스트레스는 2.25, 보상부적절(존중 및 내적 동기, 능력 개발 및 발휘 기회 제공)로 인한 스트레스는 2.36, 직장 문화(집단주의적, 관료적 직장 문화) 스트레스는 2.13 수준으로 보통 수준이었다. 식무 불안정(고용 및 근무조건 등의 불안정성)으로 인한 스트레스는 1.90으로 보통 이하였다. 즉, 교사들의 업무 스트레스는 시간적 압박이나 업무량 증가, 과도한 직무 부담 등의 직무 요구로 인한 스트레스 정도가 높았으며, 고용 및 근무조건 등은 스트레스 원인 중 가장 낮은 것으로 나타났다.

TALIS 2018의 조사 결과에 따르면(김혜진 외 2021), 교사의 직무 스트레스 수준을 1에서 4점(전혀 발생하지 않음~아주 많이 발생함)으로 두었을 때, 스트레스 경험에서 남교사 2.53, 여교사 2.56으로 OECD 평균과 비교했을 때, 남교사는 OECD 평균(2.44)보다 높고 여교사는 OECD 평균(2.61)보다 낮았다. 교사 경력에 따라 스트레스 경험은 5년 이하에서 가장 높게 나타났고 연차가 올라갈수록 줄어드는 경향을 보였다. 그러나 연차별 스트레스 정도에 대한 연구 결과는 연구에 따라 일관되게 나타난 것은 아니며, 연차에 따라 스트레스 정도가 더 심해진다는 연구 결과도 있다.

교사가 느끼는 스트레스의 원인 중 업무 요인으로는 수업준비, 수업시간, 채점업무, 행정업무, 추가적인 업무 중 행정업무 수행이 2.60으로 가장 큰 요인으로 꼽혔다. 추가 업무나 수업준비는 각각 1.64와 1.88로 낮은 스트레스 원인인 것으로 나타났다. 학생지도를 학업성취도에 대한 책무, 교실 질서 유지, 학생으로부터의 위협이나 언어폭력 등으로 구분하였을 때 가장 큰 스트레스의 요인은 교실에서의 질서유지(2.46)인 것으로 나타났다. 학부모 및 외부기관 대응과 관련하여 외부기관 대응, 학부모 대응, 특수교육 학생을 위한 수업 조정 등으로 나누었을 때, 가장 큰 스트레스 원인은 학부모 대응(2.42)으로 나타났으며, 특수교육 학생을 위한 수업 조정(1.38)은 스트레스 원인 중 거의 없었다.

교사의 직무 스트레스와 관련하여 직무 스트레스가 장기적으로 지속되면 교사의 정서적인 고갈이나 비인간화, 개인적 성취감 결여 등 부정적인 정서로 이어지는 소진(burn out) 상태로 이어지게 된다. 소진은 학생과의 접촉 회피, 가르치는 노력 저하, 무기력으로 인한 업무 소홀, 교직에 대한 부정적 인식, 교직 이탈 등의 결과를 초래하는 것으로 나타났다. 직무 스트레스와 교사 소진에 대한 연구 결과, 직무 스트레스 중 직무 요구로 인한 스트레스가 가장 크게 교사 소진을 일으키는 것으로 나타났다. 국가적으로 교사의 직무 스트레스 수준을 낮추기 위한 여러 가지 정책 방안이 제안되고 있으며, 직무 스트레스가 교사 소진으로 이어지지 않도록 교사치유센터 등을 통한 정서적 지원이 이루어지고 있다.

4) 교사는 누가, 어떻게 평가하는가?

교사들은 학생을 평가하지만, 교사들도 평가를 받는다. 초·중·고등학교 때, 교사에 대한 평가를 실시하고, 그 결과가 어떻게 활용되는지 궁금한 적이 있었을 것이다. 초·중·고등학생 때 학생으로서 교사를 평가한 것은 교사에 대한 평가의 일부이다. 교사에 대한 평가는 크게 교원업적평가와 교원능력개발평가로 구분된다. 교원업적평가는 다시 교원근무성적평정과 성과상여금평정으로 구성된다. 이하에서 교원근무성적평정, 교원성과상여금평정, 교원능력개발평가로 구분하여 간략하게 살펴보면 다음과 같다.

교원근무성적평정은 「교육공무원승진규정」에 근거하여 이루어지며, 교육공무원의 승진 임용에 공정성을 기하기 위해 매년 학년도 단위로 1회 실시되며, 정성평가 100점과 정량평가 100점으로 이루어진다. 정성평가는 교육공무원으로서의 태도(10점)와 근무실적 및 근무수행능력 중 학습지도(40점), 생활지도(30점), 전문성개발(5점), 담당업무(15점)로 이루어진다. 정량평가는 근무실적 및 근무수행능력 중 학습지도(30점), 생활지도(30점), 전문성개발(10점), 담당업무(30점)로 이루어진다. 즉, 근무실적 및 근무수행 능력 중 학습지도, 생활지도, 전문성개발, 담당업무 수행에 대해 정량적 평가와 정성적 평가가 모두 이루어지는 것이다. 교사들은 매년 12월 31일을 기준으로 '교사 자기실적평가서'를 작성하여 제출하도록 되어 있으며, 근무성적평정자는 이를 참작하여 평가한다. 평정은 관리자(교감 20%, 교장 40%)와 동료교사 중 3인 이상[2])의 평가(40%)로 이루어지며 평정 합산점 분포 비율은 수 30%(95점 이상), 우 40%(90−95점 미만), 미 20%(85점−90점 미만), 양 10%(85점 미만)로 이루어진다. 교사는 자신의 최종 근무성적평정점에 대해 공개 요구할 수 있다.

교원성과상여금평정은 「공무원수당 등에 관한 규정 제7조의 2」와 「공무원보수 등의 업무지침」 등에 근거를 두고 2001년부터 시행하였다. 기존의 교원성과상여금 평정은 단위학교별로 성과상여금 심사위원회를 두어 실시하였지만 2015년 이후 다면평가 결과(정성평가 20%, 정량평가 80%)로 이를 대신하였다. 교원성과상여금은 교직 사회의 사기를 진작하기 위해 개인별로 지급하며, 직전 학년도의 성과에 대하여 평가하여 지급한다. 평가등급은 S등급(30%), A등급(40%), B등급(30%)으로 구분한다.

교원능력개발평가는 기존에 실시되던 교원근무성적평정의 한계를 극복하고 교원의 전문성을 신장시키기 위한 제도로 「교원 등의 연구에 관한 규정」과 「교원능력개발평가 실시에 관한 훈령」에 법적 근거를 두고 2010년부터 전면 시행되었다. 2016년부터는 각 시·도에 따라 다소 차이가 있다. 평가대상은 유치원 및 초·중등교육법 2조에서 규정하고 있는 학교에 매 학년도 기준 2개월 이상 재직하는 교원(계약제 교원 포함)이 된다. 평가영역은 일반교사를 기준으로 크게 학습지도와 생활지도로 구성된다. 학습지도에 대해서는 수업지도, 수업실행, 평가 및 활용에 대

---

2) 교장에 따라 전 교사를 다면평가자로 지정할 수 있다.

해서, 생활지도에 대해서는 상담 및 정보 제공, 문제행동 예방 및 지도, 생활습관 및 인성지도 등의 내용이 주요 평가요소이며, 업무수행능력이나 교직인성 등의 평가지표는 시·도에 따라 자율적으로 추가 가능하다. 평가는 매 학년 실시되는데, 대체로 평가를 위한 근거는 학생(초4-초6 학생, 중1-고3 학생) 의견 조사, 동료교원평가(교장, 교감 중 1인 이상, 수석 교사 1인 이상, 동료교사 등 포함 5인 이상), 학부모 만족도 조사로 이루어진다. 평가결과에 따라 일반교원은 평가지표별 직무연수를 15시간 이상 받고, 지원이 필요한 교원은 단기 또는 장기로 능력향상연수를 받게 된다. 동료교원평가 2.5미만 또는 중·고등학생만족도조사(초등의 경우 학부모만족도조사) 2.5미만의 교사에 대해서는 능력향상연수를 60시간 이상 실시한다.

이와 같은 교사에 대한 평가는 평가의 목적에 따라 다소 차이가 있지만 평가의 낮은 활용도, 피드백 기능의 약화, 평가 내용의 신뢰성, 학부모 평가자의 정보 부족, 동료 교사 평가자의 과대화 경향 등으로 인해 비판받고 있다. 또한 평가 결과를 활용하여 교사의 전문성이 향상시키거나 교사가 업무에 몰입할 수 있는 유인가를 제공하기에는 한계가 있다는 지적이 있다. 업무 효율화나 동기화를 위한 새로운 평가 문화가 정립되기에 승진 후보자에게 후한 점수를 부여하는 기존의 평가 관행을 무시하기가 쉽지 않은 실정이다. 평가 결과가 근무자의 사기를 진작시킬 수 있도록 향후 평가제도를 포함한 인사제도 개선이 요구되고 있다.

4 교사의 성장

1) 교사는 승진할 수 있는가?

앞서 교사에 대한 평가제도가 교사의 승진을 위한 자료로 활용된다고 설명하였다. 아마도 예비교사로 교직에 입문하면서 교사는 어떻게 승진할 수 있는지 궁금할 것이라고 생각된다. 교사의 승진은 크게 가르치는 일을 지속적으로 하는 수석교사로서의 길과 직렬을 달리하여 교육행정직렬로서 변경하는 교감, 교장으로의 길로 구분된다고 볼 수 있다.

수석교사제는 교육공무원법 제29조의4에 따라 교육부장관이 임용하며 임기는 4년이다. 임기 중에는 행정직인 교감·교장의 자격증은 취득할 수 없으며 수업부담 경감, 수당 지급 등의 우대사항이 있다. 교육공무원임용령 제9조의7에 따르면 수석교사는 임기 종료 후에 임용 직전 직위로 복귀하며, 4년의 임기 후 수석교사 자격을 유지하기 위해서는 업적평가(업무수행태도, 업무실적, 업무수행능력, 동료교사 만족도 조사)와 연수실적 평가를 받아야 한다. 수석교사를 우대하기 위해 학교의 장은 수업시간의 절반을 경감할 수 있으며 연구활동비를 지급할 수 있다. 수석교사의 핵심적인 업무는 교사의 교수 및 연구활동에 대한 지원으로 수석교사를 승진으로 보아야 할 것인가에 대한 것은 논란의 여지가 있다.

전통적으로 교사의 승진은 교감과 교장직으로의 승진을 생각할 수 있다. 교원의 승진은 동일 직렬 내에서 직위가 상승하는 것을 말하는데, 승진을 통해 책임과 권한이 증가되고 임금 및 각종 근무여건이 개선된다. 교원의 경우 승진은 교사가 교감으로, 교감이 교장으로 임용되는 것을 의미하는 것이 일반적이다. 따라서 교원의 승진은 승진 구조가 상대적으로 좁고 소요기간이 길기 때문에 상대적으로 승진경쟁이 치열하다. 앞서 언급한 바와 같이 2급정교사 자격을 가지고 교원으로 임용된 후 3년의 경력을 가지게 되면 1급정교사 자격연수를 받을 수 있는 자격이 생긴다. 1급정교사 자격연수를 받고 1급정교사가 된 후 교감으로 승진하지 못한다면 교사는 승진 없이 정년을 하게 된다.

교사가 승진하는 경우로는 크게 두 가지 방법이 있는데, 첫 번째 방법으로 교사로서 계속 근무하면서 승진하는 방법이 있고, 두 번째 방법으로 장학사 또는 교육연구사 등의 교육전문직으로 전직하여 근무하다가 승진하는 방법이 있다. 전자보다 후자의 경우 승진소요기간이 단축되기 때문에 많은 경우 후자의 방법을 택하게 된다. 장학사나 교육연구사 등 교육전문직으로 전직하기 위해서는 법령상 최소 5년 이상의 교육경력이 필요한데, 대부분의 시·도교육청은 교육경력이 9년 이상인 자로 제한하고 있다. 시·도교육청에 따라 장학사를 뽑는 요건과 배점 등은 차이가 있으므로 임용된 시·도의 규정을 살필 필요가 있다. 대부분의 시·도에서는 최근 근무성적평정과 학위취득자에 대해 점수를 배정하고 있으므로, 승진을 고려한다면 임용 후 각 시·도교육청의 장학사 선발기준 등에 대해 잘 살펴볼 필요가 있다.

2) 교사는 어떻게 자기 계발을 이룰 수 있나?

교사의 전문성은 4년제 학교를 마치는 것에서 끝나는 것이 아니다. 오히려 교사의 자격을 부여받는 것에서부터 시작한다고도 할 수 있겠다. 교사의 전문성 신장은 현직 교육을 통해 이루어진다. 전문직으로서의 교직의 특성을 강조하면서 교사의 전문성 계발 역시 강조되었다. 국가에서는 교육공무원법 제38조 제1항에서 "교육공무원은 그 직책을 수행하기 위하여 끊임없이 연구와 수양에 힘써야 한다"라고 명시하고 있다.

교사의 현직교육은 '교원 연수'라고 불리며, 크게 기관중심 연수와 개인중심 연수가 있을 수 있다. 기관중심 연수는 연수기관을 중심으로 하는 연수가 있고, 단위학교를 중심으로 하는 연수가 있다. 연수기관에서는 자격연수, 직무연수, 특별연수를 실시한다. 교사를 대상으로 하는 연수기관은 중앙단위에서 연수원 이외에도 시·도교육연수원, 대학부설교육연수원, 원격교육연수원, 종합교육연수원 등이 있다. 자격연수는 기 언급하였던 2급정교사 자격에서 1급정교사 자격을 취득하기 위한 것과 수석교사과정, 교감과정, 교장과정 등이 있다. 직무연수는 교원능력개발평가 결과 직무수행능력 향상이 필요하다고 판단되는 교사를 대상으로 실시되는 직무연수를 포함하여 교사들의 직무능력 신장을 위해 실시한다. 직무연수는 모든 교원에 대해 교직 입직 후 4년차부터 3년 주기로 최소 6학점(90시간) 이상의 연수를 의무적으로 이수하도록 하는 연수를 포함한다. 직무연수 이수학점은 전보, 해외연수, 표창, 전문직 임용, 성과상여금지급우대 등의 인센티브와 연계되어 운영되므로, 적극적으로 직무연수를 이수할 필요가 있다. 특별연수는 국가 및 지자체의 특별연수 계획에 따라 학습연구년, 대학원 학위과정, 장단기 해외교육기관 및 연구기관 파견 등의 해외연수가 있다.

교원의 연수는 승진과도 관련이 있다. 연수 과정에서의 교육 성적은 '직무연수성적'과 '자격연수성적'으로 구분되는데 직무연수성적은 연수기관에서 '10년 이내에 이수한 60시간(4학점) 이상의 직무연수'를 대상으로 적용된다. 자격연수성적은 승진대상직위와 관련이 깊은 자격연수성적 하나가 반영된다. 예를 들어, 교감으로서 교장 승진을 앞둔 교원의 경우 교장자격연수성적이, 장학사로서 승진을 앞둔 경우,

교원의 직위에서 받은 자격연수성적 중 최근에 이수한 자격연수성적이 반영된다.

한편, 기관중심 연수 중 단위학교 중심 연수가 있다. 이는 단위학교를 중심으로 계획을 수립하여 실시하는 연수로서 전문적 학습공동체 활동이나 장학활동으로서의 연구수업, 교과연수, 컨설팅장학, 교내자율장학 등이 있다. 전문적 학습공동체는 전통적으로 수업연구회, 교사연구회 등의 형태로 공식적·비공식적으로 존재하다가 최근에는 시·도교육청 단위에서 지원하는 정책으로 발전하게 되었다. 교사의 전문적 학습공동체의 명칭은 시·도에 따라 달라서, 서울시는 '교원학습공동체', 경기도는 '전문적학습공동체' 등의 명칭을 사용한다. 경기도에서는 학교 안에서의 전문적 학습공동체 활동에 대해 학점을 부여하는 정책을 시행하는 등 시·도에 따라 단위학교 중심의 전문성 신장 활동이 적극 장려되고 활용되고 있으며, 이에 대한 시간을 확보하는 경우도 있다.

개인중심 연수로는 국내외 교육기관에서 학위를 취득하거나 교과연구회, 개인별 연구 등이 있다. 개인중심 연수는 교사 스스로 자발적인 의지와 노력으로 실시하는 연수를 말한다. 단위 학교에서 운영하는 전문적 학습공동체 이외에도 교사가 자발적으로 참여하는 전문적 학습공동체가 있을 수 있다. 전문적 학습공동체는 교사의 공식적·비공식적 노력을 정책적으로 활성화하기 위해 단위학교 내에서 활성화하고 있지만 단위학교 내에서뿐만 아니라 단위학교 밖에서도 학습 활동이 이루어지고 있다는 점에서 개인중심 연수라고도 할 수 있다. 교사들은 한국교원단체총연합회나 전국교직원노동조합 등 교원단체에서 주관하는 연수에 참여하기도 하고 교과에 따라 교과연구회를 중심으로 이루어지는 연수에 참여하기도 한다. 교과교육연구회는 교과별로 이루어지기도 하지만 창의적 체험활동 등 범교과를 중심으로 하는 연구회가 결성되고 활동이 이루어지기도 한다.

5 사회의 변화와 교사의 미래 역량

우리 사회의 교육을 변화시키는 중요한 원인 중 하나는 바로 학령인구의 감소이다. 이미 한국의 학령 인구는 전체 인구의 약 15%에 불과하며, 전체 인구가 감소할 뿐만 아니라 학령인구 또한 앞으로 20년 후에는 약 10%에 불과할 것으로 예측되고 있다. 이와 같은 학령인구의 감소로 인해 학교는 지속적으로 통폐합되고, 교사의 수요는 감소할 것으로 예측된다. 학교 규모는 지속적으로 감소하고 있고 폐교하는 학교는 늘고 있다. 인구 구조의 변화와 함께 지능정보사회로 이동하면서 사회와 학교의 변화가 가속화되고 있다.

정보기술의 발달과 함께 사회의 구조는 빠르게 변화하고 있으며, 기존의 직업이 가지고 있던 역할도 함께 변화하고 있다. 이미 코로나19 시대에 경험한 원격 교육의 도입은 우리 사회에서 교육 환경의 급격한 변화를 예고하고 있다. 정부에서는 2021년 7월 22일 'K-에듀 통합플랫폼'에 대한 정보화전략계획을 발표했는데, 이에 따르면 2024년에 기업의 교육 콘텐츠를 학교에 유통하는 동시에 학생들이 학습한 내용을 분석한 빅데이터를 에듀테크 기업에 제공한다는 계획이다. 이는 그동안 교수학습에 대한 모든 정보를 교사가 가지고 있었으나 앞으로는 외부 기업과 공유하고 이 자료를 활용하여 학생의 학습이 이루어질 수 있도록 하겠다는 것이다(교육부, 한국교육학술정보원, 2021). 이와 관련하여 미래 학교에 대한 연구자들은 미래 학교 시스템은 대량교육에서 개인별 학습 시스템으로, 개인별 학습 계획으로, 문제해결형 프로젝트 중심 학습으로 변화할 것이며 교사와 학교는 학생을 평가하고 관리하는 주체에서 개인별 학습을 촉진하기 위한 조력자, 설계자로서의 역할을 하게 된다고 예견하였다(정제영, 2019).

예비교사로서 우리는 앞으로 어떤 교사의 역할을 하게 될 것인가? 교사의 사회화 과정을 연구한 많은 연구에서 교사의 모델은 학생이 배웠던 교사이며, 이와 같은 사회화 과정으로 인해 교사의 변화는 쉽지 않다고 하였다. 그러나 앞으로의 교사는 이전의 교사로부터 배우는 것보다는 새로운 역할을 개척하고 기존의 교사와 함께 배워나가게 될 것으로 보인다. 이런 교사의 사회화 과정에서 나타난 특징은 이미 MZ 세대에 대한 연구에서 나타난 바 있다는 점에서(박상완, 박소영, 2022),

이미 현재 일어나고 있는 현상이라 하겠다.

지능정보사회 교사의 핵심역량에 대한 연구에 따르면, 교사는 교육과정·수업 전문가로서의 역할, 생활·진로지도 전문가로서의 역할, 학교 공동체 구성원으로서의 역할, 자기개발자로서의 역할을 수행할 필요가 있다(홍후조 외, 2017). 학생을 대상으로 역량교육을 실시하기 위해 교사의 역량이 중요한 과제로 대두되었다. 학생 역량 교육을 실시하기 위해서는 교사의 역량 계발이 우선되어야 한다. 교사의 역량과 관련하여 창의성, 비판적 사고, 의사소통, 협업 등의 역량이 필요하다(박수정 외, 2020). 협력과 소통은 학교의 운영 방식, 학교 조직 문화, 교육 활동 등에서 가장 기본적인 역량이다. 교사의 비판적 사고능력과 창의성에 대해서는 OECD 연구혁신센터에서도 관심을 가지고 연구를 진행하고 있다(김은영 외, 2021). 예비교사의 비판적 사고능력과 창의성을 발현시키기 위해서는 교사의 다양한 삶의 경험이 중시되며, 사회적 변화동향과 전망에 대한 이해, 적극적인 동아리 활동과 국제 교류 참여 등이 강조된다.

교사의 역량 개발은 학교 구성원과의 관계를 통해 활성화될 수 있다. 교사의 역량은 교사-학생 관계뿐만 아니라 학부모와의 관계, 동료교사와의 관계 속에서 개발될 수 있다. 미래 교사의 역량은 학생의 자기 주도성과 함께 교사의 자기 주도성 하에서 개발될 수 있다는 점은 명확하다. 교사로 입직하는 많은 학생들은 교직의 안정성을 중요하게 생각한다. 교직의 안정성이 교사의 자발적인 자기계발로 이어질 때, 미래 학교 및 교사에 대해 사회에서 그 필요성을 인정하게 될 것이다. 교사로의 입직을 생각한다면, 어떤 교사로 성장할 것인지에 대한 자기계발 시나리오가 필요하다.

- 사회가 급속하게 변화하면서 교사에게 필요한 역량 또한 달라지고 있다. 미래의 교사에게 는 어떤 역량이 가장 필요하게 될 것인가? 그 이유는 무엇인가?
- 온라인 학습이 증가하면서, 교사의 정보통신기술 활용 능력이 강조되고 있다. 온라인 학습 이 증가하면서 교사가 활용해야 하는 정보통신기술능력은 구체적으로 어떤 것들이 있을 까? 이런 능력은 어떤 방식으로 기를 수 있을까?

추천활동

교사가 된 나를 상상하고, 나의 생애 발달에 대해 예측해보자. 대학 졸업 후 내가 받게 되는 자격증과 이후 자격증에는 어떤 것이 있는가? 내가 받을 수 있는 연수는 어떤 것이 있는가? 나는 어떤 분야의 연수를 받아 전문성을 신장시킬 것인가? 교사가 된 지 10년 후, 20년 후의 나의 미래를 설계해보자.

추가학습자료

- EBS 다큐멘터리 교사와 학교 변화와 관련된 영상 찾아보기
- 국가법령정보센터에서 교육공무원법, 교육공무원임용령, 교육공무원 승진규정 등 교육공무 원 관련 규정 찾아보기
- 자기가 살고 있는 시도 교육청 홈페이지에서 교원의 승진과 관련된 규정 찾아보기

참고문헌

교육부(2019). 2020년도 교원 연수 중점 추진 방향.

김갑성, 김주아, 김도기, 김용, 남수경(2009). 교원양성 교육과정 실태분석: 경험한 교육과정을 중심으로. 한국교육개발원.

김병찬(2003). 중학교 교사들의 교직 문화에 대한 질적 사례 연구. 교육행정학연구, 21(1), 1~27.

김은영, 서재영, 이은주, 송효준, 변현정, 장지은, 함은혜, 이찬호(2021). 초•중등 예비교원의 창의력과 비판적 사고력 – 수업 및 평가전략을 중심으로. 한국교육개발원 연구보고. RR 2020 – 13.

김혜진, 김혜자, 이동엽, 이쌍철, 이승호, 최인희, 길혜지, 김혜영(2021). 교원 및 교직환경 국제비교연구: 초등학교 신규교사의 교직적응을 중심으로. 한국교육개발원

김혜진, 박효원, 박희진, 이동엽, 이승호, 최인희, 길혜지, 김정현, 이호준(2020). 교원 및 교직환경 국제비교 연구: TALIS 2018 결과를 중심으로(Ⅱ). 한국교육개발원.

박상완, 박소영(2022). 1990년대생, 교사가 되다. 학이시습.

박수정, 박상완, 이현정, 박정우, 김경은(2020). 교사 역량 측정도구 개발: 4C 역량을 중심으로. 한국교원교육연구, 37(2). 167 – 192.

손봉호, 김혜성, 조영제(2001). 교직윤리관 정립을 위한 기초 연구. 시민교육연구, 33집. 191 – 222.

신현석(2010). 한국의 교원정책. 서울: 학지사.

오영재(2010). 한국 초등학교 교사 문화의 특성과 교육 행정적 함의. 교육실천연구, 9(2). 111~136.

이고운, 박소영(2020). 교사의 행정업무 학습과정에 관한 연구. 한국교원교육연구, 37(1). 279 – 308.

이윤식, 김병찬, 김정희, 박남기, 박영숙, 송광용, 이성은, 전제상, 정영수, 정일환, 조동섭, 진동섭, 최상근, 허병기(2007). 교직과 교사. 교육과학사

이혜영, 류방란, 윤여각(2001). 중등학교 교사의 생활과 문화. 한국교육개발원.

이희현, 허주, 김소아, 김종민, 정바울(2017). 교사 직무 스트레스 실태분석 및 해소
　　　방안 연구. 한국교육개발원.

임홍택(2018). 90년생이 온다. 웨일북.

정바울, 이성회, 양승실, 김병찬, 김종민, 김효정, 서용선(2014). 교원의 업무시간 실
　　　태 분석 및 개선방안 연구. 한국교육개발원.

정제영, 이청민, 김가경(2019). 인구구조 변화에 따른 미래학교 운영 모델 탐색. 한국
　　　교육개발원 이슈페이퍼. 한국교육개발원.

황기우(1992). 한국초등학교의 교사 문화에 관한 해석적 분석. 고려대학교 박사학위
　　　논문

홍후조, 조호제, 민부자, 임유나, 강익수, 김선은, 길호진, 조동헌(2017). 지능정보사
　　　회 대비 교원의 핵심역량 도출 및 교원 연수 분류 체계 개발. 교육부 중앙교
　　　육연수원 정책연구보고서.

Corcoran, E. (1981). Transition shock: The beginning teacher's paradox. Journal
　　　of Teacher Education, 32(3). 19－23.

Veenman, S. (1984). Perceived problems of beginning teachers. Review of
　　　Educational Research, 54(2). 143－178.

CHAPTER 10

교육감이 바뀌면 교육정책이 바뀌는가?
- 교육감 선거와 교육감의 영향력

박 주 형

학습목표

- 유·초·중등 학교 교육의 책임자인 교육감의 권한과 영향력에 대해 알 수 있다.
- 교육감 선거를 둘러싼 이슈를 파악하고 교육감 선거의 방식의 개선방향에 대해 논의할 수 있다.
- 시·도교육청 교육정책결정 과정에서 선거를 통해 선출된 교육감과 시·도의회의 관계를 견제와 협력의 관점에서 이해할 수 있다.

사례

교육대학교 4학년인 예비교사 A군은 2022년 지방선거에서 시·도교육감들이 바뀌었다는 소식을 접하였다. 비록 본인이 선거에 참여해서 교육감 후보에게 한 표를 행사했지만 새로운 교육감이 누구인지 그리고 어떤 공약을 제시했는지에 대해서는 잘 알지 못했다. 심지어 지방선거 사전투표소에서 누군가가 "교육감 선거는 기호가 없는데 누구에서 투표를 하냐"고 투표관리자들에게 묻던 상황을 경험하기도 했다.

교육감은 진보, 보수성향으로 구분되는데 법적으로 정당가입이 불가능한 교육감 후보의 정치적 성향을 어떻게 구분할 수 있는지, 교육감이 진보에서 보수로, 또는 보수에서 진보로 바뀌는 경우 기존의 시·도교육청 정책은 어떻게 변경되는지, 특히 시·도교육청의 초등교사 채용과정이 달라지는지에 대해 의문이 생겼다.

예비교사 A군은 4년마다 열리는 교육감 선거에 대해 많은 논란이 있다는 점과 교육감 선거를 개선하기 위해 제안되는 방안들이 '교육의 정치적 중립성'이라는 헌법 조항의 관점에서 어떻게 평가될 수 있는지에 대해 궁금증을 가지게 되었다. 이에 교육감 선거의 역사와 이슈 그리고 교육감이 지역내 학교 및 교육공동체 구성원들에 대해 미치는 영향에 대해 알아보고자 한다.

1 교육감 선거의 의미

전국동시지방선거가 시행되는 4년마다 소위 교육분야 대통령을 뽑는 시·도교육감 선거 기간에 교육계는 갈등과 분열, 소통과 통합을 경험하게 된다. 교육의 자주성과 전문성 그리고 지방교육의 특수성을 보장하기 위해 「지방교육자치에 관한 법률」이 시행되고 있는데, 이 법률의 핵심 내용이 곧 교육감에 대한 것일 정도로 교육자치에서 교육감이 차지하는 의미가 크기 때문이다. 교육감이 바뀌면 시·도교육정책의 방향과 내용 그리고 추진과정 역시 변화되기 때문이다.

과거 임명직 교육감 시절 교육부나 중앙행정기관의 산하기관으로 간주되던 교육감은 현재의 법률 체계에서는 독립된 행정기관으로 시·도교육청의 행정기관 및 산하 유·초·중·고, 특수학교 등을 총괄하는 역할은 한다. 법적으로 교육감은 '시·도의 교육·학예에 관한 사무의 집행기관'이 되며, 위임된 교육·학예에 관한 국가행정사무를 담당할 뿐만 아니라 조례, 예·결산, 교육규칙, 교육기관 설치·이전 및 폐지, 교육과정, 평생교육 등에 대한 사무를 관장한다.

민선교육감 시기가 지속되고 교육자치에 대한 주민의 요구가 점차 커짐에 따라 교육감의 권한과 역할은 법적으로나 실질적으로나 점차 확대되었다. 교육부가 가지고 있는 교육에 관한 많은 권한들이 교육자율화라는 관점에서 시·도교육청에게 이관되었고 시·도 교육에 대한 중앙의 관리·감독권 역시 줄어들었다. 이 과정에서 때론 권한에 대한 해석 차이로 인해 교육부장관과 교육감 사이의 법적 다툼

(권한쟁의심판 청구나 헌법재판소 결정 요청 등)이 있기도 했지만 점차적으로 두 기관 간의 관계가 안정을 찾아가는 모습을 보이고 있다.

교육예산의 측면에서도 교육감은 자율성을 갖추고 있어 내·외부의 교육적 요구로부터 다소 독립적으로 시·도교육기관을 관할하는 제도가 마련되어 있다. 시도교육청의 행정기관 및 소속 학교 운영을 위한 재원은 「지방교육재정교부금법」상 내국세 총액의 1만분의 2,079(20.79%)를 재원으로 하는 교부금을 바탕으로 지방의 기준재정수요액과 기준재정수입액을 고려하여 중앙에서 총액단위로 교부하는 금액으로 대부분 마련된다. 특히, 교부금 중 교육부가 결정하는 특별교부금의 비율이 2017년 12월 법 개정을 통해 교부금의 100분의 4에서 100분의 3으로 축소되면서 교육감의 예산확보의 권한은 더 높아졌다고 평가받는다.

시·도지사뿐만 아니라 226개의 기초지방자치단체의 장까지 선거로 뽑는 일반행정영역과는 달리 전국에 존재하는 176개 교육지원청의 기관장인 교육장 임명권한도 교육감에게 있다는 점에서 교육감의 권력집중도가 시·도지사보다 크다는 이야기도 들린다.

2 교육감 선거를 둘러싼 논란

지방선거과정에서 가장 많은 논란을 불러일으키는 것은 교육감 선거제도이다. 정당추천이나 공천이 있는 일반지방자치단체장이나 시·도의원 선거와는 다르게 교육감의 경우 정당의 관여가 불가능하기 때문에 유권자들로부터 깜깜이 선거, 무관심 선거라는 비판을 받아왔다.

「지방교육자치에 관한 법률」에 따르면 교육감후보는 후보자등록신청개시일부터 과거 1년 동안 정당의 당원이 아니어야 하며(제24조), 정당은 교육감선거에 후보자를 추천할 수 없다(제46조). 이러한 이유로 선거과정에서 다른 후보와는 다르게 교육감 후보는 소속 정당이 없고 선거기호가 부여되지 않기 때문에 유권자들 특히, 자녀가 없거나 장성한 자녀를 둔 일반인들은 교육감으로 누구를 뽑아야 할지 모르겠다는 불만이 꾸준히 제기되었다.

교육감 선거 투표용지의 이름순서를 추첨했던 지방선거의 경우 '기호 프리미엄'을 기대한 후보들 간의 게재순위 경쟁이 치열했던 적이 있다(정희완, 2022. 5.29.). 교육감 후보자들은 투표용지 순위를 유권자들이 여당과 야당 후보 교육감으로 인식하길 기대하면서 1번이나 2번 순서를 뽑길 기대했다. 17대 대통령 선거와 동시에 진행된 2007년 교육감 선거에서는 대통령선거 후보 2번(이명박)과 같은 교육감후보 2번이 당선(충북, 울산, 경남, 제주)되었다. 이때 선출한 교육감은 모두 4명뿐이었다.

하지만 지금은 2014년 신설된 규정에 따라 후보자의 투표용지 게재순위가 선거구별로 공평하게 배정될 수 있도록 순차적으로 바뀌어 가는 순환배열 방식으로 변경되었기 때문에 더 이상의 '기호 프리미엄'을 기대할 수는 없는 상황이다.

교육감 선거에서 정당의 개입이 불가능하다는 점은 지역에 따라 교육감 후보의 난립문제를 발생시키고 교육감 후보에 대한 인지도 등의 문제와 결부되어 당선된 교육감의 대표성 문제를 촉발시킨다. 2022년 17개 시·도교육감 선거에서 득표율 과반을 얻은 경우는 부산(50.82%), 대구(61.61%), 울산(55.03%), 경기(54.7%), 충북(55.9%), 경남(50.2%), 제주(54.4%)였는데 이러한 결과는 광역자치단체장 선거에서 경기도지사만 49%로 당선되었고 다른 모든 지역에서는 당선자가 50% 이상의 득표를 했다는 점과 비교된다. 더욱이, 교육감 선거에서 20~30%의 득표율을 보인 경우도 서울(38.1%), 광주(34.9%), 세종(30.8%), 강원(29.5%), 충남(33.7%)에서 나타났다.

교육감 후보자의 낮은 인지도 역시 후보자 선택을 어렵게 하는 요인이다. 현재 교육감 후보자의 자격요건으로는 후보자등록신청개시일을 기준으로 교육경력이나 교육행정경력이 3년 이상(합산 가능) 있어야 한다. 간접선거로 진행된 1991년 제1기 교육감후보의 자격기준은 교육경력 또는 교육전문직원 경력이 20년 이상 있거나 양 경력을 합하여 20년 이상 있는 자였으며, 1995년 2기의 경우 이 경력이 15년 이상으로 완화되었다. 이후 2006년 「지방교육자치에 관한 법률」 개정에 따라 직선제가 도입되면서 교육감후보자의 자격인 교육경력 또는 교육공무원으로서의 교육행정경력 5년 이상(합산 가능)으로 완화되었다. 이러한 다소 엄격한 교육감후보에 대한 자격요건은 대중적으로 인기 있는 인사의 교육감 선거 참여를 저해한다는 평가를 받기도 한다.

이러한 결과 2022년 제8대 전국동시지방선거에서 교육감 선거의 무효표는 약 90만표로 시·도지사 선거의 약 2.6배의 규모였다(장윤서, 2022.6.2.). 특히, 후보자 수가 가장 많았던 서울시교육감 선거에서는 무효표가 21만여표, 후보자가 2명이었던 경기도교육감 선거에서도 19만여표가 나왔다. 심지어 경남에서는 1위와 2위 후보 간의 표 격차의 7배 정도인 4만 8천여표의 무효표가 발생하기도 했다.

　교육감 선거는 여러 차례에 걸친 변화를 경험해왔다. 지방교육자치제도는 1949년 「교육법」 및 1952년 '교육법시행령'의 제정에 따라 기초자치단체단위의 교육자치제가 시작되었지만 1961년부터 30년간은 지방교육자치가 실현되지 못했다(성병창, 2020). 이전까지 대통령이 임명하던 교육감은 1991년 「지방교육자치에 관한 법률」이 제정됨에 따라 시·도교육위원회의 무기명 투표를 통해 최다 득표자를 임명하는 간접선거 방식으로 선출되었다. 이후 1997년 학교운영위원회 대표 97%와 교원단체 추천 3%로 구성된 선거인단이 교육감을 뽑았으며, 2000년에는 학교운영위원 전원의 투표로 교육감을 선출하였다.

　이러한 교육감간선제는 주민의 대표성을 띄는 교육감을 선출하지 못하다고 비판받았는데 결국 2006년 전면개정된 「지방교육자치에 관한 법률」에 근거하여 직선제를 통한 교육감 선거가 시작되었다. 하지만 초기에는 여전히 주인의 대표성을 보장하는 교육감선거가 실현되지 못했다. 새로운 직선제가 첫 적용된 2007년 부산시교육감 선거에서는 투표율이 15.3%였고, 이후 진행된 2008년 서울시교육감 그리고 2009년 경기도교육감 선거 투표율 역시 15.5%와 12.3%에 그쳤다(정희완, 2022.5.29.). 2010년에 진행된 전국동시지방선거에서 최초로 전국단위의 교육감 직선제가 이루어졌다. 일반적으로 2010년을 본격적인 민선교육감 시대라는 의미에서 '교육자치의 원년'이라는 표현을 사용하기도 한다(성병창, 2020). 특히, 2014년 교육의원제도의 폐지로 더 이상 시·도의회의 교육의원을 별도로 선출하지 않음(단, 제주도에서는 특별법에 따라 교육의원선거가 이루어짐)에 따라 지방교육의 책임자인 교육감 선거의 의미가 더욱 중요해졌다.

　교육감 직선제가 도입된 이후에도 꾸준히 교육감 선거에 관련된 규정에 대한 논란이 많았다. 당시 시·도지사들은 교육감 선거 직선제 폐지를 통해 지방교육청을 지방정부에 통합하는 안을 제시하였다. 또한 교육감 러닝메이트제 등도 제안하였다. 반면, 교육계에서는 이러한 변화요구를 불필요하다고 규정하였다. 교육감 직선제가 도입된 지 얼마 안된 2011년 진행된 연구(김혜숙 외, 2011)에서는 정당 관여 배제 요구(러닝메이트제, 공동등록제 등)는 받아들여질 수 없으며, 기존의 5년 수준의 교육감 자격요건은 유지될 필요가 있다고 주장하였다. 교육감 선거제도를 분석한 고전 외(2013)의 연구는 그간 제안된 교육감 선거방법별 장점과 단점을 비교·분석하였고 교육감 선거의 문제점이라고 지적된 부족한 선거홍보 방법에 대한 개선방안과 과도한 선거비용을 개선하기 위한 새로운 방안을 제안하기도 했다.

현재도 여전히 교육감 선거를 개편해야 한다는 요구가 많고 구체적인 개편방안도 제시되고 있다. 대표적으로 제21대(2020−2024) 회기에 제안된 정우택의원이 대표발의한 「지방교육자치에 관한 법률」 일부개정법률안에서는 교육감 직선제를 폐지하고 시·도지사와 교육감의 러닝메이트 선거방식 도입을 제안하고 있다. 교육감 직선제가 '후보자에 대한 유권자의 인지도 부족, 정책에 대한 무관심 등으로 인하여 교육감 선거에 주민 참여를 통한 교육 자치 실현의 의미를 제대로 살리지 못하고 있고, 시·도지사와 교육감이 각각 선출되어 견해가 상이한 경우 대립과 갈등관계를 형성하는 등 효율적으로 교육정책을 집행하지 못한다는 문제'를 새로운 교육감 선거제를 통해 해결해야 한다고 주장하였다.

3 교육감의 권한과 그에 대한 견제 제도

1) 권한

현재의 법체계에서 교육감은 교육·학예에 관한 사무의 집행기관이자 소송이나 재산의 등기 등에 관한 대표기관이며, 국가행정기관의 위임사무를 처리하는 국가행정기관으로의 성격을 동시에 가진다(안주열, 2015).

「지방교육자치에 관한 법률」에서는 교육감을 시·도의 교육·학예에 관한 사무를 집행하는 기관으로 규정하고 있으며, 시·도의 고유사무뿐만 아니라 국가행정사무 중 교육·학예에 관한 사무를 위임받아 행하도록 하고 있다. 관장사무(제20조)로는 조례안, 예산안, 결산서의 작성 및 제출에 관한 사항, 교육규칙의 제정에 관한 사항, 학교, 그 밖의 교육기관의 설치·이전 및 폐지에 관한 사항이라는 교육행정적 측면의 권한뿐만 아니라 교육과정의 운영에 관한 사항, 학생통학구역에 관한 사항, 교육·학예의 시설·설비 및 교구(敎具)에 관한 사항 등 교육내용과 학교운영에 관한 전반적인 부분에 대한 권한을 가진다. 이와 더불어 교육청의 재정적 결정(재산의 취득·처분에 관한 사항, 기금의 설치·운용에 관한 사항)과 인사적 결정(소속 국가공무원 및 지방공무원의 인사관리에 관한 사항)까지 폭넓은 권한을 가진다.

보다 쉽게 말하면 교육감은 교원에 대한 인사권 및 징계권을 가지고, 학교장과 산하기관장을 임명할 수 있으며, 교육기관에 대한 감사 및 감독권을 가진다. 학생의 삶에 직접적인 영향을 미치는 등교시간에 대한 결정권을 학교에 부여할지 아니면 정해진 시간(예: 9시 등교)을 따르도록 할지를 결정하여, 급식예산 배분을 통해 급식의 질에 영향을 주며, 성적평정 방식, 학교의 돌봄이나 방과후 그리고 야간자율학습 여부에 대한 결정을 할 수 있는 자리이다(변진경, 2022.5.26).

2) 지방 의회와의 관계

교육감의 권한이 크다는 측면에서 교육대통령이라는 표현을 쓰지만 실제로는 법률상 보장된 권한을 실질적으로 충분히 사용하지 못하는 경우도 많다(변진경, 2022. 5.26). 교육감은 교육정책의 결정과정에서 대통령, 국회, 교육부뿐만 아니라 지방자치단체와의 연계를 고려해야 하며, 산하 기관이라고는 하지만 학교나 교원, 학부모, 학생들의 교육적 요구와 교육적 권한을 충분히 인정해줘야 한다. 특히, 학부모의 경우 교육감 투표권을 가지고 있다는 점에서 교육감은 학부모의 교육적 입장과 다른 교육정책을 쉽게 결정하지 못한다. 또한 교육정책의 직접적인 시행주체는 교원인데 교육과정에서의 교원의 폭넓은 자율성을 고려할 때 교육감이 정한 교육정책이 그대로 학교현장이 교실에서 시행되지 못하는 경우가 많다. 이는 학교라는 교육조직이 관료제적 성격뿐만 아니라 전문직적 성격을 동시에 가지기 때문이다. 즉 학교란 교육청 등의 상위행정기관에서 결정한 것을 무조건 따르는 조직이 아니라 교원의 재량권을 바탕으로 교육내용과 방식 등을 스스로 결정하는 조직이기 때문이다.

교육감의 역할 수행과정에서 가장 큰 영향을 미치고 밀접한 관계를 맺는 것은 지방의회라고 볼 수 있다. 지방교육의 책임자로서 교육감은 지방의회와의 견제와 균형을 유지하면서 권한을 수행하고 있다. '교육의 정치적 중립성'을 보장하는 헌법의 조항에도 불구하고 지방교육은 선거에 의해 당선된 교육감과 지방의회 의원들에 의해 교육정책적 측면과 예산의 집행, 사무감사 등 전 영역에서 업무가 진행되고 있다. 특히, 교육감은 지방교육의 담당자로써 교육정책적 측면에서 정책개발, 결정, 집행, 평가 기능을 수행하며 학교와 지역사회에 교육리더십을 발휘하는 자리에 있다고 평가받는다(성병창, 2020). 이러한 교육정책의 과정에서 교육감은 지방의회와 대립과 협력을 반복하게 된다.

2010년 지방선거에서는 교육감과 교육의원이 동시에 직접선거에 의해 선출되었지만 2014년부터는 교육의원제도가 사라지게 되어 기존의 시·도의원 중 교육위원회에 소속된 의원들에 의해 교육에 관련된 중요한 의결이 이루어지게 되었다(성병창, 2020). 이러한 변화의 핵심은 지방의회에서 교육에 관한 결정을 하는 의원들이 정당인으로 변경되었다는 점이다. 교육의원 제도하에서는 선출직이긴 하지만 특별한 상임위원회에 소속된 의원 역시 교육감과 같이 정당가입이 불가능하였으나 현재는 정당 소속인 의원들 중 일반 상임위인 교육위원회 위원들이 교육감의 교육 관련 사항을 견제하고 의결권을 행사한다. 이러한 변화는 집행기관인 교육감과 의결기관인 의회 사이의 정치적 갈등관계를 형성하도록 만들었다.

교육감과 지방의회 의원의 다수당의 교육적 성향, 즉 보수와 진보적 성향이 일치하지 않게 되는 경우 개별적인 교육 이슈 자체에 대한 갈등보다는 정치적 접근의 차이에 따라 전면적인 갈등 양상이 이루어질 수 있다. 예컨대, 2022년 지방선거로 구성된 11대 경기도의회는 국민의힘과 민주당이 동수(각각 78명)를 이루고 있는데 여러 가지 문제로 2022년 11월 초까지 '2022 경기도교육청 추경예산' 의결이 이루어지지 않아 경기도교육청이 교육정책시행의 어려움을 호소한 바 있다(유경희, 2022. 11.7). 반면 교육감과 지방의회 다수당의 교육적 성향이 일치하는 경우에는 의회의 견제 기능이 잘 작동하지 않는다는 비판도 제기되고 있다(성병창, 2020).

「지방자치법」에서는 지방의회의 권한으로 의결권한, 서류제출 요구, 행정사무 감사권 및 조사권, 행정사무 감사 또는 조사 보고의 처리, 행정사무처리상황의 보고와 질의응답, 의회규칙 제정권 등을 규정하고 있다. 이 중 의결권이 가장 핵심인데 제47조(지방의회의 의결사항)에 따르면 ①조례의 제정·개정 및 폐지, ② 예산의 심의·확정, ③ 결산의 승인, ④ 법령에 규정된 것을 제외한 사용료·수수료

·분담금·지방세 또는 가입금의 부과와 징수, ⑤ 기금의 설치·운용 등에서 의결권을 가진다. 또한 교육청과의 관계에서 본다면 행정사무 감사권 및 조사권이 중요한데 '지방의회는 매년 1회 그 지방자치단체의 사무에 대하여 시·도에서는 14일의 범위에서' 감사를 실시하고 '지방자치단체의 사무 중 특정 사안에 관하여 본회의 의결로 본회의나 위원회에서 조사하게 할 수 있다'. 이외에도 질문권을 가지는데 이에 따라 '지방자치단체의 장이나 관계 공무원은 지방의회나 그 위원회에 출석하여 행정사무의 처리상황을 보고하거나 의견을 진술하고 질문에 답변할 수 있다'.

지방의 A도시의 사례를 바탕으로 교육감과 지방의회와의 관계를 분석한 성병창(2020)의 연구에 따르면 행태적 요인 측면에서는 교육감과 의회의원 간의 정치적 역할관계가 교육정책의 과정에 반영되고 있음을 밝혔다. 집행기관인 교육감과 의결기관인 의원들이 같은 정치적 성향을 지닐때는 순조롭게 협력이 이루어지는 반면 반대의 상황에서는 대립적 관계를 보이게 되었다. 또한 의회활동 영역에서는 지방의회의 주도성이 정치성향에 따라 좌우되는 현상을 보였다. 교육감과 대립적 관계인 경우에는 의회활동, 즉 행정사무 감사 및 조사, 시정질문을 적극적으로 시행하는 반면 협조적인 관계에서는 의회활동 기능이 입법적 차원에서 행정기관인 교육감의 정책을 지원하는 성향을 보였다. 마지막으로 행정행위적 측면에서 본다면 교육감이 주도권을 쥐고 있는데 의회와 대립적 관계에 있는 경우 교육감의 이념과 가치 그리고 주요 정책을 시행하는 과정에서 의회의 견제와 비판으로 인해 추진과정이 정체되거나 사업의 규모 등이 축소되는 반면 의회와의 우호적 관계에서는 교육감의 정치적 성향과 관련된 정책에 대해서는 무관심한 반면 교육복지나 환경 개선 부분에 대한 의회의 역할이 커지는 것으로 나타났다.

교육감의 입장에서는 파트너로써 지방의회와의 관계설정이 매우 중요하다. 특히, 정당가입이 불가능한 교육감의 입장에서는 때론 자신의 교육정책에 대한 지지정당이 없는 상황에 처할 수도 있다. 또한 교육감과 지방의회의 정치적 지향이 다른 경우에는 교육정책 특히, 교육감의 공약을 바탕으로 한 주요한 교육정책 실행에 필요한 예산과 법적 지원(조례 제정 등)을 받지 못하여 의도한 교육변화를 이끌어내지 못하는 상황도 발생할 수 있다. 이러한 맥락에서 보면 교육감의 권한은 의회와의 관계라는 제약조건하에서 이해될 필요가 있다.

4 교육감과 시도교육정책 변화

교육감 선거에서 제시되는 공약은 후보가 교육감으로 선출된 이후 교육감직 인수위원회에서 보다 구체적인 정책화 작업을 거쳐 인수위원회 백서라는 형식으로 발표된다. 2022년의 교육감 선거에서는 17개 시·도교육청 중 새롭게 교육감으로 선출된 지역인 부산, 광주, 경기, 강원, 충북, 전북, 전남, 제주에서 교육감직인수위원회가 구성된 바 있다. 일반적으로 인수위원회 백서가 출간되면 교육청에서는 정책기획담당 부서에서의 전반적인 검토를 거치고 관련 부서에 세부적인 과제를 분류하는 작업을 하게 된다(성병창, 2015). 이러한 과정을 통해 선거 다음 해에 본격적으로 시·도교육청의 기본과제로 발표되면 학교와 교원 그리고 학생, 학부모의 삶에 영향을 미치게 된다.

2022년 선거에 따라 선출된 교육감들은 각자의 시도교육청의 향후 4년간의 교육 방향을 다음과 같이 제시하였다.

표 9-1 17개 시도교육청의 비전

시	비전	도	비전
서울	다양성이 꽃피는 공존의 혁신미래교육	경기	미래교육의 중심 새로운 경기교육
부산	꿈을 현실로! 희망 부산교육	강원	마음껏 펼쳐라
대구	미래를 배운다 함께 성장한다	충북	지속가능한 공감·동행 교육
인천	학생성공시대를 여는 인천교육	충남	행복한 학교 학생중심 충남교육
광주	혁신적 포용교육	전북	학생중심 미래교육
대전	대전교육 성공시대	전남	함께 여는 미래 탄탄한 전남교육
울산	한명의 아이도 포기하지 않는 울산교육	경북	삶의 힘을 키우는 따뜻한 경북교육
세종	새로운 학교 행복한 아이들	경남	오직 경남교육! 오직 경남학생!
		제주	올바른 인성 생각하는 힘을 키우는 미래교육

출처: 각 시도교육청 홈페이지. 2022년 11월 기준.

17개 시·도교육청의 비전을 살펴보면 진보교육감의 경우 혁신이라는 표현을 많이 사용하고 있는 반면 미래교육이라는 단어는 진보와 보수교육감에 상관없이 활용되고 있다는 것을 알 수 있다. 물론 이러한 비전만으로는 시·도교육청의 주요 정책이 이전과는 어떻게 차별화되는 지는 논할 수는 없다. 앞서 논의한 바와 같이 시·도의회의 구성의 정치적 성향과 교육감의 성향이 맞는지에 여부에 따라 교육감의 주요 정책이 예산 등의 차원에서 지지를 받을 수 있는지가 결정된다.

특히, 보수에서 진보 혹은 진보에서 보수로 변화된 시·도교육청의 경우 주요 정책을 구체적으로 수립하고 시행하는 그룹이 시·도교육청 내의 교육전문직(예: 장학사, 장학관)들인데 이들은 전임 교육감이 채용하였고 그간 전임 교육감의 교육정책을 지지하고 시행하였다는 점을 고려할 때 정책결정자 또는 정책시행자로서의 교육전문직들이 새로운 교육정책을 어떻게 인식하고 이를 해석하는지에 따라 시·도교육청별로 새로운 교육감의 교육정책 시행방향과 시행방식이 다를 수 있다.

이와 더불어 시·도교육청과 중앙정부와의 협력관계 및 지방자치단체와의 협조 관계 역시 선출된 교육감의 교육정책의 집행과정에 큰 영향을 미칠 수 있다(성병창, 2015). 기본적으로 시·도교육청과 지방자치단체의 경우 지방교육행정협의회를 통해 제도적 협력이 이루어지고 있다. 구체적인 사례인 혁신교육지구의 경우 시·도교육청과 지방자치단체와의 협력하에 주요 사업 내용이 결정되는데 파트너가 되는 지방자치단체장의 변화 역시 혁신교육지구에 대한 관점 그리고 세부 사업 내용의 변경 등에 영향을 주게 된다.

2014년 당선된 교육감들의 교육정책 비전을 분석한 성병창(2015)의 연구에 따르면 진보교육감의 경우 혁신학교, 무상급식, 평준화 등을 주요정책으로 제시하고 있는 반면, 보수교육감들은 현재의 교육활동을 개선하는 방향을 제시하는 경향이 있다는 것을 밝혔다. 하지만, 진보와 보수교육감들은 공통적으로 교육복지의 범위를 확대하는 정책 예컨대, 무상급식이나 저소득층 교육 지원 확대 등을 제시하기도 했다. 이러한 맥락에서 교육감이 바뀌면 시·도교육정책이 바뀐다고 주장하는 것은 쉽지 않다. 앞서 논의한 시·도의회가 어떻게 구성되는지 뿐만 아니라 교육부와의 관계도 중요하기 때문이다.

1) 시 · 도교육청과 중앙정부의 갈등 사례

선출된 교육감이 내세운 공약을 실제 학교현장에 적용하기 위해서는 시 · 도교육청의 재원과 인력 운영의 관점에서 가능한지 그리고 학교현장에서 새로운 교육정책을 받아들일 수 있는 여건과 학교문화가 형성되어 있는지가 중요하다. 하지만, 이와 더불어 중앙정부인 교육부의 교육정책 방향과의 일치 여부 역시 중요하다. 시 · 도교육감의 역할이 강화되고 지방교육자치가 심화됨에 따라 교육자치의 폭과 영역이 넓어지고는 있지만, 국가사무로서의 교육과 학예분야의 책임자인 교육부장관과의 의견충돌 그리고 정책시행과정에서 많은 갈등이 일어나기도 한다.

교육감은 지방교육의 집행기관이지만 교육부의 교육이나 학예 관련되어 위임된 사항을 담당하는 국가행정기관의 성격을 동시에 가진다. 그간 교육감은 정치적 성향의 차이 혹은 개별적인 교육정책의 성격에 관련하여 교육부장관과 많은 갈등관계를 형성하기도 했다. 일반적으로 중앙정부와 교육감의 정치적 지향이 반대인 경우 예컨대, 진보와 보수일 때 많은 갈등이 나타났으며 법적 다툼까지도 진행된 바가 많다. 이는 법의 해석상 여전히 교육부장관과 교육감 사이의 사무배분에 대한 인식 차이, 자치사무에 범위의 모호성, 과거 중앙정부 중심의 정책이 지방자치의 의미에 맞게 수정되지 않은 점, 교육부장관의 포괄적 권한 행사시도에서 비롯된다(안주열, 2015).

2007년 교육감 직선제가 시행된 이래로 교육감과 교육부장관과의 갈등은 교육부장관이 추진하는 교육정책을 교육감이 반대하면서 생기는 경우와 교육감의 교육정책에 대한 교육부장관의 반발로 생기는 것으로 구분할 수 있다(변진경, 2022.5.26). 전자의 대표적인 사례로는 이명박 정부의 일제고사 부활 정책이다. 정부는 2008년부터 국가수준 학업성취도 평가를 추진했는데 이에 반발한 시 · 도교육청의 경우 학교로 하여금 학생에게 학업성취도 평가 응시 선택권을 주거나 시험 미응시 학생에 대한 교육부 지침(무단결석 처리)을 따르지 않는 교사에 대한 징계를 거부하였다.

또한 2000년대 후반에 교육부가 새로운 교육정책을 추진하는 과정에서 현장의 의견과 시행을 위한 조건들을 충분히 검토하지 않아 발생한 일련의 갈등 사례

(2010년의 교원능력개발평가의 시행, 2012년의 학교폭력 예방 및 대책 정책 중 가해학생 조치의 학교생활기록부 기재 논란 등)가 나타났다. 이런 경우 단순히 교육부장관과 시·도교육감은 교육정책 결정과 시행과정에서 단순히 이견만을 제시한 것이 아니라 다양한 법적 소송을 상호 제기(장귀덕·김왕준, 2015)하기도 하였다.

교육부의 측면에서는 교육부장관의 시·도교육감에 대한 직무이행명령 또는 시정명령에 대해 교육감이 수용하지 않는 경우 교육감을 직무유기죄로 고발한 경우도 있었으며, 시·도교육청의 조례에 대해 조례무효확인 소송 등을 제기하기도 하였다. 이와 더불어 헌법재판소법에 따라 '국가기관 상호간, 국가기관과 지방자치단체 간 및 지방자치단체 상호간의 권한쟁의(權限爭議)에 관한 심판'을 상호 간 제기하기도 하였다. 대표적인 사례로 교육부의 학교생활기록부에 학교폭력 가해 학생에 대한 조치사항 기재를 의무화하는 지침에 대한 전라북도교육감과의 권한쟁의심판과 서울시교육청의 학생인권조례를 둘러싼 교육부와의 권한쟁의심판이 있었다.

이와 반대로 시·도교육감들이 독자적인 교육정책을 시행하는 과정 특히, 선거공약을 교육감으로 선출된 뒤 구체적인 교육정책으로 이행하는 과정에서도 시·도교육감와 교육부장관과의 갈등이 나타나기도 했다. 무상급식의 경우 시·도교육감의 핵심 공약을 시행하는 과정에서 중앙정부와 갈등한 사례이다. 2009년 김상곤 경기도교육감이 시작하여 진보교육청에 확산된 정책으로 비용 부담 등과 관련하여 지방자치단체장과의 갈등도 발생하였다. 더욱이 무상급식 이슈는 단순히 교육분야의 이슈로 머문 것이 아니라 여야 간의 정책대결 양상을 띄게 되었고 급기야 2011년 오세훈 서울시장의 무상급식에 관련된 주민투표 시행 그리고 투표율 미달에 따른 시장직 사퇴까지 이끌어냈다. 또한 학교 체벌에 관한 논란 그리고 학생인권조례 제정도 이와 유사한 흐름을 가진다.

2) 교육감이 주도한 교육정책 변화의 모습

교육감 주민직선제 도입 이후 교육감이 주도한 교육정책의 대표적 사례는 무상급식, 학생인권조례 도입 그리고 혁신학교 정책이다. 이 중 교육적 관점에서 학교현장에 가장 큰 영향을 준 것은 혁신학교 정책이다. 2010년과 2014년 교육감 선거공약을 분석한 강은숙(2019)에 따르면 2010년 선거에서 보수교육감은 학력, 인성, 창의 단어가 빈번하게 쓰인 반면 진보교육감의 경우 혁신, 혁신학교가 많이 사용되었다. 2014년의 경우 안전이라는 표현은 보수, 진보교육감들이 공통으로 사용한 반면, 보수교육감은 교육환경, 행복 그리고 진보교육감은 교육복지, 무상급식 등을 내세웠다는 것을 보여주고 있다.

2009년 김상곤 경기도 교육감이 시작한 혁신학교 정책은 2010년 교육감 선거를 기점으로 급격히 확대되었다. 중앙선거관리위원회(2010)가 발간한 2010년 선거 당선자 선거공약 모음집에 따르면 김상곤 당선자는 2번째 교육공약으로 '공교육 정상화의 모델 혁신학교 확대, 마을마다! 한 반에 25명 이하의 알찬 학교를'을 제시했다. 경기도 내 전체 학교 중 10%를 혁신학교로 지정하여 공교육의 개혁 바람을 지정하겠다는 것을 약속함으로써 2010년 5월 기준 33개 혁신학교를 2012년에 200여 개로 확대하겠다고 공언하였다. 서울시교육감 당선인인 조희연 교육감역시 서울형 혁신학교를 300개로 지정·운영하겠다는 약속을 제시하였다. 이외에광주, 강원, 전북교육감 역시 혁신학교 추진을 공약하였다. 이와 더불어 기초지방자치단체의 장들도 지역 내 혁신학교 유치를 공약하기도 하였다.

하지만 2022년 선거를 통해서는 교육의 새로운 방향으로 미래교육이 빈번히 언급되고 있다. 이는 진보와 보수교육감 간의 차이가 나타나지 않았다. 이는 디지털 대전환 시대에 학생들의 미래역량을 학교가 길러줘야 한다는 필요성과 더불어 코로나 시대를 거치면서 발전한 원격/하이브리드 교육 실현 그리고 현재의 교육문제를 해결하기 위한 방안으로의 에듀테크의 도입의 필요성에 기인한다.

진보성향의 서울 조희연 교육감의 경우 '더 질 높은 교육을 위해 인공지능 기반 맞춤형 학습지원'을, 광주 이정선 교육감은 'AI미래교육 추진'을, 경남 박종훈 교육감은 '대한민국 최초 빅데이터-AI교육체제 구축'을 내세웠다. 보수성향의 부산 하윤수 교육감은 '전국 최고 수준 스마트교육 환경을 구축을, 미래를 책임지는 주춧돌을 놓겠다'고 했고, 경기도 임태희 교육감은 'AI하이테크 기반 학생 맞춤형 교육 도입'을 내세웠다(교육부, 2022).

2022년 선출된 교육감이 새로운 교육의 방향으로 제시한 정책들은 미래교육 뿐만 아니라 다양한 영역에 걸쳐 있다. 하지만 이전의 교육감들과 차별화되는 영역으로써 미래교육을 어떻게 디자인하고 추진할 것인지는 교육감들의 4년 후 성과를 평가하는데 중요한 기준이 될 것이다. 비록 교육감이 업무를 수행하는 과정에서 중앙정부인 교육부장관, 대한민국국회, 그리고 시·도의회 그리고 지역의 지방자치단체뿐만 아니라 교직원, 학부모, 학생, 지역내 시민단체, 언론 등과 영향을 주고 받지만 교육정책의 결정 및 시행과정에서 교육감의 권한의 범위와 힘은 점차 강해지고 있다. 중앙정부인 교육부가 강력하게 시행을 원하는 정책의 경우에도 시·도교육감이 반대하면 학교현장에 제대로 착근될 수 없는 반면 무상급식이나 혁신학교 등의 사례에서 살펴보듯이 교육감이 의지를 갖고 중장기적으로 정책을 시행한다면 교육부 등의 반대에도 교육정책을 이행할 수 있다는 사실을 알 수 있다.

- 교육감 선출방식의 과거 변화를 살펴본 후 현재의 직선제가 선출된 역사적 맥락 및 현실적인 이유에 대해 이야기해보기
- 교육감의 법적, 제도적 권한을 법령(법률 및 조례 등)의 자료를 국가법령정보센터(law.go.kr)에서 살펴보기
- 교육감이 선거기간 중 내세운 교육공약이 공식적인 교육정책으로 전환하는 과정에서 대해 다양한 자료(교육청의 기본계획, 보도자료, 언론사 자료 등)를 통해 살펴보자. 예컨대, 특정한 교육정책인 에듀테크의 교육적 활용 확대라는 정책이 어떠한 교육정책기획과정을 통해 학교에서 어떤 식으로 실행되는지를 생각하고 그것과 관련된 자료를 찾아보자.

추천활동

- 교육감 선거공약과 시도교육청의 정책 간의 관계 분석(팀 프로젝트)
: 선거기간 중 교육감의 핵심공약이 시도교육청의 업무계획에 어떻게 반영되는지를 탐색해보기 위해서 본인의 주소지 혹은 관심이 있는 시도교육청의 사례를 다양한 자료를 통해 분석해보기
: 교육감이 변경된 지역의 경우 교육감인수위원회에서 발간한 백서 자료를 찾아보거나 교육감이 재선이나 삼선을 한 경우에는 교육감준비위원회의 자료를 찾아서 살펴보기(시·도교육청 홈페이지 검색)
: 교육감 선출된 다음해의 시도교육청의 기본계획을 찾은 후 교육감의 주요공약, 교육감인수(준비)위원회의 백서 등의 자료와 비교분석해보기

추가학습자료

- 중앙선거관리위원회의 정책·공약마당 사이트에서 본인 주소지가 위치한 지역의 시도교육감 당선인 공약을 확인하기
- 교육감이 변경된 시·도교육청과 그대로 유지된 시·도교육청 간의 교육정책 변화 양상에 대해 파악해보기
- 교육감 선거제도에 관련된 신문기사(bigkinds 사이트 검색)를 검색해서 읽어보기

참고문헌

강은숙(2019). 언어네트워크 분석을 이용한 2010년과 2014년 교육감 선거공약과 취임사에 관한 연구. 교육정치학연구, 26(1), 29−58.

고전, 음선필, 이덕난, 정재훈(2013). 교육감 선거제도 개선 방안 분석. 한국지방교육연구소.

교육부(2022). 행복한 교육 7월호

김혜숙, 김종성, 장덕호, 조석훈, 홍준현(2011). 지방교육자치제도 개선방안 연구: 교육감 및 교육위원회 위원 선출제도를 중심으로. 한국교육행정학회 지방교육자치제도 정책연구팀.

변진경(2022.5.26.). 교육감에게 던지는 한표, 왜 중요한가. 시사in,

성병창(2015) 시·도교육청 차원의 교육정책 개발과 조정, 교육정치학연구, 22:4, 141−162

성병창(2020). 교육감과 지방의회 관계의 정치성. 교육정치학연구, 27(4), 205−226.

안주열(2015). 교육감의 법적 지위에 관한 고찰: 교육부장관과의 관계를 중심으로. 국가법연구, 11(1), 75−95.

유경희(2022.11.7.). 경기도교육청−'2022 추경예산 처리' 호소. 하남일보.

장귀덕, 김왕준(2015). 지방교육자치제의 헌법적 본질 관점에서 본 교육감−교육부장관의 갈등 조정에 관한 연구. 교육법학연구, 27(3), 209−238.

장윤서(2022.6.2.). 깜깜이 교육감선거, 무효표 90만표 쏟아졌다…시·도지사의 2.6배. 중앙일보 온라인판.

정희완(2022.5.29.). 직선제 도입 15년…여전히 '로또 교육감선거'. 경향신문.

중앙선거관리위원회(2010). 2010.6.2. 실시 제5회 전국동시지방선거: 당선자 선거공약 모음집.

CHAPTER 11

학교 조직은
어떻게 개선해야 할까?

정 제 영

- 학교 조직의 구성원에 대해 이해할 수 있다.
- 학교 조직의 구성과 운영의 원리를 이해할 수 있다.
- 학교 조직의 개선 방향에 대해 제시할 수 있다.

사례

중학교에서 3학년 부장을 담당하고 있는 교사 A씨는 최근 학교의 조직에 대해 많은 고민을 하고 있다. 최근 3학년들이 떠나게 될 수학여행을 준비하면서 수학여행에 관한 자료를 검색하게 되었다. 그런데 예산을 포함한 수학여행의 공식적인 계획은 모두 결제받은 공문으로 이루어져 있는데 왜 그런 결정을 했는지, 그리고 수학여행 중에는 어떤 문제가 발생하였고, 어떻게 해결했는지에 대해서는 자료를 찾기 어려웠다.

수학여행을 담당했던 선생님들을 찾아보았지만 이미 전근을 가셔서 직접 물어보기 어려운 상황이었다. 학교에서 이루어진 다양한 의사결정의 과정과 결정의 이유, 그리고 행사 등에 대한 사후 보고서 작성이 잘 이루어지지 않았다는 것을 알게 되었다. 어떻게 하면 학교가 지속적으로 성장하는 조직이 될 수 있을지에 대해 의문을 갖게 되어 관련 연구들을 찾아보면서 실제 학교의 문제를 해결하는 방향에 대해 고민하게 되었다.

1 학교는 어떤 조직일까?

사회는 다양한 조직들로 이루어져 있고, 인간은 태어나면서 하나 이상의 조직의 구성원으로 살아간다. 일반적으로 조직은 '두 사람 이상이 계속적이고 의식적으로 공동의 목표를 달성하기 위하여 만든 활동, 관계 또는 체제'로 정의된다. 인간은 자발적이든 비자발적이든 조직의 구성원이 되고 때로는 조직에서 이탈하기도 한다. Weber(1947)는 조직이란 "협동집단으로서 계속적이고 의도적인 특정한 종류의 활동체제"라고 하였다. 윤정일 외(2002)는 조직이란 "둘 이상의 사람이 일정한 목표를 추구하기 위해 의도적으로 구성한 사회체제로서, 목표 달성을 위한 특정한 과업, 역할, 권한, 의사소통, 지원구조 등을 갖는 체제"로 제시하였다.

학교 조직은 학생들의 교육적 성장을 지원하는 것을 목적으로 구성된 공식적인 조직이다. 특히 국가와 지방자치단체가 운영하는 국립과 공립학교, 학교법인이 운영하는 사립학교를 포함하여 각급 학교는 모두 공식적인 헌법, 법률 등의 규정에 의해 목적이 정해져서 운영되고 있다. 학교는 공식적인 조직이지만 구성원들은 자발적 또는 비자발적으로 참여하는 특징을 갖고 있다. 학교 조직의 특징은 다양한 관점에 따라 다르게 표현되고 있는데, 마치 장님이 코끼리를 만나서 본인의 경험으로 코끼리를 설명하는 이야기의 상황과 유사하다. 학교 조직을 설명하는 학자들의 이론은 각각의 관점에서 유의미한 시사점을 제공하고 있지만, 실제 조직을 운영하는 입장에서 본다면 각 이론을 종합적으로 반영하여 조직을 이해하고 개선을 위한 노력을 해야 한다고 볼 수 있다.

학교 조직의 특징에 대해 살펴보면, 첫째, 학교 조직의 구성은 교육 활동을 하는 교원과 학생이 핵심적인 구성원이고, 직원은 행정 지원을 한다. 그 외에 학부모와 보호자들이 교육에 직·간접적으로 참여하고 있으며, 더 확장해 보면 지역사회 구성원들도 교육 활동에 영향을 미치고 있다. 둘째, 학교 조직의 목표 측면에서 본다면 공식적으로 학교의 목표는 법령에 정해져 있으며, 그 밖에 학교의 특성에 맞는 자율적 목표를 설정하고 있다. 셋째, 학교 운영의 원리는 일반적인 행정조직처럼 기본적으로는 관료제적 속성을 갖고 있지만 교육과 관련하여 교육적 활동에서는 전문가 조직의 특성도 갖고 있다. 넷째, 학교 조직은 기본적으로 공식 조직으로서의 특징을 갖고 있지만 다양한 비공식 조직이 생겨나고 사라지는 것이 반복되고 있다. 다섯째, 학교에는 전체적인 학교 문화와 함께 다양한 하위 문화가 존재하고 있고, 여러 가지 의사소통의 방식이 활용되고 있다.

학교 조직 중 공급자의 측면에서 학교를 구성하는 구성원은 교원과 직원으로 나누어 볼 수 있다. 교원과 직원을 합쳐서 교직원이라고 부르는데 각급 학교에서 교육활동에 직접 종사하는 교원, 교육활동을 지원하는 학교 직원을 의미한다. 직원은 교육을 지원하는 다양한 행정 업무를 담당하고 있다. 학교의 직원 중에서 계약에 의해 해당 업무를 수행하는 직원도 있다. 교원은 자격에 따라 교사, 수석교사, 교감, 교장으로 구분된다. 교감과 교장의 경우에는 자격을 갖추고 난 이후에 임용되는 것을 원칙으로 하고 있으나 때로는 무자격으로 우선 임용된 이후에 연수를 통해 자격을 추후에 취득하는 경우도 있다. 교원의 승진 경로는 매우 단순하게 규정되어 있다. 교사는 2급 정교사, 1급 정교사로 구분되는데, 2급 정교사가 일정 요건을 갖춘 경우에 1급 정교사로 승진하게 된다. 교감과 교장은 일정 요건과 연수를 거쳐 자격을 취득한 후에 승진이 이루어진다.

교육의 수요자 측면의 구성원은 학생과 학부모가 있다. 학령기 아동과 청소년 중에서 학교에 재학 중인 경우 학생이라고 한다. 학생은 교육의 대상으로서 수동적인 역할이 강조되어 왔지만 최근에는 적극적으로 참여하는 학생의 능동적 역할이 강조되고 있다. 학생의 부모와 법령상 보호자도 학교의 중요한 구성원이다. 학부모들은 학부모회, 학교운영위원회 등을 통해 공식적으로 학교의 교육적 의사결정에 참여한다.

최근에는 학교가 지역사회와의 연계를 위한 다양한 활동을 펼치고 있다. 학교와 지역사회가 연계해야 하는 목적은 첫째, 지역사회의 교육적 자원을 적극적으로 활용하여 학교의 교육적 기능을 강화하는 것이다. 둘째, 학교와 지역사회의 연계를 통해 지역경제의 활성화를 도모하는 것이다. 셋째, 지역사회의 지원을 통해 위기학생의 복지서비스를 개선하는 것이다. 넷째, 학교의 교육적 자원을 활용하여 지역

사회에 봉사함으로써 더욱 건강한 지역사회를 만들어가는 것이다.

2 학교 조직은 어떻게 구성되고 운영되는가?

학교는 오랜 기간 이미 운영되어 왔던 조직이기 때문에 대부분의 학교는 조직의 구성과 운영에 대한 체계와 규정을 갖고 있다. 하지만 조직의 구성이 비슷함에도 불구하고 학교에 따라 성과가 다르게 나타난다. 따라서 조직의 효율적인 운영을 위해서 조직 구성의 원칙과 운영의 절차에 대해 점검하고 개선해 나가려는 노력이 필요하다. 일반적인 학교가 적용하고 있는 조직 구성과 운영의 원리를 이론에 기반하여 살펴보고자 한다.

1) 학교 조직 운영의 기본 원리인 '관료제'

Weber(1947)에 의해 제안되었던 관료제 모델은 현대 사회에서 조직을 운영하는 가장 기본적인 원리로 활용되고 있으며, 조직 구성과 운영의 이론적 기초가 되고 있다. Weber는 조직을 운영하는 중요한 원리로 명령과 복종의 관계를 제시하는데, 특히 명령권자의 권력(power)과 권위(authority)의 개념을 구분하고 있다. 권력은 명령권자가 구성원의 저항이나 반대와 무관하게 복종하게 만드는 능력을 의미한다. 반면에 권위는 명령을 받은 구성원들이 자발적으로 복종하게 되는 점에서 차이가 있다. Weber는 조직의 운영에 있어서 권위에 의존하는 것이 바람직하다고 설명한다. 관료제 모델이 적용되는 전형적인 조직은 국가의 정부 부처, 회사, 군대 등이 해당된다. 학교 조직은 기본적으로 Weber의 관료제를 운영의 원리로 적용하고 있다.

Weber는 권위가 정당화되는 방식에 따라 조직의 유형을 합리적·법적 권위, 카리스마적 권위, 전통적 권위로 구분하였다. 첫째, 합리적·법적 권위가 기본적으로 관료제에 맞는 권위의 유형이라고 할 수 있다. 관료제는 특정한 목적을 위해 계획적으로 구성되어 운영되는 조직이고, 목적을 달성하기 위한 수단을 명확하게 규정한다. 또한 조직에서 설정한 목적을 달성하기 위해 기계를 설계하듯이 조직을 합리적으로 설계하고, 운영의 원리와 절차를 규정으로 명확하게 설정하고 있다. 따라서 관료제의 리더는 규정에 의해 합리적·법적 권위를 부여받게 되는 것이다. 둘째, 전통적 권위는 한 사회나 조직의 관례와 관습에 의해 권위가 인정되는 것이다. 전통적 권위의 리더는 세습되어 온 지위로 인해 권위를 인정받고 관습에 의해 권위의 범위와 영향력이 결정된다. 이러한 전통적 권위는 봉건제(feudal) 형태의 조직에서 많이 나타나게 된다. 봉건제는 관습적인 권리와 의무의 관계 속에서 그 사회가 보유한 물질적 기반을 통해 조직이 유지된다. 개인 기업의 경우에는 봉건제 형태의 전통적 권위가 현대 사회에서도 적용되고 있다. 셋째, 카리스마적 권위는 초인간적인 능력이나 성과로 인해 리더가 된 경우에 해당된다. 특히 종교적인 측면에서 예언자나 메시아, 그리고 국가적 영웅 등이 카리스마적 권위를 인정받는 경우가 많다. 특히 카리스마적 권위에 기반한 조직은 종교적이거나 정치적인 혁명 운동 조직이 해당되는데 이러한 카리스마적 권위는 리더 개인에 의존하는 경향이 크기 때문에 다른 카리스마적 리더를 수용하는 데 한계가 있다. 따라서 리더의 계승이 세습적으로 이루어지면 전통적 권위 유형으로 변화될 수 있고, 규정에 의해서 다음의 리더로 계승되면 합리적·법적 권위 유형인 관료제 조직으로 변화하게 된다.

학교 조직은 관료제의 특성으로 권위의 위계(hierarchy of authority), 규율과 규정(rules and regulations), 분업을 통한 전문화(division of labor and special-ization), 비인간성(impersonal orientation), 경력지향성(career orientation)의 특성을 갖고 있다. 첫째, 관료제는 조직 구성원들에게 규정에 의해 권위의 위계를 부여한다. 학교 조직은 규율과 규정에 의해 하위 조직을 구성하고 구성원은 각 직위에 따른 권한과 책임을 맡게 된다. 상급자는 권한의 범위 내에서 하급자의 업무를 규율하고 통제하며, 하급자는 규정에 따라 상급자에게 복종해야 하는 의무를 진다. 학교에서 권한과 책임은 법령에 의해 규정되며 교장, 교감, 교사의 업무 범위가 명확하게 규정되어 있어서 조직을 효율적으로 운영하고 조정하는 데 기반이 된다. 반면에 권위의 위계로 인한 역기능은 의사소통 과정의 왜곡과 단절이 발생할 수 있다는 점이다. 상급자의 지시나 명령에 대해 하급자가 반론을 제기하기 어려운 구조가 될 수 있다.

둘째, 관료제는 조직을 규율과 규정에 따라 운영한다는 점에서 리더에게 법적 권위가 부여된다. 학교는 법률을 포함한 공식 규정, 자체적으로 만든 학칙 등에 의해 운영된다. 이러한 규정은 학교 조직의 존재, 운영 등의 안정성과 지속성을 유지하는 기반이다. 하지만 규정에 의한 조직의 운영 과정에서 나타나는 문제점은 절차만을 강조하게 될 때 경직성과 목표 전도 현상이 발생하게 된다는 점이다. 규정에 너무 의존하면 조직이 보수적으로 변하여 환경의 변화나 새로운 문제에 대응하기 어려워진다. 목표 전도 현상은 규정에 의한 수단과 절차의 정당성만을 강조할 때 목표가 무시되는 현상을 의미한다. 학교의 목표는 모든 학생의 학습 성취 수준을 높이는 것임에도 불구하고, 상대평가라는 규정으로 인해 교사의 역할이 제한되는 현상이 발생할 수 있다.

셋째, 관료제는 분업을 통한 전문화가 이루어지고 그 결과 조직의 성과와 효율성이 높다는 특징을 갖고 있다. 관료제는 목표 달성을 위해 조직의 업무를 규정에 따라 조직 단위와 개인에게 분배하고 전담 업무에 대한 전문성을 높이도록 한다. 학교의 경우에도 학년과 교과 등의 기준에 따라 학교의 업무를 나누고 담당자를 결정한다. 하지만 분업의 과정에서 부서나 업무 담당자 사이에 칸막이가 생기게 되면 협업이 제한되는 문제가 발생할 수 있으며, 조직의 목표나 이익보다 부서나 개인의 이익을 우선적으로 고려하는 현상도 발생할 수 있다.

넷째, 관료제는 규율과 규정에 따라 공식적 관계가 설정되기 때문에 비인간성의 특징을 갖고 있다. 비인간성은 성별, 연령, 학력, 경제력 등 개인이 갖고 있는 특성보다는 규정에 따라 공식적 관계가 형성된다는 것을 의미한다. 학교에서도 개인의 감정이나 사적 관계에 의해 업무나 책임이 부과되는 것이 아니라 규율에 의해 공식적 관계가 형성된다. 물론 비공식적 조직이나 사적인 만남에서는 연령이나 학력 등의 개인적 특성이 반영되기도 한다. 몰인간성의 공식적 관계에서 나이가 어린 상급자나 후배 상급자 등의 관계가 형성되면 사기가 저하되거나 의사소통의 제한이 발생할 수 있다.

다섯째, 관료제는 구성원들의 경력지향성을 특징으로 갖고 있다. 관료제 조직에서는 업무의 특성에 따라 전문성을 갖춘 인재를 채용·배치하고 근무하는 과정에서 전문성이 강화되므로 경력을 전문성의 대표적 평가지표로 활용하고 있다. 학교에서 교직원의 보수는 근무 경력에 따라 호봉제로 결정하고, 승진에서도 최소한의 근무경력을 요구하고 있어서 경력지향성의 특징을 갖고 있다고 할 수 있다. 경력지향성은 미래에 대한 예측가능성을 높여주고, 높은 조직 충성도를 갖도록 하는 요인으로 작용할 수 있지만, 성과를 무시하고 경력만 지향하는 무사안일주의에 빠질 위험도 있다. 특히 학교에서 성과가 높고 열정적으로 일하는 교원에게 경력지향성은 불만의 요인이 될 수도 있다.

표 11-1 관료제의 순기능과 역기능

관료제의 특징	순기능	역기능
권위의 위계	순응과 원활한 조정	의사소통 장애
규율과 규정	계속성과 통일성 확보	경직과 목표 전도
분업을 통한 전문화	전문성 향상	권태감 누적
비인간성	합리성 증진	사기 저하
경력지향성	오랜 기간 근무할 동기 유발	실적과 연공의 갈등

출처: 윤정일 외(2002: 45).

2) 전형적인 관료제를 벗어난 학교 조직의 특징

학교에서 이루어지고 있는 행정적 업무는 관료제의 특징을 갖고 있지만 정부 부처나 군대와 같이 전형적인 관료제 조직과는 다른 특수성도 갖고 있다. 교사의 주요 업무라고 할 수 있는 교육활동이 이루어지는 수업과 생활지도의 장면에서는 관료제의 특성보다는 전문가 조직의 특성을 많이 갖고 있다. 관료제와 전문가 조직은 '전문적 기술, 객관적 관점, 비인간성과 공정성, 고객에 대한 봉사' 등의 내용에 있어서 유사한 성격을 갖고 있다. 관료제는 위계적이어서 명령과 순응의 정도가 강하고, 조직의 권위에 종속되는 정도가 높은 반면에 전문가 조직은 의사결정과 실행, 통제에 있어서 자율성의 정도가 높다고 할 수 있다. 전문가 조직의 전형적인 사례는 의사들의 병원, 변호사들의 로펌 등이 대표적이다.

Mintzberg(1979)는 학교 조직을 '전문적 관료제'라고 표현하였다. 전문적 관료제인 학교는 일반적인 관료제와는 달리 현업 전문가인 교사들의 업무과정에서 자율성이 높고, 분권화된 느슨한 조직의 형태를 나타낸다. 학교는 행정업무와 관련하여 관료제의 특성이 있지만 교사의 중요한 역할인 교육 활동에 있어서는 개인적인 전문성을 발휘하고 있기 때문에 학교를 전문적 관료제로 설명할 수 있다는 것이다. 이러한 학교의 특성에 대해서 Hoy와 Miskel(2013)은 관료제와 전문가 조직의 특성을 모두 갖고 있는 '이중조직'이라고 표현하였다. 학교의 조직을 살펴보면 관료제에 따라 권한과 책임이 수직적 관계로 형성되어 있지만 교과 협의회와 같은 수평적 조직도 함께 반영되어 있다. 교사는 교육활동에 있어서 전문가 조직의 특성을 갖고 있지만 수업시간의 편성과 운영, 교육과정의 내용 등은 규정에 의한 통제를 받고 있다는 점도 이중조직의 특징을 보여주는 사례이다.

Weick(1976)은 조직이 구성되고 운영되는 특징에 따라 '강력하게 결합된 체제(tightly coupled system)'와 '느슨하게 결합된 체제(loosely coupled system)'로 구분하였다. 두 가지 조직체제의 유형은 컴퓨터 분야에서도 활용되는 용어인데 느슨하게 결합된 체제는 하위 체제 사이에 독립적인 운영 체제를 갖고 있는 경우를 의미하고, 하위 체제가 하나의 메모리를 공유하는 경우에는 강력하게 결합된 체제로 표현한다. 학교의 경우에는 공식적 조직에 의한 부서가 관계를 형성하고 있지만 정부조직이나 군대와 같이 강력하게 결합되어 있지는 않고 구성원들이 상당한 자율성과 개별성을 유지하고 있다는 점에서 느슨한 결합 관계라고 설명하는 것이다.

Cohen, March와 Olsen(1972)은 학교 조직이 혼란스럽고 통제되지 않는다는 점을 부각시켜서 '조직화된 무질서 조직(Organized Anarchy)'이라고 표현하였다. 학교는 표면적으로 관료제와 같이 조직화된 구조를 갖추고 있지만 목표가 명확치 않고, 의사결정의 과정도 모호하다는 점에서 무질서하다고 표현한 것이다. 윤정일 외(2002)는 학교 조직이 '불분명한 목표, 불확실한 기술, 유동적인 참여'의 특징을 갖고 있어서 조직화된 무질서 조직이라고 보았다. 학교에는 공식적인 목표가 설정되어 있지만 실제 구성원마다 이를 다르게 이해하고 있는 경우가 많다. 학교의 교육활동에는 다양한 기술(skill)을 활용하지만 개인에 따라 기술과 역량에 차이가 있다. 또한 교육활동에 참여하는 주체와 대상이 유동적이라는 특징을 갖고 있다.

학교 조직은 관료제의 원리로 운영되지만 동시에 전문가 조직의 특성을 갖고 있기 때문에 전문적 관료제, 이중조직, 느슨하게 결합된 조직, 조직화된 무질서 조직 등의 관점이 등장하였다. 이러한 이론은 다른 조직과는 상이한 학교 조직의 특수한 성격을 이해하는 데 도움을 줄 수 있다. 그리고 학교별로 관료제와 전문가 조직의 특징을 어느 정도 갖고 있는지에 대해 살펴보는 것도 의미가 있을 것이다.

3 학교 조직의 문화는 어떠한가?

학교는 학교마다 특징적인 문화를 가지고 있다. 공식적인 조직으로서의 성격은 유사하지만 학교별 차이를 보이는 것은 문화적 차이에 기인하는 경우가 많다. 조직 문화(organizational culture)는 한 조직의 구성원들이 공유하고 있는 가치, 신념, 암묵적 의미, 정서의 체계를 의미한다. 조직에 대한 문화적 접근은 조직에 대한 전반적인 이미지를 파악하려는 시도이며, 조직의 규범, 가치, 이념, 비공식 조직 및 자발적 체제 등의 많은 개념이 포함되어 있다(한유경 외, 2018).

조직의 공식적인 규정과 규율은 명시적으로 표현되고 이해되는 인지적 측면이 강하다면 문화는 눈에 보이지는 않지만 구성원의 행동이나 태도에 내면화되어 있는 정서적 측면이 강하다고 할 수 있다. 구성원들은 조직에 내재되어 있는 문화를 공유함으로써 일체감과 안정감을 갖게 된다. 학교의 조직 문화에 따라 학교에서 이루어지는 활동은 많은 차이를 나타내게 되고, 결과적으로 조직의 성과에도 영향을 미치게 된다. 따라서 학교 조직의 문화를 이해하는 것은 매우 중요하다고 할 수 있다.

1) 인간과 문화를 보는 관점: X 이론과 Y 이론

조직의 문화는 조직에 내재되어 있는 인간에 대한 관점과 조직의 운영 원칙에 따라 차이를 나타낸다. 인간의 본성에 대한 기본적인 철학과 가치는 조직 운영의 원칙에 영향을 미치고, 이에 따라 규정과 규칙들이 정해진다. 예를 들면 인간의 본성이 선하고 자율적이라는 가정이 있다면 자율적 책임 중심의 조직 운영이 가능할 것이고, 반면에 인간의 본성이 악하고 타율적이라고 가정한다면 조직의 운영은 규제와 통제로 조직을 운영하게 될 것이다.

McGregor(1960; 1989)는 조직을 관리하는 원칙이 인간의 본성과 행위에 대한 가정에 기반하고 있다고 보았다. 그는 20세기 초반부터 조직을 관리하는 전통적인 방식인 관료제의 인간에 대한 가정에 문제가 있다고 보았다. McGregor는 전통적 관료제가 조직 운영의 원리의 기반으로 삼는 인간 본성에 대한 가정을 'X 이론(Theory X)'이라고 하였다. X 이론에서 보는 인간에 대한 가정은 세 가지로 요약해볼 수 있다. 첫째, 보통 사람은 천성적으로 일하기 싫어하며, 되도록 일을 피하려는 경향이 있다. 둘째, 일을 싫어하는 보통 사람의 특성 때문에 조직은 강제하고, 통제하고, 지시하고, 처벌의 위협을 가해야만 사람들의 노력을 끌어내서 조직의 목표를 달성할 수 있다. 셋째, 보통 사람은 지시받기를 선호하며 책임을 회피한다. 일반적으로 보통 사람은 야망이 없으며 무엇보다 안전을 추구하려는 경향이 있다.

X 이론은 인간 본성과 동기에 대해 '성악설(性惡說)'에 기반하고 있어서 조직 운영에 있어서는 강력한 상벌체계, 즉 '당근과 채찍(carrot and stick)' 전략이 필요하다고 본다. 하지만 McGregor는 X 이론의 기본 가정에 대해 문제점을 지적하면서 인간에 대한 새로운 철학이 필요하다고 주장하였다. 조직의 경영자들이 X 이론에 기반하여 조직을 운영하게 된다면 효율적으로 보일 수는 있지만 그 결과로 조직 구성원들이 자율성과 창의성을 발휘할 수 있는 기회를 빼앗아 갈 수도 있다는 것이다.

McGregor는 X 이론에 대한 문제를 지적하면서 인간의 성장과 발전 가능성에 기반한 'Y 이론(Theory Y)'을 제시하였다. Y 이론은 인간 본성과 동기에 대해 '성선설(性善說)'에 기반하고 있다. X 이론이 조직 운영의 원칙을 '지시와 통제'로 보았다면, Y 이론에서는 조직 운영의 원칙을 '통합(integration)'이라고 제시하였다. Y 이론에서 보는 인간에 대한 가정은 여섯 가지로 요약해볼 수 있다. 첫째, 일에 집중하는 것은 놀이나 휴식처럼 사람에게 있어서 매우 자연스러운 것이다. 때로는 일이 만족의 원천이 되어 자발적으로 수행할 수도 있고, 때로는 회피할 수도 있다. 둘째, 외적 통제와 처벌의 위협만으로 사람들을 일에 몰두하게 할 수는 없다. 사람은 스스로 몰입된 목표의 수행에 있어서 자율과 자기통제를 할 수 있는 존재이다. 셋째, 조직 목표에 대한 몰입은 목표성취와 결부된 보상에서 나온다. 이러한 보상 가운데 가장 중요한 것은 이기적 욕구와 자기실현적 욕구의 충족이다. 넷째, 적당한 조건이 충족되면 사람들은 책임을 받아들이고 적극적으로 추구할 수도 있다. 책임 회피, 야망의 결여, 안정의 모색 등은 경험에 의해 만들어진 것이지 인간 본성은 아니다. 다섯째, 대부분의 사람들은 조직의 문제해결에 요구되는 상상력과 창의력을 갖추고 있다. 여섯째, 현재 조직의 조건과 상황에서 사람들은 자신들의 지적 잠재력의 일부만을 활용하고 있다.

학교 조직의 경영자인 교장은 조직에 큰 영향을 미치게 된다. 교장이 조직과 구성원, 그리고 문화를 보는 관점에 따라 학교별로 운영의 방식이 달라지고, 상당히 다른 조직의 가치를 공유하게 된다. 학교의 구성원들이 공유하는 조직 운영의 원칙은 실제 인간에 대한 가정과 철학에 기반을 두고 있으며, 그 차이가 학교의 문화로 나타나게 된다. 어떤 학교가 모든 것을 규정에 의해 엄격하게 통제하고 교사의 자율성보다는 표준화된 절차와 매뉴얼에 의존하여 학교의 활동을 통제한다면, 그 학교는 X 이론이 적용되는 것이라고 평가할 수 있다. 반면에 어떤 학교가 대부분의 활동을 교사와 직원의 자율에 맡기고 스스로 판단하여 창의성을 발휘하도록 한다면 그 학교는 Y 이론이 적용되는 것이라고 볼 수 있다. 대부분의 학교들은 X 이론과 Y 이론이 모두 적용되고 있지만 비중에 있어서 차이가 나타난다.

2) 학교 조직의 문화 유형

Hoy와 Miskel(2013)은 학교조직의 문화를 3단계 수준으로 설명하고 있다. 구성원들이 체감하는 수준의 표면적, 구체적 단계에서는 '공유된 규범으로서 문화'가 존재한다. 규범은 사회적으로 공유되는 규범을 그 조직에 맞게 구체화한 것으로 학교조직의 문화가 실제 행동양식에 반영되는 것이다. 중간 단계에서는 '공유된 가치로서의 문화'가 존재하는데 규범보다는 추상적인 수준이라고 할 수 있다. 조직에서 공유된 가치는 조직의 개방성, 협력, 친밀감, 협동성 등의 형태로 나타나게 된다. 가장 심층적이고 추상적인 단계로서는 '묵시적 가정으로서의 문화'가 존재한다. 묵시적인 가정은 조직의 심층적 수준의 문화로서 동료와 학생에 대한 지원, 조직 내에서의 자유로운 토론과 비판, 동료 사이의 관계 형성 등의 형태로 표현된다.

문화는 구조적 포함관계를 형성하고 있는데 학교는 국가와 사회적 문화 속에 존재하고, 지역적 특수성이 반영된다. 학교의 문화는 하위문화인 교사, 학생, 학부모의 문화, 그리고 학교 내에 존재하는 다양한 공식, 비공식 조직의 문화의 결합체라고 할 수 있다. Hoy와 Miskel(2013)은 학교문화를 아카데미(the academy), 감옥(the prison), 사교클럽(the club), 공동체(the community), 공장(the factory) 등의 은유를 사용하여 유형화하고, 학교 문화의 본질을 파악하려고 하였다. 아카데미 문화의 학교는 학습이 주가 되는 장소로 간주되고, 학교장은 탁월한 교사이자 학습자이다. 감옥 문화의 학교는 학생들을 통제하고 훈련하기 위한 보호기관이며, 학교장은 감시자이다. 사교클럽 문화의 학교는 모든 사람들이 즐거운 시간을 보내는 사교클럽이며, 학교장은 사교클럽의 관리자이다. 공동체 문화의 학교는 사람들이 서로 배우고 지원하는 양육환경이며, 학교장은 공동체의 지도자이다. 공장 문화의 학교는 학교는 매우 잘 조율된 학생-기계를 만들어내는 생산라인이며, 학교장은 공장장이다. 이러한 문화 유형으로 나누어 볼 때, 학교는 여러 가지 문화가 혼합되어 있음을 알 수 있다. 그 중에서 가장 주도하는 문화가 있으며 이러한 문화는 구성원의 인식과 행동에 큰 영향을 주게 되고 학교의 전통으로 강화되는 현상이 나타나게 된다. 특히 사립학교의 경우에는 이러한 문화와 전통이 오랜 기간 유지되는 현상을 보여준다.

Steinhoff와 Owens(1976)는 학교문화가 네 가지의 유형으로 구분된다고 보았는데, 첫째, '가족 문화'는 학생에 대한 기본적인 의무 이상의 헌신을 바탕으로 가족과 같은 애정과 협력, 보호가 이루어진다는 것이다. 둘째, '기계 문화'는 학교를 기계적인 구조로 보는 관점으로 투입과 과정에 따라 산출물을 조정해 간다고 본다. 셋째, '공연 문화'는 명지휘자의 감독 아래 이루어지는 공연과 같이 청중의 반응을 높이기 위해 최선을 다하는 것으로 본다. 넷째, '공포 문화'는 학교가 폐쇄된 공간, 교도소와 같이 상호 적대적인 관계 속에서 구성원들의 긴장관계 속에서 공포감을 느끼는 문화가 있다는 것을 강조한다. 실제 학교는 위에서 제시된 네 가지 문화의 요소들을 모두 포함하고 있으며 학교에 따라 각 문화의 속성과 강도에 따라 차이가 나타나게 된다. '학교문화 평가척도(school culture survey instruments)'를 개발하여 분석한 결과 가족문화와 기계문화의 학교가 상대적으로 많이 나타났고, 공연문화와 공포문화의 학교는 비교적 적은 것으로 나타났다.

표 11-2 Steinhoff와 Owens의 학교문화 유형

구분	특징
가족문화	· 학생에 대한 의무 이상의 헌신, 서로에 대한 관심이 중요 · 모든 사람은 가족의 한 구성원이며, 애정, 우정, 협동적, 보호적
기계문화	· 학교를 순전히 기계적인 것으로 간주, 조직의 구조가 원동력 · 행정가는 조직유지를 위한 투입을 제공하기 위해 시시각각 노력
공연문화	· 학교는 브로드웨이 쇼, 연회 등 공연장으로 간주, 청중의 반응에 초점 · 지휘자의 감독 아래 교사의 예술적 질 강조
공포문화	· 학교가 전쟁지역과 같은 긴장의 장으로 은유되는 문화 · 학교는 폐쇄상자, 교도소, 고립된 생활공간으로 묘사, 직원 간 비난, 적대적

출처: 신현석 외(2011; 105).

조직풍토(Organizational Climate)는 조직 내에서 구성원이 경험한 총체적 환경의 질 또는 구성원들의 행동에 영향을 미치는 일련의 측정 가능한 직무 환경의 특성을 의미한다. 구성원들의 공유된 지각(집단인지), 심리학적 개념, 비교적 단순하고 단기적인 구성원 인지이므로 설문지를 활용한 분석이 가능하다. 학교 조직의 풍토는 '개방적, 폐쇄적, 따스한, 엄격한' 등으로 설명된다. Halpin과 Croft(1963)는 교사와 학교장의 행동 특성을 측정하는 조직풍토기술지(OCDQ: Organizational Climate Description Questionnaire)를 개발하였는데, 그 결과로 개방과 폐쇄의 연속선상에서 학교풍토를 설명하였다. Willower와 Jones(1967)는 학교 교사가 학생을 통제하는 방식에 따라 학교풍토가 어떠한가를 밝히고자 하였고, '인간주의적 학교'와 '보호지향적 학교'로 구분하였다. 인간주의적 학교는 학생들의 협동적 상호작용과 경험을 통한 학습, 자율적 규제와 책임, 민주적 통제방식을 추구하는 특징을 갖는다. 반면에 보호지향적 학교는 질서유지를 위해 엄격하고 통제된 상황을 조장하고, 엄격한 지위 체계를 갖고 있으며, 권위적 조직과 규율, 체벌에 의한 통제가 강조되는 학교이다. 다양한 이론들을 우리나라의 학교들에 적용해 본다면 어떤 유형에 속하는지 이해할 수 있을 것이다.

4 학교 조직은 어떻게 개선할 수 있을까?

조직을 어떻게 이해할 것인가는 조직의 개선과 밀접하게 연결되어 있다. 조직에서 일어나는 현상과 문제들에 대해서 어떻게 이해하는지는 이러한 조직의 문제들을 개선해 나가는데 중요한 방향을 결정하기 때문이다. 학자들에 따라 학교 조직을 보는 관점은 다양하게 제시되어 왔다. Bolman과 Deal(1991)은 구조적 관점, 인적자원의 관점, 정치적 관점, 상징적 관점으로 보았고, Carlson(1996)은 문화적 관점, 연극의 관점, 두뇌의 관점, 정치적 관점으로 구분하였다. Morgan(1997)은 공장의 관점, 유기체의 관점, 두뇌의 관점, 문화적 관점, 정치 체제적 관점, 정신병원의 관점, 변화와 변형의 관점, 통치 도구의 관점으로 분석하였다. 이 절에서는 학교 조직을 개선하는 방향으로 목적의 관점, 문화적 관점, 구조적 관점, 정치적 관점, 학습의 관점 등 5개의 관점으로 구분하여 제시하였다. 각각의 관점은 학교 조직을 이해하고 개선하는 방향을 설정하는 데 도움이 될 것으로 기대한다.

1) 목적의 관점

목적의 관점은 학교 조직의 비전과 목적, 존재의 이유 등에 대해 강조하는 관점이다. 구성원들이 학교 조직의 존재 이유에 대한 비전과 목적을 공유하는 것은 현재의 문제를 이해하고 개선의 방향을 설정할 때 기준이 될 수 있기 때문에 중요하다고 할 수 있다(Hargreaves & Fullan, 1998; Sergiovanni, 1994). 학교가 왜 존재하는가에 대한 질문은 매우 추상적인 비전의 수준에서부터 매우 구체적인 수준에 이르기까지 다양하게 논의될 수 있다. 목적의 관점은 대부분의 조직에서 이미 반영하고 있으며 관료제가 대표적으로 목적의 관점이 반영된 조직 운영 원리라고 할 수 있다. 학교 조직의 개선을 위해 다양한 노력이 이루어지고 있는데 대부분 목적의 관점이 포함되어 있다.

목적의 관점은 학교의 개선 방향과 직접 연결된다. 학교가 지향해야 할 방향에 대해 목적과 목표를 설정하는 것이 필요하기 때문이다. 목표의 정합성, 가치, 철학과 비전, 변화의 방향, 구성원의 합의 등이 중요한 의미를 갖게 된다. 목적의 관점에서 학교 조직의 문제를 살펴보면 학교에서 일어나는 상황에 대해 이해하는 데에 큰 도움이 될 수 있다. 목적은 평가의 기준이 될 수 있고, 지향해야 할 방향으로 나아가야 하는 방법과 로드맵을 만드는 데에도 도움이 된다고 할 수 있다.

목적의 관점이 반영된 구체적인 제도적 예시로 '목표에 의한 관리(MBO: management by objectives)'가 있다. MBO는 Drucker(1954)가 제안한 것으로, 조직에서는 구성원이 목표를 설정하고 이를 달성한 정도를 평가함으로써 경영의 효율성을 높일 수 있다는 것이다. 조직의 성과를 높이기 위한 방법으로 오늘날 거의 모든 조직에서 조직을 관리하기 위해 MBO를 활용하고 있다고 해도 과언이 아니다. 학교에서 이루어지고 있는 다양한 평가는 목적의 관점을 내포하고 있다. 학교의 목표를 설정하고, 이를 성과지표로 구체화하며 이에 대한 달성의 수준을 평가하고 있다. 목적의 관점에서는 실제 문제를 분석하고, 개선의 과제를 도출하는 것이 중요하다. 하지만 학교가 설정하고 있는 목적과 구체적 과제에 대해 구성원들이 어느 수준에서 동의하고 공유하는지가 더욱 중요하다고 할 수 있다.

2) 문화적 관점

문화적 관점은 구성원 간 관계 속에서 형성되어 있는 행동양식의 틀에서 학교 조직을 이해할 수 있다는 관점이다. 대부분의 학교가 지향하는 목적은 유사하지만 다양한 형태로 운영되고 있고 성과에 있어서도 많은 차이가 나타나고 있다. 학교들 사이에서 나타나는 차이에 대해 문화적 차이로 이를 설명할 수 있다는 것이다. 문화적 관점에서는 학교가 마치 '종족 생활을 하고 있는 부족'으로 볼 수 있다고 설명한다.

문화는 구성원들이 함께하는 경험을 해석하고 공동의 행동양식으로 반영하는 데 활용하는 지식의 구조이다(Spradley, 1980). 같은 학교에 소속된 구성원들은 같은 장소에서 함께 시간을 보내기 때문에 문화적 동질성을 형성하고 공유하게 되며, 그 결과 다른 학교와는 차이가 있는 독특한 문화를 형성하게 된다. 학교는 행사나 의식(rituals), 교훈이나 교표 등의 고유한 상징(icons), 사건을 기반으로 조금은 부풀려진 신화적 이야기(stories), 구성원들의 공유된 의미 구조 등을 통해 행동의 유형을 형성하는 문화적 동질성을 형성하게 된다. 학교의 구성원은 계속 바뀌지만 학교에서 주도적으로 문화를 공유하려 노력하고 있고, 개인들도 구성원으로 인정받기 위해서는 학교의 문화적 특징을 이해하고 공유해야 한다. 학교 조직을 개선하기 위해서는 해당 학교의 문화에 대해 분석하고 이해하는 노력이 선행되어야 할 것이다.

3) 구조적 관점

구조적 관점은 학교 조직의 시간과 공간, 역할과 책임, 정책과 자원 등의 구성요소를 분석하고 이해하여 개선해나가는 관점이라고 할 수 있다(Bolman & Deal, 2017). 구조적 관점에서 학교 조직은 수업시간의 구성, 학생의 분반, 교수자료와 내용, 교사의 업무, 예산, 건물의 배치와 같이 학교에서 일상적으로 운영되는 구성요소를 추출하는 것에 기반을 두고 있다. 교육과정을 분석하고 개선하는 것이 학교의 비전을 형성하고 학교의 성과를 개선해 나가는데 실질적인 요인이 될 수 있다는 것이다(Louis & Miles, 1990).

학교의 규모가 교육의 성과에 영향을 미친다는 관점도 구조적 관점에 속한다. Lee와 Smith(1997)는 종단 데이터를 활용하여 고등학교의 학생 수가 600명에서 1,200명 사이일 때 학습의 효과가 가장 높은 것으로 나타난다는 분석 결과를 제시하였다. 1985년부터 1989년까지 미국 Tennessee 주에서 4년에 걸쳐 이루어진 학급규모 감축의 교육효과에 관한 연구인 STAR(Student/Teacher Achievement Ratio) Project는 대표적인 학교 규모 연구라고 할 수 있다. STAR Project에서는 42개 학교구의 79개 학교, 300개 학급이 표집되었으며, 유치원에서 초등학교 3학년까지 7,000명의 학생을 대상으로 비교 연구가 수행되었다. 학급 규모를 13~17명으로 감축(small)한 집단과 학급규모가 22~25명으로 구성된 정상적인 학급, 학급규모가 22~25명으로 구성된 정상 학급에 보조교사를 활용하는 집단(regular/aide)으로 나누어 비교하였다. 연구 결과, 소규모 학급의 학생들은 대규모 학급의 학생들과 비교하여 표준화 학력검사(Stanford Achievement Test)와 기본역량평가(Basic Skills First)에서 모두 높은 성취를 받았는데, 이는 백인이나 소수민족 학생에 관계없이, 도시나 농촌 지역에 관계없이 같은 결과가 나타났다. 또한, 소규모 학급에서는 유급되는 학생들의 비율이 훨씬 적었으며, 학생들의 교육적 요구를 일찍 파악하는 것이 가능한 것으로 보고되었다(Word, 1990; 허숙, 2003).

1984년 미국 Indiana 주에서 진행된 학급 규모 감축 정책인 Prime Time Project에서는 30개 학교구 중 52개 학교가 참여하여, 1학년 학급 인원을 평균 22명에서 18명으로, 2학년 학급 인원을 평균 21명에서 20명으로 줄이는 실험을 진행하였다. 결과적으로 학급의 평균 인원을 감축한 집단, 즉 소규모 학급의 학생들은 읽기 성적이 상당히 향상되었으며, 수학에서도 좋은 결과가 나타난 것으로 보고되었다. 그러나 일부는 대규모 학급에서 높은 성취를 나타내는 혼합된 연구 결과를 보이기도 하였다(Finn, 1998).

1996년부터 미국 Wisconsin 주에서 5년간 실시된 학급 규모 감축에 관한 연구인 SAGE Program(Student Achievement Guarantee in Education Program)은 유치원부터 초등학교 3학년까지의 학급 규모를 교사 1인당 학생 15명으로 감축하여 진행하였다. 결과적으로 소규모 집단의 학업성취는 4학년 이상 학급에서도 계속 상승하였으며, 그 효과가 고등학교에서도 이어져 우수한 학급에 더 많이 배치된다고 분석되었다(Hruz, 2000). 미국 California 주는 1993~1994학년도에 실시된 39개 주의 초등학교 4학년 읽기학력검사에서 최하위를 기록하였고, 이 충격에 근거하여 유치원에서 초등학교 3학년의 학급규모를 평균 30명에서 20명으로 감축하는 학급규모 감축 정책(CSR: class size reduction)을 실시하였다. 연구 결과, 소규모 학급의 학업성취는 대규모 학급 학생들의 학업성취와 비교하여 긍정적인 결과를 보였다.

Shin & Chung(2009)은 메타분석을 통해 학급규모 감축(CSR) 관련 연구를 종합하였는데, 대규모 학급보다 소규모 학급에서 학생들의 학업성취가 .20 표준편차만큼 우수하였음을 확인하였다. 학년에 따른 소규모 학급의 효과를 살펴보면, CSR의 효과는 10학년을 제외하고는 대체로 긍정적인 것으로 나타났다. 기존에 이루어진 학급규모 감축 연구 결과를 살펴보면 학급규모의 감축만으로는 기대하는 만큼의 학습 효과 상승 결과를 거두지 못한 것으로 나타났다(정제영, 2019). 학교 조직을 개선하기 위한 노력 중에서 학교 및 학급의 규모는 매우 중요한 요소라고 할 수 있다. 다만 학급 규모 감축의 효과를 높이기 위해서는 구조적인 관점에서 학급 규모를 감축함과 동시에 교육 내용 및 교수학습 방법의 측면에서 혁신이 이루어져야 할 것이다.

4) 정치적 관점

정치적 관점은 학교 조직에서 이루어지는 의사결정의 모든 단계에서 정치적 영향력을 받고, 또 의사결정의 과정 자체가 정치적 활동을 통해 이루어진다는 것이다. 학교 내에서 정치와 지배구조, 그리고 정책은 상호 밀접한 관련을 맺고 있다. 정치는 가치와 목표가 서로 다른 집단들이 공공의 정책에 영향을 미치려고 할 때 생기는 사회적인 갈등 관계라고 할 수 있다(Wirt & Kirst, 2001). 지배구조는 합법적이고 체계적으로 정치적인 갈등을 해결하는 합의된 법적인 메커니즘이라고 할 수 있다(Hill, 2003). 정책은 공공기관에서 권위가 인정되는 지위에 있는 사람이 행하는 실질적인 의사결정이나 공식적인 행동을 하는 것을 의미한다(Bryson & Crosby, 1993).

많은 교육자와 교육학자들은 학교를 포함한 교육체제는 비정치적이어야 한다는 신념을 갖고 있다. 대한민국 헌법 제31조 제4항에 "교육의 자주성·전문성·정치적 중립성 및 대학의 자율성은 법률이 정하는 바에 의하여 보장된다."라고 명시함으로써 정치적 중립성을 강조하고 있다. Hoy와 Miskel(2013)은 이러한 관점을 '교육에 대한 비정치적 신화'라고 보고 있는데, 첫째, 교육자들이 정치나 정치인을 좋아하지 않는데 교육이 정치적으로 보인다면 대중이 교육을 불신하게 될 것을 두려워한다는 것이다. 둘째, 이러한 비정치적 신화는 학교와 관련된 다양한 쟁점에 대해 교육자들이 중립적일 것이라는 가정에 기반하고 있다. 이러한 비정치적 신화는 진보주의 교육 운동의 일환으로 20세기에 크게 대두되었다. 이상적인 학교의 교육 모델은 합리성과 전문주의에 기초를 두고 있는 과학적 모델이라는 것이다.

20세기 이후 정부가 관리하는 공교육체제의 학교는 비정치적 교육 모델로서 세계적으로 확산되었다. 하지만 과학적 관리론에 근거한 공교육 모델은 실제로는 기업과 매우 유사하게 매우 관료제적 형태로 구성되어 있다. 공교육체제가 비정치적인지에 대해서는 더 많은 논의가 필요하다. 학교에서의 의사결정이 관료제적 구조 속에서 과학적, 전문적으로 이루어지도록 만들어져 있어서 교사, 학부모, 지역사회의 영향력을 배제한 것으로 볼 수 있기 때문이다. 비정치적이고 중립적으로 보이는 학교의 의사결정 방식은 그 자체로 합법적 권력을 만들어내고 그 권력에 의해 결정이 이루어지는 강력한 정치적 속성을 내포하고 있기 때문이다.

민주적 관리 방식으로 정치적 관점은 오히려 학교교육의 개선을 위해 정치 활동이 강조되어야 함을 주장하고 있다. 학교교육과 관련된 이해 당사자들이 의사결정에 적극적으로 참여할 수 있도록 해야 한다는 것이다. 학교교육의 문제를 분석하고 개선의 방향을 설정함에 있어서 전문가들로만 구성된 의사결정 구조를 지양하고, 학생과 학부모, 그리고 지역사회가 참여하는 방식으로 이루어져야 한다는 것이다.

5) 학습의 관점

학습의 관점은 학교가 조직 수준에서 학습을 통해 진화해 나가야 함을 강조하는 관점이다. 학교에서는 매년 비슷한 시기에 유사한 문제 상황에 직면하게 되고, 이에 대해 해결되지 않은 상태로 시간이 지나가는 경향을 갖고 있다. 학교는 일상적인 수업을 진행하고, 학기 초에 새로운 학생들을 학교에 적응시키고, 중간고사와 기말고사를 치르고, 소풍이나 수학여행을 가고, 체육대회를 개최하는 등의 일련의 활동을 하게 된다. 학교는 구성원과 역할을 바꾸어가면서 운영되기 때문에 경험을 통한 학습에도 한계를 갖고 있다. 체계화된 지식과 노하우가 조직 수준에서 축적되어 가지 않는다면 매년 동일한 문제와 어려움을 겪게 되는 것이다. 이러한 문제를 해결하기 위해서는 인간의 두뇌에 비유되는 조직의 두뇌가 필요하다고 할 수 있다.

학습의 관점에서 조직의 두뇌는 복잡한 컴퓨터, 도서관, 신비로운 블랙박스와 같이 정보를 처리하고 관리하는 시스템으로 볼 수 있다. 조직에 필요한 두뇌는 신경과학의 관점에서 집중화가 아닌 분권화, 선형적 과정을 뛰어넘는 비선형적 과정, 기계적인 의사결정이 아닌 인간적이고 정서적인 과정을 포함하고 있어야 한다. Leithwood와 Steinbach(1995)는 효과적인 교장과 그렇지 않은 교장의 차이는 특수한 지식과 기술이 아니라 문제해결의 전략과 행동 방식이라고 제시하였다. 조직이 전문성을 축적하고 학교를 개선하기 위해서는 조직 구성원 수준의 전문성이 기본적이라고 할 수 있지만, 더 중요한 것은 개인별 지식과 전문성이 조직 수준에서 축적되고 활용됨으로써 시너지를 만들어내야 한다는 것이다.

학교 조직이 경쟁적이고, 불확실하며, 개인적 활동이 중심을 이루다 보니 조직 수준에서 공개적인 행동으로 공유하려는 부분은 제한적이라고 할 수 있다. 실제 매 시간 이루어지는 교실의 수업 장면은 대부분 블랙박스와 같이 비공개로 이루어지고 있다. 개인별 교사나 학생들의 성과에 대해서는 평가가 이루어지지 않고 있다. 교사들에게는 새롭게 발생하는 문제를 해결하기 위한 학습이 요구되지만 여러 가지 이유로 인해 학습이 이루어지기 어려운 상황이다.

Agyris(1990)는 조직에서 학습이 잘 이루어지지 않는 원인을 일곱 가지로 제시하였다. 첫째, 이해하고 신뢰하는 것처럼 보이기 위한 형식적인 행동들은 오해와 불신을 낳는 원인이 된다. 둘째, 의사결정이 이루어진 이후에 문제에 대해 타인이나 제도의 탓을 하게 된다. 셋째, 오랫동안 유지되어 왔던 조직의 문화와 관행이 새로운 시도나 창의적인 학습을 막는 저해 요인이 될 수 있다. 넷째, 문제의 해결이 대부분 하향식 방식으로 일상화되어 있기 때문에 상향식 의사소통 과정이 결여되어 있어서 실제 문제들이 방치되는 경향이 있다. 다섯째, 예산이나 시간의 부족으로 인해 최선의 방식이 적용되지 못하고, 차선이나 차차선의 방식으로 문제를 해결하고 있다. 여섯째, 합리적인 문제해결의 방법이 있음에도 불구하고 이해관계로 인해 비합리적인 행동으로 결정되는 경우가 많다. 일곱째, 올바른 관리와 경영, 의사결정에 대해 개념적으로는 이해하고 있으나, 실제 행동은 기존의 관행을 따르는 경우가 많다. 이러한 이유로 인해 조직에서의 의사결정과 행동은 새로운 방식의 합리적인 의사결정과 행동으로 연결되기 어렵다는 것이다.

지속적으로 성장하는 학교 조직이 되기 위해서는 구성원 개인 수준의 학습, 팀 수준의 학습, 그리고 조직 수준에서 이루어지는 학습이 모두 중요하다. Agyris(2000)는 조직의 목적을 달성하기 위해서는 조직 수준의 지속적인 학습, 즉 조직학습(organizational learning)이 중요하다고 강조한다. 조직학습은 두 가지 수준으로 구분할 수 있는데, 조직의 목표를 달성하기 위해 가장 효율적이고 합리적인 방식으로 문제를 해결해 나가는 과정에서 이루어지는 '단순순환학습(single-loop learning)'이 필요하다. 나아가 조직의 학습과정에 대해 설명하고, 반성하고, 학습하여 개선하는 '이중순환학습(double-loop learning)'이 조직을 개선하는데 매우 중요하다는 것이다.

Senge(2000)는 '학습하는 학교(schools that learn)'를 강조하고 있는데, 학교

조직이 유기체처럼 시스템 사고를 중심으로 개인적 숙련, 인지적 모델, 공유된 비전, 팀 학습이 이루어져야 한다는 것이다. 개인적 숙련은 학교의 구성원인 교직원들이 지식과 기술, 태도에 있어서 역량을 높이기 위해 지속적으로 노력해야 한다는 것이다. 인지적 모델은 학교의 문제와 상황에 대해 이해하고 행동으로 공유할 수 있는 인식의 틀을 의미한다. 공유된 비전은 조직이 추구하는 목적을 설정하고, 그 중요성과 내용에 대해 구성원들이 공유하는 것이다. 팀 학습은 학교에서 개인 수준의 숙련을 바탕으로 팀 수준에서 학습함으로써 조직 전체의 역량을 높여나가고 시너지를 만들어내는 것이다. 시스템 사고는 위에서 제시된 네 가지 활동을 유기적으로 연계하고 관리할 수 있는 전체적 사고체계라고 할 수 있다. 학교 조직의 개선에 있어서 학습의 관점은 지속적으로 성장하는 조직을 만들기 위해서 반드시 고려해야 할 관점이라고 할 수 있다.

6) 소결

학교교육이 많은 성과를 거두고 있음에도 불구하고 전통적 학교 조직에 대한 비판은 지속되어 왔다. 학교 조직에 대한 가장 큰 비판은 산업사회의 특징인 대량생산 방식의 공장과 유사하게 대량교육 체제를 운영하고 있다는 것이다. 개인별 학생의 적성, 흥미와 소질, 학업 이력과 수준, 학습의 속도가 모두 다름에도 불구하고 정해진 교육과정에 따라 획일적인 교육이 이루어지고 있다는 특징을 갖는다.

저출산으로 인해 학령인구가 급속히 줄어들고 있다. 고령화로 인해 평생교육의 수요는 빠르게 늘어날 것으로 예상된다(정제영, 2018). 4차 산업혁명은 인공지능, 빅데이터, 메타버스, 클라우드 환경 등의 활용이 일상화되는 변화를 초래하고 있다. 이렇게 급격한 교육환경의 변화에도 학교 조직은 전통적 운영 방식에서 벗어나지 못하고 있는 상황이다(정제영, 이선복 역, 2022).

국내외에서 새로운 학교 조직의 실험들이 다양하게 이루어지고 있다. 국내·외 미래교육 사례에서 알 수 있는 공통점은 앞으로 학교가 나아가야 할 방향에 있어서 몇 가지 시사점을 얻을 수 있다는 것이다. 첫째, 교수학습의 형태가 기존의 1대 다수형태의 대량교육 시스템에서 개인별 학습시스템으로 나아가야 한다는 점이다. 둘째, 다양한 수준의 학생들을 국가교육과정이라는 일정한 틀에 집어넣었던 교육과정은 개인별 학습계획에 초점을 맞추고 학년제를 유연하게 적용하도록 변화해야 한다. 셋째, 교수·학습 과정은 교사가 주도되어 지식을 전달하던 형태에서 플립 러닝(Flipped Learning)에 기반하여 문제해결에 중심을 둔 문제 기반 학습(PBL: problem based learning)과 프로젝트 중심 학습(PBL: project based learning)을 지향하고 있다. 넷째, 창의적 교육을 평가하기 위해서는 기존의 지필고사 형태의 총괄평가나 상대평가에서 과정중심 평가, 개개인의 성취에 초점을 맞추는 절대평가 형식으로 나아가고 있다.

학교의 활동을 혁신적으로 바꾸기 위해서는 구성원의 동의와 참여를 기반으로 하는 조직의 혁신이 필수적이다. 학교교육을 혁신하기 위해서는 부분적 개선을 통한 변화를 꾀하기보다는 전체의 학교 조직의 빅 픽처를 새롭게 디자인하는 '시스템적 사고(system thinking)'가 필요하며, 학교교육을 가능하게 하는 여러 요인이 유기적이고 종합적으로 고려되어야 한다. 조직의 개선을 위해서는 앞에서 살펴본 목적의 관점, 문화적 관점, 구조적 관점, 정치적 관점, 학습의 관점 등 5개의 관점이 종합적으로 고려된 학교 조직 혁신이 이루어져야 할 것이다.

- 학교 조직 운영의 기본원리인 관료제의 순기능과 역기능에 대해 본인의 경험을 중심으로 설명해보자.
- 전형적인 관료제는 많은 조직에서 활용되고 있지만 순기능과 역기능이 있다. 이러한 전형적인 관료제가 학교 조직을 설명하는 데 있어 갖는 한계는 무엇인가?
- McGregor는 인간과 문화를 보는 관점의 차이를 X 이론과 Y 이론으로 설명하고 있다. 본인이 경험한 학교 조직의 운영 방식은 어떤 이론에 기반하고 있다고 생각하는가?
- Steinhoff와 Owens의 학교조직의 문화 유형을 네 가지로 구분하고 있다. 본인이 경험한 학교 조직은 각각의 관점에서 어떤 특징이 있는가?

추천활동

- 학교 조직 개선 계획 작성(팀 프로젝트형)
: 학교 조직의 문제는 다양한 관점으로 분석이 가능하다. 이 장에서는 학교 조직을 개선하는 방향을 목적의 관점, 문화적 관점, 구조적 관점, 정치적 관점, 학습의 관점 등 5개의 관점으로 구분하여 제시하였다. 하나의 일반적인 학교의 상황을 가정하고 이 학교를 개선하기 위해 위 5가지 관점 중에서 하나를 선택하여 학교 조직 개선 계획을 작성하여 발표해보자.

추가학습자료

- 미래 교육 관련 국내외 사례 동영상 찾아보기
- 미래 학교 조직 관련 국내외 사례 동영상 찾아보기
- 교육부, 교육청 홈페이지에 탑재된 미래교육 관련 자료 탐색해보기

참고문헌

신현석 외(2011). 학습사회의 교육행정 및 교육경영. 서울: 학지사.

윤정일, 송기창, 조동섭, 김병주(2002). 교육행정학원론. 서울: 학지사.

정제영(2018). 디지털 시대와 4차 산업혁명에 대비한 교육의 시대. 서울: 박영스
토리.

정제영(2019). 인구구조 변화에 따른 미래학교 운영 모델 탐색. 한국교육개발원.

정제영, 이선복 역(2022). 인공지능 시대의 미래교육. 서울: 박영스토리.

한유경 외(2018). 교육행정 및 교육경영. 서울: 학지사.

허숙(2003). 학급규모 감축의 효과: 메타분석 연구. 교육논총, 21, 69-101.

Argyris, C. (1990). Overcoming organizational defenses: Facilitating organiza-
tional learning. Allyn & Bacon.

Argyris, C. (2000). On organizational learning. Blackwell Publishers.

Bolman, L. G., & Deal, T. E. (2017). Reframing organizations: Artistry, choice,
and leadership. John Wiley & Sons.

Bryson, J. M., & Crosby, B. C. (1993). Policy planning and the design and use
of forums, arenas, and courts. Environment and Planning B: Planning and
Design, 20(2), 175-194.

Carlson, R. V. (1996). Reframing & reform: Perspectives on organization, lead-
ership, and school change. Longman Publishing Group.

Cohen, M, D., March, J. G, & Olsen, J. P. (1972). A Garbage can model of
organizational choice, Administrative Science Quarterly, 17(1), 1-25.

Crosby, B. C., & Bryson, J. M. (2005). Leadership for the common good:
Tackling public problems in a shared-power world (Vol. 264). John Wiley
& Sons.

Drucker, P. F. (1954). Practice of management. New York: Harper & Row.

Finn, J. D. (1998). Class size and students at risk: What is known? What is
next?. National Institute on the Education of At-Risk Students, Office of

Educational Research and Improvement, US Department of Education.

Halpin, A. W., & Croft, D. B. (1963). Organizational climate of schools: Administration Center. University of Chicago, IL.

Hargreaves, A., & Fullan, M. (1998). What's Worth Fighting for Out There?. Teachers College Press, PO Box 20, Williston, VT 05495−0020 (paperback: ISBN−0−8077−3752−6, $9.95).

Hill, P. T. (2003). What's Wrong with Public Education Governance in Big Citie s⋯ and how Should it be Fixed?. Teachers College Record, 105(10), 57−81.

Hoy, W. K., & Miskel, C. G. (2013). Educational administration: Theory, Research, and Practice(9th ed). N. Y.: McGraw−Hill.

Hruz, T. (2000). The Costs and Benefits of Smaller Classes in Wisconsin: A Further Evaluation of the SAGE Program. Wisconsin Policy Research Institute Report, 13(6), n6.

Lee, V. E., & Smith, J. B. (1997). High school size: Which works best and for whom?. Educational evaluation and policy analysis, 19(3), 205−227.

Leithwood, K., & Steinbach, R. (1995). Expert problem solving: Evidence from school and district leaders. Suny Press.

Louis, D., & Miles, M. (1990). Improving the Urban. High School. New York: Teachers College Press.

McGregor, D. (1960). The Human Side of Enterprise. NY: McGraw−Hill.

McGregor, D. (1989). The human side of enterprise. Readings in managerial psychology, 314−324.

Mintzberg, H. (1979). The Structuring of Organizations. Englewood Chiffs, NJ: Prentice Hall.

Morgan, G. (1997). Images of Organisation. Thousand Oaks, CA: Sage.

Senge, P. M. (2000). Schools that learn: A fieldbook for teachers, administrators, parents and everyone who cares about education. Doubleday.

Sergiovanni, T. J. (1994). Building community in schools. San Francisco: Jossey−Bass.

Shin, I. & Chung, J. Y. (2009). Class size and student achievement in the United States: A meta−analysis. KEDI Journal of Educational Policy, 6(2).

Spradley, J. P. (1980). Participant observation. New York: Holt, Rinehart, & Winston.

Steinhoff, C. R., & Owens, R. G. (1976). Problems related to techniques for as—sessing organization development and determining intervention style. Journal of Educational Administration.

Weber, M. (1947). The theory of economic and social organization. Trans. AM Henderson and Talcott Parsons. New York: Oxford University Press.

Weick, K. E. (1976). Educational Organizations as Loosely Coupled Systems. Administrative Science Quarterly, 21, 1—19.

Willower, D. J. and Jones, R. G. (1967), "Control in an educational organ—ization", in Raths, J. D. (1967). Studying teaching. Prentice—Hall.

Wirt, F., & Kirst, M. (2001). The political dynamics of. American education, second edition. Berkeley, CA: McCuthan Publishing Corporation.

Word, E. (1990). The State of Tennessee's Student/Teacher Achievement Ratio (STAR) Project: Technical Report (1985—1990). Tennessee State Department of Education.

CHAPTER 12

'개천용'은 왜, 어디로 사라졌을까?
- 교육 현상에 대한 사회학적 이해

황 지 원

학습목표

- 교육현상을 사회학적으로 본다는 것의 의미를 이해할 수 있다.
- '개천용'으로 대표되는 사회적 현상을 교육의 맥락에서 설명할 수 있다.
- 기능론과 갈등론이라는 교육사회학의 고전 이론을 이해하고, 교육 논쟁을 위한 관점으로 활용할 수 있다.

사례

대학교 신입생인 철수는 가정 형편으로 인해 매일 알바를 하지 않으면 안된다. 어렵게 입학한 대학이기에 열심히 공부하고 싶지만, 가정 형편 때문에 시작한 알바는 학업 시간을 줄이게 할 뿐만 아니라, 수업에 집중하는 것을 방해하기도 한다. 취업을 위해서는 어학연수도 다녀와야 할 것 같고, 학원에 등록해서 공부도 해야 할 것 같지만, 그런 시간을 내는 것이 너무 어렵고 힘들다.

반면에 같은 과 동기인 민우는 세상 걱정 없어 보이는 친구다. 술값내는 것을 두려워하지도 않고, 학비가 부담되지도 않는 것 같다. 평탄한 가정에서 열심히 공부해서 좋은 고등학교를 나오고 좋은 대학에 입학했다. 얼굴에 구김살도 없고, 다양한 활동을 준비해서 스펙을 쌓아가고 있다. 스펙도 실력이라고 말하는 친구들이 있는데, 정말 스펙은 온전히 개인의 노력에 의한 것일까?

1 교육현상을 사회적으로 본다는 것의 의미

'개천용'이란 말을 들어본 적이 있는가? 혹은 '금수저, 은수저, 동수저, 흙수저'라는 말을 들어본 적이 있는가? 아마 몇 번쯤은 인터넷상에서 이런 표현을 접해보았을 것이다. 상대적으로 웹서핑에 투자하는 시간이 적은 필자 역시 자주 접한 단어라는 점을 생각해 보면 그리 틀린 추정은 아닐 것 같다. 그 의미를 생각해 보자면, '개천에서 용난다'는 속담에서 비롯된 '개천용'이란 말은 우리 사회의 출세주의를 극단적으로 드러내는 말이기도 하고, 이제는 교육을 통한 계층 이동의 사다리가 여전히 존재하는가 하는 질문에 대한 좋았던 시절의 기억으로 회자되는 말이기도 하다. 소위 '수저론'은 아마 은수저를 물고 태어났다(born with a silver spoon in mouth)는 영어 속담에서 유래되었을 말일 테지만, 현재는 '사회계층'이라는 다소 사회과학적으로 무거워 보이는 용어를 쉽게 대체하는 용어가 되었다.

이 장의 제목을 보고 어떤 독자는 교육학 서적에 이게 무슨 말이지 싶어 당황했을 수도 있고, 이거 재미있겠는데 하고 의외의 관심을 가지고 글을 읽어내려가는 사람도 있을 것이라 생각한다. 알다시피, 이 책은 기본적으로 개론서의 성격을 갖고 있으며, 이 장 역시 최소한의 개론서의 성격을 곧 드러내게 될 것이다. 일반적으로 교육학개론서는 교육학의 다양한 세부 영역들을 각 장별로 소개하는 구성을 갖는다. 눈치 빠른 독자라면 이 책의 전체 구성 역시 어떤 면에서는 다른 기존의 교육학개론서와 크게 다르지 않다는 것을 알아챘을 수도 있다. 이 장에서 다루게 되는 '교육사회학' 역시, 기존의 교육학개론서였다면, '교육사회학', '교육의 사회적 이해', '교육과 사회' 등의 제목으로 다소 딱딱하게 다루었을 내용을 조금은 말랑말랑한 내용으로 전개하고 있다는 것이 차이라면 차이라고 할 수 있을 것이다.

교육사회학 책으로 더 한정지어서 이야기한다면, 대부분의 교육사회학 책들은 교육사회학의 특성, 학문적 성격과 형성 과정, 기초 이론, 교육과 평등, 사회이동, 기타 새로운 탐구 영역 등의 형태로 진행한다. 물론 저자의 성향에 따라서 순서나 내용이 다르기는 하지만, 이러한 구성에 있어서 크게 다르지는 않다. 필자 역시 그런 책으로 교육사회학을 공부해왔고, 그런 구성이 문제가 있다는 말은 아니다. 오히려 전공자의 입장에서 이러한 구성은 교육사회학이라는 학문을 체계적으로 이해하기에 가장 적절한 구성이라고 볼 수 있다.

그러나 이 책에서는 그런 구성을 다소 뒤집어 보고자 한다. 오히려 흥미로운 주제를 먼저 제시하고 그에 대해 설명하는 과정에서, 그 실마리를 잡고 교육사회학이라는 세계에 독자를 끌어들이고자 하는 것이 필자의 전략이다. 바꾸어 말하면, 이론적 설명을 앞세우기보다 관심 있을 현상에 대해서 먼저 제시하고 해석하면서 교육사회학의 주요 이론과 몇 가지 개념들을 하나씩 이해하도록 하는 방식을 취해 보고자 하는 것이다. 물론 그러한 방식이 성공할 수 있을지는 이 글을 다 읽은 후에 독자가 판단할 몫이고, 필자의 능력 부족으로 달성 가능성이 낮은 것은 사실이지만, 최소한 여기까지 독자의 관심을 끌고 온 것만 해도 절반은 성공이라고 생각하고 있다. 왜냐하면 교육사회학은 어렵다는 것이 많은 학생들, 독자들의 생각이기 때문이다.

교육사회학을 가르치다 보면 참 어렵다는 말을 많이 듣는다. 학생들에게 물어보면 다른 교직과목에 비해서 접근성이 낮은 과목이라고 한다. 읽어봐도 무슨 말인지 모르겠다는 학생들도 많다.[1] 교육학을 전공하는 학생이야 피할 수 없이 교육사회학을 만나겠지만, 교직과정을 이수하는 학생들의 경우 2009년 교원자격검정 기준의 변화 이후 교직이론과목[2]의 이수 기준이 점차 낮아지면서 교육사회학은 그리 선택받지 못하는 과목이 되고 있다. 교육학과의 커리큘럼에서 보아도 교육사회학은 비교적 높은 학년에 배치되어 있다는 것을 알 수 있을 것이다.

그렇다면 교육사회학을 어렵게 생각하는 이유는 무엇일까? 생각해 볼 수 있는 이유 중 하나는, 안 해도 될 생각을 많이 하게 하는 과목이라는 것이다. 교육학자들 간에서 교육사회학자는 멀쩡히 잘 진행되는 일에 대해서도 의심을 품고 따지기

---

1) 오죽하면 필자는 학생들에게 '교육사회학 서적을 읽고 이해가 안되는 것은 그대의 잘못이 아니다. 어려운 내용들이니 수업을 통해 대략의 내용을 듣고 그 이후에 책을 읽어보라'고 수업 시간에 이야기하기도 한다.
2) 교육학개론, 교육철학 및 교육사, 교육심리, 교육과정, 교육평가, 교육방법 및 교육공학, 교육행정 및 교육경영, 교육사회 등의 교육학 이론 과목을 말한다.

좋아하는 사람들로 통한다. 물론 합리적인 이유가 달린 의심이기는 하지만, 따지기 좋아하는 사람이 일상생활에서 환영받을 가능성은 높지 않다. 앞으로 천천히 다루 겠지만, 심지어는 학교가 사회적 불평등을 정당화시키는 데 활용되는 기구라고 비 판하기도 하는 과목이니, 교사가 되고자 하는 사람들이 보는 시험에서 교육사회학 이 자주 등장하지 않는 것도 전혀 이해 못할 바는 아니다.

다음으로 또 한 가지 생각해 볼 수 있는 이유는 넓은 시야를 요구한다는 것이 다. 교육학 내에는 다양한 세부 전공이 자리하고 있는데, 그 중에서도 교육사회학 의 시야는 넓은 편에 속한다. 필자는 학생들에게 설명하는 과정에서 교육학에는 크게 심리학 계열의 과목과 사회학 계열의 과목이 있다는 이야기를 자주 한다. 이 것은 마치 개인의 내면에 천착하는 심리학에 반기를 들고 사회학이라고 하는 새로 운 학문이 생겨났던 학문의 역사처럼, 교육 현상을 바라보는 관점이 완전히 상이 하다는 것을 의미하는 말이다. 예를 들어, 공부를 못하는 학생이 있다고 했을 때, 지능이 낮아서라거나, 동기가 부족해서라거나, 학습 방법을 몰라서라고 진단한다 면 이것은 문제의 원인을 학생 개인, 특히 그 내부에서 찾는 심리학적 관점이 된 다. 즉 현미경을 가지고 사태를 바라보는 것이 심리학의 기본적인 자세라고 할 수 있다. 하지만 사회학의 렌즈는 조금 다르다. 오히려 망원경을 들고 사태를 바라본 다. 공부를 못하는 이유가 가정 환경이 받쳐주지 않아서는 아닌지, 다른 사람과의 관계에 문제가 있어서는 아닌지, 문화적인 차이에 의한 것은 아닌지 등으로 설명 하려 한다면 이것은 문제의 원인을 사회 구조나 문화의 측면으로 돌리는 사회학적 관점이 된다. 즉, 교육사회학은 '교육' 자체를 탐구한다기보다는 '교육'과 다른 '무 엇'의 관계를 탐구하는 학문에 더 가깝다.

자, 다시 처음의 '개천용'과 '수저론'으로 돌아가보면, 이제 독자는 얼핏 보아 서는 교육보다는 일반 사회 문제에 가까워 보이는 이런 주제들이 왜 교육학 교재 에 등장하는가에 대해서 어느 정도는 이해하게 되었으리라 생각한다. 교육사회학 은 여러분이 자주 접했을, 혹은 교육학이라고 할 때 우선 떠올리게 되는 잘 가르치 기 위한 과목, 혹은 학생을 이해하고 지도하기 위한 성격의 과목은 분명히 아니다. 어찌 보면 교육사회학은 당신이 지금 열심히 하고 있는 '교육'이라는 이름의 활동 이 사회적으로 어떤 의미를 갖는 활동인지를 성찰하게 하는 데 더 능력을 발휘하 는 학문이다. 따라서 교육사회학의 핵심은 '교실 수준의 처방'보다는 '사회적 차원의 이해'에 있다고 할 수 있다. 교육은 이러이러해야 한다는 확신에 찬 답을 주는 학문은 아니지만, 이러이러한 이유로 문제가 발생하지 않았을까를 진단하는 데에는 요긴한 학문이라는 뜻이다. 물론 현실에서 이해와 처방이 완전히 별개의 것이라고 할 수는 없다. 최소한 교육사회학자들은 섣부르게 처방하기보다는 시간이 조금 걸리더라도 사태를 정확히 이해하는 것이 먼저라고 생각한다는 것이다.

이제 독자는 교육사회학을 맛보게 해주려는 필자와 함께 여정을 떠나기 위해 몇 가지 마음의 준비를 해주면 될 것이다. 하나는 교육을 '잘 가르치는 일'로 좁게 보지 말고, 다른 사회 현상들과 관계를 맺는 일로 넓게 보려는 망원경을 준비하는 일이다. 또 하나는 성급하게 대안을 제시하려고 하기보다는 혹시 기존의 통념과 다르게 생각해 볼 부분은 없는지 곰곰히 이유를 따져보는 생각하는 자세다.

2 개천용은 정말로 줄어들었을까?

이제 본격적으로 도발적으로 던진 제목에 대해서 이야기를 풀어봐야 할 것 같다. 독자는 최근 들어서 우리 사회에 개천용이 점점 나타나기 어렵다고 생각하는가? 아니면 수많은 개천용들이 나타나고 있다고 생각하는가? 이에 대한 연구 결과가 완전히 일치하는 것은 아니지만, 많은 연구나 신문 기사들에서 개천용은 줄어들고 있는 것으로 이야기되고 있다. 단지 줄어들기만 하는 것이 아니라, 이제는 개천용을 기대하기 어려운 것 아닌가 하는 안타까운 마음을 드러내는 사람들도 많다. 그렇다면 개천용이 줄어들게 된 것은, 아니면 최소한 개천용이 줄어들고 있다고 많은 사람들이 느끼게 되는 이유는 무엇일까?

이 문제를 생각해 보기 위해서는 먼저 개천용의 의미를 조금 더 명료하게 해둘 필요가 있다. 먼저 '개천'이란 '용'이 나타날 만한 곳이 아니다. '개천'에서는 '용'보다는 '뱀'이나 '이무기'가 나타나는 것이 제격이다. 그만큼 척박하고 어려운 환경에서 살아온 사람이 성공했을 때 우리는 개천용이라는 표현을 쓴다. 원래부터 잘먹고 잘 살던 부자 집안에서 성공한 사람을 우리는 개천용이라고 부르지 않는다.

그렇다면 개천용이 줄어든다는 것은, 조금 쉽게 풀어쓴다면, 안 좋은 환경에서 살아온 사람들이 성공하는 경우를 보기 어려워진다는 것을 의미한다. 바꾸어 말하면 잘사는 사람들이 결국 나중에도 성공하거나 잘 살게 될 가능성이 높아진다는 것을 말하는 것이다. 대부분 대학생일 독자들에게 개천용의 의미는 아마 못 사는 집 아이가 열심히 공부해서 좋은 대학에 진학하는 것을 의미하는 것으로 보아도 크게 틀리지는 않을 것이다. 왜 옛날에는 개천용이 가능했지만 요즘에는 개천용이 점점 어려워졌다고 생각하고, 또 그렇게 느끼는 것일까?

독자 여러분의 이해를 돕기 위해서 한 신문기사를 인용해 보고자 한다. 2022년 10월 23일, 한국일보에 실린 "영재는 왜 강남에서 많이 나오나... 국감서 쏟아진 '개천용' 줄어든 증거들3)"이라는 기사는 제목에서부터 '개천용'을 언급하고 있다. 지면 관계상 모든 내용을 언급할 수 없으니 자세한 내용은 독자들이 검색을 통해서 확인해 보시기 바란다. 몇 가지 흥미로운, 그러면서도 일정 부분 자극적인 내용들을 보면 이렇다. '서울대 학부 신입생의 10명 중 1명이 서울 강남, 서초 출신', '서울대 교수 자녀의 수시합격률이 일반 학생 합격률의 두 배에 달했다', '서울대 로스쿨 학생의 고소득층(소득 9~10분위) 비율은 65%인 반면 저소득층(기초~소득 3분위) 비율은 15%에 그쳤다' 등등 국회의원 요구 자료로 파악할 수 있는 나름의 고급 정보를 통해 살펴본 사회 계층과 대학 입시의 상관 관계는 견고한 것으로 나타나고 있다.

이 기사에 제시된 내용들은 거의 대부분 팩트에 기반한 것이라고 할 수 있다. 국회의원이 직접 요구하여 서울대로부터 받아낸 자료를 기반으로 만들어낸 내용들이기 때문이다. 그렇다면 우리 사회는 결국 잘 사는 사람들만 좋은 대학에 들어가기 쉬운 사회인 걸까? 공부 잘하는 것이 학력을 결정하는 것이 아니라, 부모 잘 만난 아이들만 좋은 대학에 갈 수 있는 불공정한 사회인 것인가?

아마 이 기사들을 읽고 여러분이 분개하고 있다면, 거기에는 하나의 전제가 숨겨져 있다고 할 수 있다. 그것은 대학을 결정하는 것은 오로지 진정한 '학업성취'여야 한다는 생각이다. 동일한 시험을 치러서 공정한 경쟁을 통해서 공정하게 자격을 얻은 사람이 해당 대학에 순서대로 합격해야 한다는 믿음이 바로 그것이다. 기사에서 국회의원들이 노리는 부분도 바로 여러분이 분개하는 바로 그 지점이다.

---

3) 한국일보. 2022.10.23. 영재는 왜 강남에서 많이 나오나...국감서 쏟아진 '개천용' 줄어든 증거들. 참조.

최소한 학력(學力)이라고 하는 것은 가정 배경에 따른 영향이 없어야 한다는 기본 전제가 갖추어지지 않는다면 우리 사회는 더 이상 노력하는 것이 무의미한, 즉 개천용이 더 이상 나오지 않는 사회가 된 것이라고 볼 수 있기 때문이다.

그렇다면 이런 일들은 최근 들어서 갑자기 나타난 현상일까? 예전에는 공부만 잘하면 누구나 성공할 수 있는 사회였는데, 최근에는 그런 가능성이 현저히 줄어든 것일까? 아니면 질문을 조금 더 확장해서, 이런 현상은 한국 사회만이 가지고 있는 고질적인 문제인 것일까? 다른 나라에서는 이런 일이 잘 일어나지 않는데, 우리나라만 질타를 받아야 할 정도로 문제가 심각해지고 있는 것일까?

조금 김빠지는 일일지도 모르겠지만, 이 문제에 대한 답을 먼저 이야기해보자면 부모의(특히 아버지의) 학력이나 직업 지위가 자녀의 성적에 결정적인 영향을 미친다는 것은 교육학이나 사회학에서 발견된 당연한 사실에 가까운 명제이다.[4] 조금 어려운 말로 사회경제적 지위(SES: SocioEconomic Status)라는 용어를 주로 사용하는데, 부모의 사회경제적 지위가 자녀의 학력에 미치는 영향은 국가나 시기를 막론하고 일관되게 나타나는 경향이 있다. 즉, 부모가 갖는 학력, 직업 지위, 소득 등의 사회경제적 지위가 높을수록 자녀의 학업 성취가 높아지며, 이런 현상은 최근 들어 갑자기 나타난 현상이 아니라 오랜 역사적 관찰을 통해서 찾아낸 결론에 가깝다는 것이다. 그러므로 이런 현상이 유독 우리나라에서만 심해지고 있다는 주장은 사실에 가깝다기보다는 사회적인 불만이 투영된 주장일 가능성이 더 높다.[5]

그렇다면 지금까지는 부모의 사회경제적 지위가 낮더라도 공부를 통해 성공하는 경우가 많았는데, 최근 들어서 그러한 가능성이 더 낮아진 것일까? 이에 대해서도 연구자들의 결론이 일관된 결과를 보여주는 것은 아니지만, 대체적인 경향은 그런 사회이동의 가능성이 줄어들었다는 증거는 나타나지 않았다는 것으로 모아진다.[6] 결국 부모의 사회경제적 지위가 자녀의 교육에 미치는 영향은 여전히 크지만, 크게 변화하지는 않았다는 것이다.[7] 조금만 생각해보면 이런 현상들은 일시적

---

4) 신명호(2011)의 제목을 보면 명확히 드러나는데, '왜 잘 사는 집 아이들이 공부를 더 잘하나?'라는 제목이다. 잘 사는 집 아이들이 공부를 잘 하는 것은 사실이다. 학자들은 잘 사는 것과 공부의 관계를 찾아내고자 연구를 지속하는 것이다.

5) 물론 일관되지는 않지만, 최근 한국사회에서 교육불평등이 심해지고 있다는 결과를 보여주는 연구들도 나오고 있다. 이 부분은 조금 더 장기적인 관찰이 필요할 것이다.

6) 박현준(2021), 변수용·이성균(2021).

7) 연구 자료나 분석 방법에 따라 상이한 결과들이 나오고 있다. 예를 들어 성별에 따라 효과가 다

으로 나타날 수 있는 현상이라기보다는 사회구조의 문제를 반영하는 것이기 때문에 일시적으로 변한다는 것이 생각보다 쉽지 않은 것이기도 하다.

이제 우리가 '개천용'이나 '수저론'을 통해서 접했던 현실과는 조금 다른 결과가 나온 것에 대해서 독자들은 다소 의아하게 생각할 수도 있을 것이다. 그렇다면 독자들이 생각하는 현실이 틀린 것인가 하면 완전히 그렇게 말할 수도 없을 것 같다. 여기서 생각해볼 수 있는 개념이 상대적 이동의 둔화와 질적 차이의 분화라는 개념이다. 사회이동의 세대별 가능성을 보면 최근으로 올수록 사회이동의 절대적 이동은 줄어들지 않았다. 즉 부모 세대에 비해서 자녀 세대에 많은 직업 지위의 변동이 일어나고 있으며, 그 범위는 오히려 확대되었다는 것을 의미한다. 그러나 이렇게 절대적인 이동이 늘어났다고 해서 상대적인 이동의 범위가 넓어지는 것은 아니다. 예를 들어, 독자들의 부모 세대는 조부모 세대에 비해서 엄청난 직업적 상승을 경험한 세대이다. 조부모 세대에게 있어서 대학은 말 그대로 아무나 가는 것이 아닌 엘리트들의 전유물이었다. 그러나 독자들의 부모 세대는 절반 이상이 대학을 나온 세대라고 할 수 있다. 이미 그런 자료만으로 독자들의 부모들은 조부모 세대에 비해 상대적·절대적 이동이 가능했음을 알 수 있다. 그러나 여러분들은 어떤가? 여러분들이 대학을 나온다고 해서 부모 세대보다 훨씬 사회적 상향 이동을 했다고 할 수 있을까? 절대적인 이동은 늘어났지만 상대적인 이동은 그렇지 않은 것이다. 문제는 여기에 있다.

이에 대해서 생각해 볼만한 흥미로운 아이디어가 있는데 '효과적으로 유지되는 불평등 가설(EMI: Effectively Maintained Inequality)'이라고 하는 것이다. 이 가설은 교육 격차를 교육받은 기간이라는 양적인 측면에서만 고찰하는 것이 아니라 더 좋은 학교라는 질적인 측면에서 고찰한다는 데에 강점이 있다. 이 가설의 주요한 내용은 계층에 따른 교육기회의 불평등은 지속적으로 유지되는데, 좋은 교육기회를 확보한 상류층은 하류층이 대학에 많이 진학하게 되어서 대학 진학의 사회적 가치가 줄어들게 되면, 단지 대학을 가느냐의 문제가 아니라 얼마나 좋은 대학을 가느냐 하는 것으로 불평등을 유지하려고 한다는 가설이다. 예를 들어, 예전에는 대학을 나온 사람과 나오지 않은 사람의 차이가 컸다면, 이제는 좋은 대학을 나온 사람과 그렇지 않은 대학을 나온 사람의 차이로 불평등의 내용이 달라지고

르다는 연구가 있다.

있다는 것이다.[8] 아마 더 좋은 대학에 가기 위해서 더 좋은 고등학교, 더 좋은 중학교에 가기 위한 경쟁을 하는 현실을 생각해 보면 이 가설을 충분히 이해할 수 있을 것이다.

생각보다 더 길고 깊게 이 이야기를 끌어오게 된 것은 이 장의 제목에서 밝히고 있는 '개천용' 이야기에 대해서 어느 정도는 학계에서 연구된 내용을 소개해야 할 것이라는 저자의 조바심이 나타난 결과이다. 물론 저자는 연구자들의 어려운 개념을 최대한 쉽게 전달하려고 노력했지만, 독자들에게는 결국 어려운 이야기로 돌아가는 것이라고 생각될지도 모르겠다. 그러나 걱정하지 않아도 좋다. 이제는 다시 한발 빠져나와서 조금 더 쉬운 이야기로 가보려고 한다. '개천용', '금수저－흙수저' 이야기는 사실을 반영하기보다는 사회구조가 변화하면서 더 이상 높아지기 어려운 계층적 현실을 개탄하는 용어로 더 적합하게 사용되는 용어라고 할 수 있다. 그렇다면 이처럼 교육이 계층 이동의 사다리가 되어야 한다는 생각은 어떻게 생겨난 것일까? 교육이 계층 이동의 사다리가 되지 못하고 있다는 비판은 어떠한 전제 위에 서 있는 생각일까? 다음 절에서는 '개천용' 현상에 담겨 있는 교육사회학의 큰 이론들을 살펴보기로 한다. 여기까지 따라온 독자는 교육사회학에 한발 정도는 빠져보았다고 할 수 있을 것이고, 이제는 그런 독자에게 교육사회학의 몇 가지 이론을 '개천용', '흙수저'의 쉬운 사례들을 통해서 접할 수 있게 해보려고 한다.

3 생각을 정리하는 데 도움이 될 두 개의 이론들

아마 고등학교에서 사회문화라는 과목을 접해본 학생이라면 기능론과 갈등론이라고 하는 주제를 들어본 적이 있을 것이다. 이 절에서 이야기하고자 하는 교육사회학의 기본 이론이 바로 기능론과 갈등론이다. 기본이론이라고 말하는 것은 교육사회학의 주제를 고민하는 데 있어서 기초가 되는 고전적인 아이디어라는 것을 뜻한다. 그 이외에도 교육사회학에서 사용되는 이론은 수없이 많으며, 현재에도 계

---

8) 최성수·이수빈(2018)에 따르면, 한국에서 교육기회의 불평등은 고졸 여부에서 2년제 대졸 여부, 4년제 대졸여부로 이행하고 있다.

속해서 새로운 개념어와 이론이 생겨나고 있다고 할 수 있다. 하지만 고전의 맛은 간결하지만 명쾌하게 세상을 바라보는 입장을 정리하게 해준다는 데 있다. 여러분이 교육사회학 강의를 통해서 기능론과 갈등론에 대해서 어느 정도 이해하게 된다면, 교육학 혹은 다양한 학문 분야에서 접하게 될 많은 이론의 체계에 대해서 잘 이해하게 될 가능성이 높다고 할 수 있다. 물론 아직까지 들어본 적이 없는 독자라고 해도 문제될 것은 없다. 저자와 함께 생각 여행을 따라가다 보면 어느새 자연스럽게 기능론과 갈등론에 대해서 이해하게 될 것이기 때문이다.

1) 능력주의에 기반한 학교에 대한 긍정적 인식: 기능론

다시 처음의 주제인 '개천용' 이야기를 꺼내보자. 앞 절에서 '개천용'이 나오지 않는 사회가 된 것에 분개하게 된 이유를 생각하면서 그 안에 전제가 하나 숨겨져 있다는 것을 제시한 적이 있다. 그것은 바로 (좋은) 대학에 들어가는 데에는 학력 이외의 것이 영향을 미쳐서는 안된다는 생각이다. 점수가 단 1점이라도 높은 사람이 더 좋은 능력을 갖고 있는 사람이며, 그런 사람이 더 좋은 교육기관에 입학하는 것이 사회적으로 정당하다는 믿음이다. 여러분은 이러한 신념에 대해서 어떻게 생각하는가? 최근의 트렌드에 조금 더 관심이 있는 독자라면 마이클 샌델 교수로부터 비롯된 '능력주의'에 대한 이야기를 떠올릴 수도 있을 것이다.[9]

여기서 잠깐, 요즘 토론에서 빠질 수 없는 능력주의에 대한 이야기를 잠시 해보자. 능력주의란 개인의 능력에 따라 사회적 지위나 권력이 주어지는 제도 및 그러한 사회를 추구하는 이념적 지향을 말한다. 능력주의라는 말이 처음 나왔던 시기에 능력주의는 인류의 진보에 해당하는 단어였다. 왜냐하면 능력주의는 처음에는 신분제를 넘어서는 근대적 가치로 제시된 혁명적인 아이디어였기 때문이다. 예전 역사시간에 배웠던 골품제, 음서제 등의 단어를 기억하는가? 그렇다. 인류는 꽤오랜 기간 동안 부모가 누구인가 하는 것이 그 사람의 능력을 좌우한다고 믿어왔다. 어느 지역, 어느 국가를 막론하고 신분제가 오랜 기간 동안 유지되어 왔던 것이 그 예이다. 그러나 근대에 접어들어 '자본'을 무기로 자유로운 상업에 종사하는 일군의 무리가 출현하면서, 능력을 중심으로 한 사회가 재편되기 시작한 것이 능

---

9) 마이클 샌델(2020), 참조.

력주의의 시작이다. 그래서 능력주의는 처음에는 능력만 있다면 누구든지 관리가 될 수 있고 성공할 수 있다는 가능성을 의미하는 말이었다. 최근에는 열심히 공부한 사람이 연봉이 높은 것은 당연하다는 말처럼 성과에 맞는 보상을 사회에서 제공하는 것이 공정한 것이라는 주장으로 확대되는데, 이런 맥락에서 업적주의나 성과주의 역시 비슷한 용어라고 할 수 있다.

이러한 능력주의의 이념은 근대사회를 지탱해 온 주요한 이념이었다. 사람들은 모두 성과지향의 가치관(예를 들어, 열심히 공부하면 누구라도 성공할 수 있다)을 강력하게 믿었고, 그러한 가치관은 근대가 풍요의 시대가 될 수 있게 만들어준 원동력이었다. 독자들의 입장에서 보자면, 열심히만 하면 성공할 수 있다고 믿고 살았던 부모님을 생각하면 되는 단어라고 할 수 있다. 열심히 해도 안 되는 것이 있다는 것을 절감하고 있는 독자들에게 열심히 노오력10)하면 안 될 것 없다는 이야기는 다른 세계의 이야기와도 같이 들릴 것이다. 사회적으로 보여준 자신의 능력만큼 보상을 받는 능력주의의 이념은 노력을 정당화하고 결과의 가치를 중요시하게 하는 사회적 시스템을 만드는 데 크게 기여하였다고 할 수 있다.

기능론의 입장을 이해하기 위해서는 능력주의를 제대로 이해해야 한다. 기능론의 사상적 기초가 바로 능력주의이기 때문이다. 기능론은 사회 조직들은 각자의 '기능'을 갖고 움직이며, 그 '기능'을 통해 사회의 존속과 공헌에 기여한다는 이론이다. 유기체라는 말을 들어본 적이 있는가? 혹은 축구 경기에서 유기적으로 움직인다는 말을 들어본 적이 있는가? 유기적이라는 말은 과학에서 사용되던 말이 사회과학에서 더 많이 사용되는 용어 중 하나인데, 톱니바퀴가 맞아 돌아가듯이 여러 사람의 움직임이 딱딱 맞아떨어지는 상황을 의미한다. 기능론이 세상을 바라보는 입장이 바로 그렇다. 세상은 각자의 역할을 잘 수행하는 개인과 조직의 집합체이며, 그런 움직임을 통해 조화와 균형을 이루며 돌아간다. 그러므로 사회의 구성원들은 각자의 능력을 가장 잘 발휘할 수 있는 곳에서 자신의 역할을 다해야 하며, 그래야 사회가 존속하고 발전해 나갈 수 있다는 것이다. 이런 맥락에서 기능론이라는 사회이념은 교육과 떼려야 뗄 수 없는 관계를 갖고 있다. 각자가 자기 몫을 다하기 위해서는 각자의 역할을 이해하도록 교육해야 하고, 각자의 능력을 적절히 평가해서 배치하는 일이 사회적으로 매우 중요해지기 때문이다.

---

10) 어느 유명 정치인이 젊은이들에게 사용해서 이후 유명해진 단어이다.

기능론의 대표적인 학자인 뒤르켐(Durkheim)은 교육을 중요한 사회화의 도구로 생각했다.[11] 예전에 농경사회에서의 교육은 부모가 담당하는 역할이었다. 부모가 사람의 도리나 해야 할 역할 등을 가르치는 것이었다. 그러나 사회가 복잡해지면서 이런 역할을 가정 내에서 다하기는 어려워졌다. 사회화라는 것은 한 사회를 살아가는 사람들이 공유하는 내용, 가치관, 태도를 총칭하는 것으로 사회에 어울려 살아가기 위해서는 그러한 가치를 내면화하는 것이 중요한데, 이러한 가치의 내면화는 각자의 가정에서 할 수 없는 일이다. 왜냐하면 사회의 공유된 가치를 가르치는 일은 국가나 사회가 맡아야 할 일이기 때문이다. 각자의 부모에게 자녀 교육을 맡기면 동일한 내용의 사회화가 일어나지 않는 것은 당연하지 않은가? 그런 측면에서 뒤르켐은 국가와 사회가 담당해야 할 교육의 속성을 날카롭게 간파했던 학자라고 할 수 있다. 그러니 보편적으로 가르쳐야 할 내용이 있다는 주장을 펼치게 된 것이다.[12]

뒤르켐의 뒤를 이어 기능론의 핵심적인 주장을 전개한 또 한 명의 학자는 파슨즈(Parsons)라고 하는 미국의 사회학자이다. 파슨즈는 뒤르켐이 주장한 사회화의 가치에 더하여 학교가 갖고 있는 선발과 배치 기능에 주목한 사람이었다. 예전에는 학교의 기능이 사회에서 살아가기 위한 최소한의 지식을 배우는 것이었다면, 자본주의 사회가 성숙해 가면서 학교의 기능이 사회적으로 선발하고 배치하는 기능으로 전환되었다는 것이다. 생각해 보면 그렇지 않은가? 여러분이 받았던 중·고등학교 교육을 생각해보면 사회에서 어떻게 살아가야 할지를 배웠다고 하는 것이 적절할까, 아니면 좋은 성적을 받아서 좋은 대학으로 들어가기 위한 교육을 받았다고 하는 것이 적절할? 기능론에서 상정하는 아름다운 사회를 위해서는 학생들의 능력을 정확히 측정하고 능력에 맞게 정확히 배치하는 것이 무엇보다도 중요한 일이 된다. 그래서 기능론자들은, 뒤에 다시 한번 정리하겠지만, 학생들에 대한 평가를 매우 중요시한다. 학생들을 괴롭히는 마음으로 평가를 하자고 하는 것이 아니라, 평가를 해서 상황을 알아야만 이들을 사회적으로 선발하고 배치할 수 있기

---

11) 이후에 제시되는 학자들의 이름은 개론서의 성격을 다하기 위해서 제시된 것이다. 더 공부하고 싶은 학생들을 위한 참고용이라는 말이다. 따라서 학자들의 이름을 외우려고 애쓰는 방식으로 공부하지 않기를 희망한다. 전체적인 흐름을 이해하는 것이 중요하다.

12) 뒤르켐은 그렇다고 해서 시기에 따라서 교육의 내용이 같다고 보지는 않았다. 시기에 따라 내용은 달라지겠지만, 최소한 보편적으로 교육할 내용이 있다고 본 것이다.

때문에 평가를 중요시하게 되는 것이다.

이외에도 학교라는 공간을 사회를 살아가기 위한 규범을 습득하는 곳으로 본 드리븐(Dreeben)이라는 학자도 있고, 함께 어울려 살아가는 연대의 정신을 배우는 곳으로 본 하그리브스(Hargreaves)라는 학자도 있다. 학자의 이름이 중요한 것이 아니라 기능론에서 공유하고 있는 생각의 핵심을 찾아내는 것이 중요하다. 기능론적 관점에서, 사회를 다툼없이 잘 굴러가게 하는 것은 조화와 균형, 합의이다. 따라서 기능론적 입장에서 학교가 가진 중요한 역할 중 하나는 사회를 유지하는 데 도움이 되는 규범이나 연대의 정신을 배우는 것이다. 그러나 무엇보다 중요한 것은 파슨스가 말했던 선발과 배치의 기능이다. 사회가 잘 굴러가게 하는 데 있어서 학교라는 조직이 담당하고 있는 기능은 학생들을 잘 가르치고 정확하게 평가하여 적절한 자리에 배치하는 것이기 때문이다.

그렇다면 기능론의 입장에 서 있는 사람들은 어떤 교육정책을 지지하게 될까? 저자가 제시하는 문제에 대해서 지금까지 다룬 내용을 바탕으로 생각해보도록 하자. 2008년 전국의 학생들을 대상으로 실시되었던 국가수준 학업성취도 평가라고 하는 시험이 있다. 학생들에게는 일제고사라는 이름으로 더 잘 알려져 있기도 한데, 이 시험을 다시 부활시켜야 한다는 제안이 매번 되풀이되고 있다. 그렇다면 기능론자들은 이런 학업성취도 평가에 대해서 기본적으로 어떻게 생각할까? 이들은 당연히 학업성취도 평가를 환영할 것이다. 왜냐하면 학생들의 실력을 정확히 평가해야 그에 맞게 선발하고 배치할 수 있기 때문이다. 최소한 현황을 진단해야 그에 맞는 교육적 조치를 할 수 있다고 믿기 때문이다.

예전에는 우열반이라고 불렀고, 최근에는 수준별 수업이라고 불리는 제도가 있다. 그렇다면 기능론자들은 수준별 수업에 대해서 어떻게 생각할까? 앞에서 언급한 학업성취도 평가와 마찬가지로 적극적으로 찬성할 것이다. 왜냐하면 각자의 수준에 맞추어 학습할 수 있는 기회를 주는 것이 필요한데, 모두를 섞어 놓으면 제대로 된 교육을 할 수 없다고 생각하기 때문이다. 그래서 기능론의 입장에서는 평준화 정책에 대해서 반대하는 것이 당연한 논리적 귀결이 된다.

그럼 같은 맥락에서 자사고, 특목고13)와 같은 학교의 설치·운영에 대해서 기

---

13) '자율형사립고등학교', '특수목적고등학교'의 줄임말이지만 일반적으로 줄임말이 더 자주 사용되기 때문에 여기서도 줄임말을 사용하였다.

능론자들은 어떠한 입장을 취할까? 답이 내려지는가? 기능론자들은 자사고나 특목고와 같은 학교에 대해서 찬성하는 입장에 설 가능성이 높다. 각자의 능력을 최대한으로 발휘하는 것이 교육의 중요한 가치라고 보고, 그런 수월성을 살려주는 것이 교육의 중요한 기능이라고 보기 때문이다. 그래서 '능력'을 보이고 '성과'를 드러내게 하는 것이 교육의 중요한 가치라고 판단하기 때문이다.

어떤가? 기능론이라는 주장이 교육학의 맥락을 만나게 되면 이렇게 활용된다. 사회의 조화와 안정적 유지를 주장하는 기능론은 학교의 기능에 대해서도 능력주의적 가치관을 지향하게 되며, 앞서 제시한 것과 같은 다양한 교육제도에 대한 입장을 형성하게 된다. 그러므로 기능론은 기본적으로 정치적 보수성과 맞닿아 있게 마련이며, 사회의 변화보다는 안정을 중시하는 입장이라고 할 수 있다.

2) 계층 차별에 근거한 학교에 대한 부정적 인식: 갈등론

다음으로 기능론과 함께 생각해 볼 생각의 줄기 하나는 갈등론이라고 하는 입장이다. 갈등론이란 그 이름에서부터 잘 드러나듯이 사회를 변화시키고 발전시키는 힘은 사람 사이의 혹은 집단 사이의 갈등이라고 보는 입장이다. 기능론이 말하는 것처럼 사회는 합의에 의해 조화롭게 이루어지는 것이 아니라 갈등과 투쟁에 의해서 굴러간다고 보는 것이다. 이 입장은 여러분이 한번쯤은 들어봤을 마르크스주의에 의해서 비롯된 관점이라고 할 수 있다.

마르크스(Marx)는 혁명가로 잘 알려져 있지만, 그에 앞서 뛰어난 정치경제학자였다. 자본주의의 모순에 대해서 깊이 연구하고, 역사발전에도 자연과학과 같은 법칙성이 존재할 것이라 믿었기 때문에, 자본주의는 자체 모순을 감당하지 못하고 혁명에 의해서 다른 체제로 대체될 것이라는 주장을 제기했던 학자였다. 갈등론의 뿌리 역시 마르크스에게 있으며, 독자들이 자신의 학문 분야에서 접하게 될 많은 대안적인 이론들은 대부분 마르크스주의에 그 뿌리를 두고 있다고 할 만큼 다양한 이론의 발전에 큰 공을 세운 것이 바로 마르크스이다.

마르크스주의의 입장에서 교육에 대한 논의를 전개한 학자들 중 유명한 사람으로는 보울즈와 진티스(Bowles & Gintis)라는 경제학자들을 빼놓을 수 없다. 이들은 학교에 가서 선생님들에게 다음과 같이 질문하였다. "선생님, 어떤 학생들이 좋은 학생입니까?" 과연 대답은 어떠했을까? 공부 잘하는 학생, 말 잘 듣는 학생, 잘 참고 믿음직한 학생 등등의 대답이 나왔다. 이들은 이 질문을 작업장에 가서 관리자들에게 똑같이 다시 해보았다. "관리자님, 어떤 노동자가 좋은 노동자입니까?" 과연 대답은 어떠했을까? 일 잘하는 노동자, 말 잘 듣는 노동자, 잘 참고 믿음직한 노동자 등등의 대답이 나왔다. 놀랍도록 동일한 답이 아닌가? 약 50년 전의 일이지만, 지금이라고 해서 완전히 다른 답이 나올 것인가? 아마도 그렇지 않을 것이다. 이들은 이러한 조사를 근거로 해서 학교는 노동시장으로 학생들을 보내기 위해 하급의 노동자로 훈련시키는 기관이라는 주장을 펴게 된다. 즉, 자본주의 사회의 공장에서 필요한 말 잘 듣는 노동자를 대량으로 양산하여 공급하는 시스템이라는 것이다. 학교에서 교사의 말을 잘 듣도록 길러진 학생들은 결국 회사의 말을 잘 듣는 인간으로 길러져 회사에 공급된다는 것이다. 이들은 학교가 능력에 맞게 학생들을 선별하여 배치한다는 능력주의의 주장을 정면으로 단호하게 배격하였다.

갈등론의 전개와 관련하여 빼놓을 수 없는 또 한 사람은 프랑스의 사회학자인 부르디외(Bourdieu)이다. 부르디외는 문화에 내재해 있는 속성을 파악하여 학교의 기능에 대한 비판적인 이론을 전개하였다. 그는 프랑스 사회의 여러 집단에게 문화적 활용에 대해서 질문하였고, 그 결과 고급문화를 향유하는 것은 사회적 배경이 높은 집단이라는 것을 알게 되었다. 여러분이 생각하는 고급문화에는 무엇이 있는가? 만약 저자의 취미가 방학 중에 요트를 타고 세계일주를 하는 것이라고 말한다면 독자들은 단지 저자가 배를 참 좋아하는구나 하고 생각할 것인가? 정말 부자인가보다 하고 생각하지 않을까? 요즘에는 조금 덜하지만, 저자가 골프를 좋아한다고 말하면 이것은 단지 운동으로서의 골프를 좋아한다는 의미인가? 사회적으로 안정되었나 보다 하는 이미지로 다가오지 않는가? 그렇다. 우리가 흔히 단순히 취향일 뿐이라고 오해하는 문화에는 나의 사회경제적 배경이 담겨 있다는 것이 부르디외의 주장이다. 그런데 흔히 이런 고급문화는 그것에 입문하거나 익숙해지기까지 많은 돈과 시간, 훈련을 필요로 한다. 즉, 하루 벌어 하루 먹는 사람이 즐길 수 있는 취미가 아니라는 것을 의미한다. 그런데 학교는 마치 고급문화만이 배울 가치가 있다는 식으로 이야기함으로써, 그런 문화에 익숙하지 않은 많은 학생들에게 상처를 준다는 것이다.[14] 베토벤과 모차르트는 학교에서 가르치지만 힙합 음악을

---

14) 이러한 생각을 부르디외는 상징적 폭력이라는 개념으로 나타냈다. 물리적 폭력은 아니지만, 자신

가르치지는 않는 것이 그런 맥락인 것이다. 그런 고급문화에 익숙한 학생들이 좋은 학업성취를 보이게 될 것은 자명하다. 결국 경제적인 차이가 문화적인 차이로 바뀌고, 그러한 차이가 학교에서 학생들의 학업성적의 차이를 나타나게 한다는 것이다.

또 한 사람 독자들이 알아두면 좋은 사람으로 애플(Apple)이라는 학자가 있다. 애플은 '헤게모니'라는 개념을 통해서 학교교육을 설명하고자 한다. 헤게모니라는 말은 최근에는 뉴스에서도 자주 등장하는 용어이다. 뭔가 권력을 장악한 모습을 주로 의미하는데, 헤게모니의 가장 중요한 의미는 피지배자의 동의를 얻은 권력이라는 것이다. 즉 권위에 의한 통치가 아니라 피지배자들이 그의 통치를 인정하는 통치라는 점에서 헤게모니라는 말이 사용되는 것이다. 즉, 헤게모니를 장악했다는 것은 피지배자들이 지배자의 권위를 마음으로 인정한 것을 뜻한다. 애플은 현대 사회에서 학교가 헤게모니를 장악해 가고 있다고 비판한다. 앞서 다른 갈등론 학자들의 주장에서 살펴본 것처럼, 학교는 공정하게 기회를 제공하고 학생들을 발달시키는 기관이라기보다는 사회적 계층에 따른 차이를 확대시키고 차별을 강화시키는 기관에 더 가깝다. 그런데 우리는 학교가 기회를 공정하게 제공하고 능력에 따라 학생들을 선별한다고 믿는다. 실제로는 그렇지 않은데도 학교는 사람들로 하여금 그렇게 믿게 만드는 지배 방식을 사용하고 있다는 것이다. 요즘 말로 하자면, 학교는 학생들의 성적이 온전히 자신의 능력에 의한 것처럼 인증샷을 찍어주는 장치라는 것이다. 실제로 그 성적의 대부분은 사실 가정배경의 차이에 의한 것임에도 불구하고, 마치 공정한 경쟁에 의해서 그런 결과가 나온 것처럼 믿게 만드는 헤게모니를 장악하고 있다는 것이다.

자, 그렇다면 이러한 갈등론의 입장에서는 교육정책에 대해서 어떤 입장을 가지게 될까? 기능론에서의 질문과 동일하게 먼저 국가수준 학업성취도 평가에 대해서 갈등론자들은 당연히 반대 입장에 서게 될 것이다. 사회경제적 배경에 따라 학생의 학업성취가 나뉘는 진실을 숨기고 성적에 따른 공정한 평가가 필요하다는 명분을 붙이기 위해 잦은 평가를 실시하는 것이라고 비판할 것이다. 다음으로 수준별 수업에 대해서는 어떤 입장을 보일까? 수준별 수업이라는 것 역시 사회경제적 배경이 좋은 아이들, 성적이 좋은 아이들을 묶어서 가르치고 싶은 이기적인 욕망

의 생활 세계를 부정하게 하는 마음의 폭력이라는 의미이다. 요즘에 흔히 쓰는 말로 '뼈를 때린다'는 말로 이해해도 무방하다.

에 불과한 것이라고 비판하게 될 것이다. 그들만의 리그를 만들고 싶은 비뚤어진 욕망이라는 것이다. 자사고나 특목고에 대한 입장은 어떻게 될까? 갈등론에서 볼 때, 자사고와 특목고는 이미 사회경제적 배경이 좋은 아이들만 입학하는 명문고가 되어 있다. 교육과정을 다양화한다는 것은 명분일 뿐이고, 실제로는 명문대 진학을 준비하기 위한 특수성적고등학교로 기능한다고 비판할 것이다. 결국 모두 다 사회경제적으로 높은 계층의 사람들이 자신의 기득권을 학교를 통해 지켜내기 위해 이와 같은 정책을 편다고 비판하게 되는 것이다.

어떤가? 갈등론이라는 주장이 교육학의 맥락을 만나게 되면 이렇게 활용된다. 사회를 갈등과 투쟁의 과정으로 인식하는 갈등론은 학교의 기능에 대해 신뢰하지 않으며, 특히 사회적 계층에 따른 차별적 교육을 끊임없이 시도한다는 점에서 학교교육을 불신한다. 즉, 능력주의적 가치관에 대해서 반대하게 되는데, 겉으로 보기에는 능력주의인 것 같지만 실제로는 학생의 온전한 성적이 아니라 사회경제적 배경이 대물림되는 것에 불과하다는 것이다. 대학에 들어온 여러분의 성적을 결정하는 많은 요소들 중 부모의 사회경제적 지위가 가장 큰 영향을 미친다면 과연 그 성적을 공정한 당신만의 노력의 결과라고 말할 수 있느냐는 비판인 것이다. 또한 하루하루를 알바로 채워야 겨우 공부할 기회를 얻는 학생과 부모의 지원 밑에서 여유있게 공부하는 학생이 과연 공정한 경쟁을 하고 있다고 말할 수 있느냐 하는 것이다. 눈치챘을지 모르겠지만, 갈등론은 기본적으로 정치적 진보성과 맞닿아 있으며, 사회의 안정성보다는 차별의 기제를 정확히 드러내고 평등의 가치를 추구하는 데에 그 가치가 있다.

요즘 수업 시간에 학생들의 과제를 받아보다 보면, 이미 성공한 인사들의 말에 학생들이 심하게 분개할 때가 있다. '자신이 흙수저라고 탓하기 전에 하늘이 감동할만큼 노력해 봤느냐'는 주장을 했던 대기업 임원의 말, '목표에 미치고 싶다면 미치도록 도전하세요'라는 이야기를 했던 재벌 2세의 말 등이 학생들의 불편한 부분을 자꾸 건드리고 있다. 물론 이들이 열심히 살았다는 것을 부정할 수는 없을 것이다. 하지만 이들의 성공에 있어서 사회적 조건이 얼마나 유리하게 작용했는지를 이들은 이야기하지 않는다. 또한 현재 젊은이들에게 노력해도 되지 않는 사회 구조가 굴레처럼 덧씌워지고 있다는 것 또한 말하지 않는다. 돈 걱정 없이 실패를 두려워하지 않고 도전할 수 있었던 재벌 2세에게 느끼는 배신감은 더 말할 것도 없다. '흙수저-금수저' 논쟁은 이런 세태를 반영하는 단어라고 할 수 있다. 수저론은 단순한 계층을 의미하는 것이 아니라, 그러한 계층의 차이가 사회적 이동의 가능성을 제한한다고 느끼기 시작한 중산층이나 하층 계급의 처절한 울부짖음이기도 한 것이다. 개천용이 없어진 것도 비슷한 현상이라고 할 수 있다. 앞서 개천용이 실증적으로 분명하게 입증된 현상은 아니라고 언급한 바 있다. 그러나 상대적인 박탈감은 사람들에게 더 크게 작용한다. 어차피 지금 나의 사회경제적 배경에서 더 노력한다고 해도 이미 가진 사람들을 상대로 성공하기 어렵다는 경험적 패배감이 개천용에 대한 아쉬움으로 나타나는 것이다. 이런 주장들 역시 갈등론의 입장에서 사태를 파악하는 것으로 생각해 볼 수 있다.

4 교육을 사회적으로 바라보는 시선이 왜 필요할까

이 장의 도입부에서 독자 여러분에게 교육 현상을 사회적으로 바라본다는 것에 대해서 마음의 준비를 부탁했던 것을 기억할지 모르겠다. 아마 어떤 독자는 지금까지 글을 읽으면서 과연 '교육'이라는 이야기를 다룬 것인지 의심스럽다고 느낄 수도 있을 것이다. 그렇다. 교육사회학이라는 학문은 '교육'을 다루고, '학교'를 관찰하지만, 그것이 미시적인 의미에서의 좋은 효과를 가져오게 하는 일에는 그리 관심이 크지 않다. 조금은 다른 층위에서 교육 문제를 바라보는 것이다. 그래서 즉각적인 '처방'을 제시하는 다른 교육학의 학문 영역에 비해서 뜬구름 잡는 이야기로 받아들여질 가능성이 높고, 공부를 했어도 이것이 교사로서 혹은 교육자로서 나의 삶에 어떤 영향을 미치게 될 것인지 선뜻 이해하기 어려울 수 있다.

물론 도입부에서 '처방'을 내리는 학문은 아니라고 변명했으니, 그에 대한 답을 내놓지 않는다고 해서 저자가 독자들에게 빚을 지는 상황은 아니다. 그러나 어떤 학문의 존재 의의가 사태의 이해에 있다고만 주장한다면 그 학문은 더 이상 대중의 폭넓은 관심을 받기 어려울 것이다. 학문을 통한 발견 사항들이 사회에 적극적으로 기여해야 한다는 것은 최근의 시대정신이기 때문이다. 또한 잠깐 맛을 본 독자들이 교육사회학에 대해서 그래도 쓸모 있는 학문이구나 하고 생각하게 만드는 것은 이미 그 학문의 세계에서 활동하고 있는 저자와 같은 사람이 아니면 누구도 할 수 없는 일이기 때문이다.

개천용에 대해서 살펴보면서, 우리가 상정했던 교육은 학교에서 일어나는 잘 가르치는 일에만 국한되지 않는다. 열심히 해서 성취가 있는 눈에 보이는 교육이 아니라, 교육 그 자체의 활동이 사회경제적 배경과 관계를 갖기 때문에 나타나는 사회적인 현상인 것이다. 즉, 교육을 사회적으로 보는 일은 교육 문제를 바라보는 독자의 시선을 넓혀줄 수 있다. 교육에서 잘 가르치는 일의 중요성은 절대로 간과할 수 없다. 하지만, 미시적인 세계에서 잘 가르치는 일을 고민하면서 거시적인 사회와의 관련성을 생각해 보지 않는다면, 이것은 반쪽짜리 교육자를 길러내는 일이 되고 말 것이다. 예를 들어, 잘 가르치는 방법을 다양하게 가지고 있는 유능한 교사가 있다고 하자. 그러나 이 교사가 학생의 가정 배경에 따른 영향력을 이해하지 못한다면 그의 유능함은 어떤 학생들에 대한 합리적인 배제와 소외의 도구로 자신도 모르는 사이에 사용될 수도 있을 것이다. 능력주의에서 주장하듯이 열심히만 하면 된다고 생각하는 것은 사회구조적인 문제를 도외시하게 될 위험성이 크다.

또한 교육사회학에서 주로 수행하는 학교교육에 대한 합리적인 의심은 현재의 교육에 대해 비판적인 성찰을 수행하게 한다. 당장에 대안을 제시하지는 못한다고 하더라도 현재의 문제가 발생하게 된 원인을 찾아내어 사태를 온전하게 이해하려는 노력은 그 자체로 의미를 갖는다. 스스로 개선의 지점을 찾는 데 도움을 줄 수 있기 때문이다. 잘하고 있는 것을 무조건 깎아내리는 것은 문제가 되겠지만, 일부러라도 문제가 될 수 있는 지점을 찾아서 고민하고 성찰하는 것은 교육의 성격에 부합하는 매우 훌륭한 태도라고 할 수 있다. 그런 고민의 과정이 있어야 현실에 대한 이해도 깊어지고, 제대로 된 해결책을 제시할 가능성도 높아진다고 볼 수 있다.

당초에 학교교육이 시작되었던 상황을 생각해 보면, 학교교육은 온전히 학생의 지적·도덕적 성장만을 목표로 시작되지는 않았다. '교육은 위대한 평등장치이다'라고 일갈했던 어느 교육행정가의 말[15]처럼, 학교교육은 단지 잘 가르치는 것을 넘어서 사회적인 기능을 요구받아왔고, 그러한 책임은 지금도 크게 다르지 않

---

15) 19세기 미국의 초등 의무교육 운동을 주도했던 호레이스 만(Horace Mann)은 교육을 "위대한 평등장치(the great equalizer)"라고 불렀다.

다. 여기에 학교교육 문제에 대한 복잡성이 있다. 그냥 잘 가르치면 되는 것이 아니라, 그것이 사회적 계층과 어떤 관련을 맺고 있는지, 사회 평등화에 기여하고 있는지를 끊임없이 고민해야 하기 때문이다. 아마 독자들 중에서 누구도 학교는 사회적 평등과 무관하다고 주장할 수 있는 사람은 없을 것이다. 그것이 학교의 주된 기능이었고 기대받았던 역할이기 때문이다. 따라서 교육과 학교를 고민하는 데 있어서 사회적인 관점을 무시할 수는 없는 것이다.

이 장에서 소개했던 기능론과 갈등론은 학교가 사회평등에 어떻게 기여할 수 있는가에 대한 두 가지의 상반된 해답이라고 할 수 있다. 기능론은 학교가 학생 개개인의 능력을 최대한 성장시키고 능력에 따라 배치함으로써 사회평등에 긍정적으로 기여할 수 있다고 말한다. 갈등론은 학교는 개인의 가정 배경의 차이를 확대 재생산시킬 뿐이므로 오히려 사회평등에 부정적인 영향을 미친다고 말한다. 정답은 정해져 있지 않다. 하지만 이런 이론을 접해보고 그 사회적 효과에 대해서 고민해보는 것만으로 독자들의 학교에 대한 이해가 한 뼘은 더 성장했을 것이라 믿는다.

이제 '개천용'으로부터 시작했던 우리의 짧은 생각의 여정을 마치려고 한다. 흥미로운 이야기로부터 시작하여 교육사회학의 다양한 주제와 이론적 내용을 설명하려고 했던 저자의 시도가 얼마나 성공적이었는지는 모르겠지만, 그런 여정을 안내하고 기획하려고 했던 일이 저자에게 매우 흥미로운 일이었다는 것과 그런 과정을 통해 저자 역시 또 한 번 성장했다는 것만은 변하지 않는 사실일 것이다. 이 짧은 글에 다 담아내지 못한 더 많은 생각의 조각들은 이후 독자들의 관심과 고민으로 채워질 것이라 생각한다. 저자가 이야기의 흐름을 감안하여 많이 생략하며 지나갔던 이야기들에 대해서 관심을 갖고 찾아보고 고민해보시기를 진심으로 기대한다. 이 글이 독자들이 앞으로 교육사회학을 공부해 나가는 데 있어서 소소한 에피타이저가 되길 기대하며 여정을 마무리하고자 한다.

- 교육에 대해서 사회적인 관점을 갖는 것이 어떤 의미를 갖는 일인지, 어떤 장점이 있을 것인지 본인의 경험을 중심으로 설명해보자.
- 교육이란 능력주의를 기반으로 해서 전개되어야 하는가? 능력주의에 대한 자신의 입장을 정리해보고, 교육에서의 능력주의는 어떻게 이해되어야 하는지 생각해보자.
- 수저론에도 불구하고 개천용이 많이 나타나게 하기 위해서는 어떠한 정책적 지원이 필요하다고 생각하는가? 과연 정책적인 지원은 저소득층 학생들의 성공에 있어서 중요한 역할을 수행할 수 있는가?
- 학교가 사회평등에 기여해야 한다는 주장은 타당한가? 사회평등과 교육의 관계는 어떻다고 생각하는가? 그렇게 생각한 근거는 무엇인가?

- 입장이 첨예하게 대립하는 교육 문제에 대한 찬반 토론
: 교육 문제는 자신이 서 있는 입장에 따라 그 주장이 첨예하게 엇갈리는 경우가 많다. 크게는 교육에서의 경쟁을 선호하고 선발과 배치를 학교의 주요한 기능으로 믿으며, 수월성을 주된 가치로 삼는 기능론의 입장이 있고, 반대로 계층에 따른 차별의 완화를 중시하고, 학교교육을 통한 사회적 평등의 달성을 주된 가치로 삼는 갈등론의 입장이 있다. 특정한 문제에 대해서 기능론자와 갈등론자의 입장에서 어떤 논거를 들어 주장을 전개할 수 있을지 생각해보고 토론을 진행해 보자.

- 가정의 사회적 배경과 학업성취의 관계에 대한 기사 찾아보기
- 교육 문제에 대해서 기능론과 갈등론의 입장에서 근거를 검토해보기
- 저소득층 학생들의 교육기회 보장을 위한 정책에 대해서 탐색해보기

참고문헌

김신일·강대중(2022). 교육사회학 제6판. 파주: 교육과학사.

김안나(2021). 교육의 사회적 기초. 파주: 교육과학사.

박성희 외(2000). 교육학에의 초대. 서울: 원미사.

박현준(2021). 세대 간 사회이동의 변화. 서울: 박영story.

변수용·이성균(2021). 부모의 사회경제적 지위와 자녀의 교육 결과. 서울: 박영story.

신명호(2011). 왜 잘사는 집 아이들이 공부를 더 잘하나?. 서울: 한울.

최성수·이수빈(2018). 한국에서 교육 기회는 점점 더 불평등해져 왔는가?. 한국사회학, 52(4): 77−113.

Apple, M. W.(1979). *Ideology and Curriculum*. London: Routledge and Kegan Paul. 박부권·이혜영(역)(1985). 교육과 이데올로기. 한길사.

Bowles, S.& Gintis, H.(1976). *Schooling in Capitalist America*: Educational Reform and the Contradictions of Economic Life. Basic Books. 이규환(역)(1986). 자본주의와 학교교육. 사계절.

Bourdieu, P.& Passeron, J−C.(1977). *Reproduction in Education, Society and Culture*. Sage.

Dreeben, R.(1967). The Contribution of schooling to the learning of norms. *Harvard Educational Review*, 37(2), 211−237.

Durkheim, E.(1922). *Education et Sociologie*. Paris: Alcan.(1956). Education and Sociology. Free Press, 이종각(역)(1978). 교육과 사회학. 배영사.

Hargreaves, D. H.(1982). *The Challenge for the Comprehensive School: Culture, Curriculum and Community*. Routledge.

Lareau, Annett(2003). *Unequal Childhoods: Class, Race, and Family Life*. The Regents of the University of California. 박상은(역)(2012). 불평등한 어린 시절. 에코리브르.

Marx, K.(1867a). *Das Kapital: Kritik der politischen Okonomie*. 김수행

(역)(2015a). 자본론(상). 비봉출판사.

Marx, K.(1867b). *Das Kapital: Kritik der politischen Okonomie.* 김수행 (역)(2015b). 자본론(하). 비봉출판사.

Parsons, T.(1959). The School Class as a Social System: Some of Its Functions in American Society. *Harvard Educational Review,* 29, 297-318.

Sandel, M. J.(2020). The Tyranny of Merit: What's Become of the Common Good?. 함규진(역)(2020). 공정하다는 착각. 와이즈베리.

한국일보(2022.10.23.). 영재는 왜 강남에서 많이 나오나... 국감서 쏟아진 '개천용' 줄어든 증거들.

찾아보기

ㄱ

가상현실(virtual reality, VR)　137

가설 설정과 검증　45

간선제　229

갈등론　277

강력하게 결합된 체제(tightly coupled system)　250

개방형교육자원(open educational re－sources)　140

개천용　270

건강한 부정적 감정　13, 14

경력지향성　248

경직된 신념　9

계층 이동의 사다리　270

고교학점제　86

고급문화　283

고부담 시험　106

공동교육과정　91

공정성　104

과적합(overfitting)　126

과정중심평가　99

과학적 사고　45

관료제　246

교사의 '행위주체성'(agency)　88

교사의 승진　216

교사의 전문성 계발　218

교사자격 검정　204

교원업적평가　214

교육감　226

교육공학　119

교육과정 분권화　79

교육과정 불평등　90

교육과정의 지역화　90

교육리더십　232

교육심리학　35

교육의 정치적 중립성　232

교육전문직　235

교육정책　231, 233

교직 사회　209

교직 사회화　207

교직 윤리　203

교직문화　209

교직원　245

교차 타당화(cross validation)　126

국자감(國子監)　188

국제학업성취도평가　43

군집분석(clustering)　130

권력(power)　246

권위(authority)　246

권위의 위계　247

권학절목(勸學節目)　178

규준 161

규준참조 159

규준참조 평가 160

규준참조평가 158

그릿 46

기능론 277

기능적 논박 9, 21

기초연구 37, 47

기초연구에 의한 실용연구 38, 40

ㄴ

내면화 23, 28

노동자적 관점 202

논리적 논박 9, 20, 25

논박 9

느슨하게 결합된 체제(loosely coupled system) 250

능력주의 278

ㄷ

다중양식 학습분석학(multimodal learning analytics) 124

대리변수(proxy variable) 126

대성전(大成殿) 182

대학수학능력시험 169

덕워스 46

도구연관 62

도구적 관점 41

동기 34

동료학습(peer learning) 133

동몽선습(童蒙先習) 180

등가교환 56

디지털 전환 119

딥러닝 123

ㄹ

랜덤포레스트(random forest) 125

레이블(label) 125

로그 데이터 121

ㅁ

마쉬 43

마이크로 학습 119

마이크로 학위(micro degree) 122

마이크로콘텐츠(microcontent) 131

마이크로학습(micro learning) 132

머신러닝 123

메타버스(metaverse) 137

메타인지 49

명륜당(明倫堂) 182

모차르트 효과 42

목표 전도 현상 248

목표에 의한 관리(MBO: management by objectives) 257

문제상황의 결정적 요소 12

ㅂ

발달적 교육관 159, 166

백분위 161

보상 39

보어(Bohr)의 사분면 38

보호지향적 학교 255

부정적 감정 13

분노 4

분업을 통한 전문화 248

분할점수 165

불안 4

불평등 272

블렌디드 학습 121

비논리적 추론 9, 24

비대면 교육 119

비실시간 온라인 수업 126

비인간성 248

비정형성 121

비합리적 사고 9, 16

빅데이터 119

ㅅ

사학(四學) 185

사회경제적 지위 275

사회학적 관점 272

사회화 280

상대적 이동 276

상대평가 158

상시학습(anywhere−anytime learning) 135

상호 적응(mutual adaptation) 관점 88

생성(enactment) 관점 88

생체 데이터 121

서당 178

서원 183

서포트백터머신(support vector machine) 125

선발과 배치 280

선발적 교육관 166

선발적 평가관 159

선언적 지식 99

성격 37

성직자적 관점 202

성찰의 과정 37

성취평가제 109, 166

소학(小學) 180

수저론 270

수준별 수업 281

수행평가 97

순수 기초연구 38, 40

순수 실용연구 38, 40

스키너 39

스토크스 37

시·도교육정책 226

시학(視學) 190

실용성 37

실용연구 37, 47

실증적 논박 9, 19, 24, 26

실천적 관심 37, 40, 41, 48

실천적/도구적 관심 36

실천적인 지능 101

심리학적 관점 272

ㅇ

아바타(avatar) 138

알레테이아 67

에듀테크(edutech) 119

에디슨(Edison)의 사분면 38

에디슨의 사분면 39

MBTI 36, 41, 44, 45

MBTI 성격 유형 35

역기능적 행동 11

예측모델링 125

예측변수(predictor) 125

온라인 수업 120

우울 4, 5

원점 188

웨어러블 디바이스 121

유기적 279

융 41

의미연관 62

이러닝 121

이론적 관심 37, 39, 40

이론적(과학적) 관심 48

이중조직 250

2015 개정교육과정 107

인간주의적 학교 255

인공지능(artificial intelligence) 119

인지 재구조화 9, 10

인지삼제 7, 8, 18, 26

인지왜곡 8, 25

X 이론(Theory X) 252

Y 이론(Theory Y) 252

ㅈ

자기개념 43, 44

자기결정학습(self-determined learning) 138

자기도식 이론 44

자기효능감 43, 44

자본의 외부 58

자사고 281

자연어처리(natural language processing, NLP) 142

재생산 288

전문가적 관점 202

전문적 관료제 249

전통적 권위 247

절대적 요구 6, 7, 17, 18, 19, 20

절대평가 158

절차적 지식 99

정의 105

정책 260

정체성 54

정치 260

조작적 정의 46

조직 244

조직 문화(organizational culture) 251

조직풍토(Organizational Climate) 255

조직학습(organizational learning) 262

조직화된 무질서 조직(Organized Anarchy) 250

존재 의미 54

준거(criteria) 162

준거참조 159

준거참조 평가 158, 162

중앙집권형 교육과정 78

지능정보사회 118

지방교육자치 229

지방교육자치에 관한 법률 226

지방교육재정교부금법 227

지방선거 227

지방의회 231

지배구조 260

직선제 228

질적 차이의 분화 276

집중 이수 83

징글장글의 오류 43

ㅊ

참평가 99

창의적 체험 활동 81

채점기준표   105

천자문(千字文)   180

충실도(fidelity) 관점   87

칭찬 피드백   45

ㅋ

카리스마적 권위   247

큐레이션   122

크라우드학습(crowd learning)   139

ㅌ

태학(太學)   188

템플턴   49

투명성   105

특목고   281

ㅍ

파블로프   39

파스퇴르(Pasteur)의 사분면   38

파스퇴르의 사분면   39

평가 전문성   106

표준점수   161

플립드 러닝(flipped learning)   193

피드백   108

PISA   43

핀트리치   37, 39, 40, 47

ㅎ

학교교과목   89

학교 교육과정 자율화   78

학교 재량 시간   81

학교 조직   244

학교 조직을 보는 관점   256

학교 조직의 문화   253

학교자율과정   83

학교자율시간   77

학령(學令)   185

학문적인 지능   101

학생평가지원포털   110

학습 결과에 대한 평가   103

학습 스타일   41

학습과학(learning science)   124

학습관리시스템(learning management system, LMS)   128

학습동기   34, 35

학습분석 대시보드(learning analytics dashboard)   127

학습분석학   119

학습으로서의 평가   103

학습을 위한 평가   103

학습하는 학교(schools that learn)   262

학업성취   156, 157, 274

합리적 사고   9, 26, 29

합리적 신념   22

합리적·법적 권위   246

해로운 감정   11

해로운 부정적 감정   13, 14

향교   182

헤게모니   284

형성평가   107

형평성   105

회귀분석(regression analysis)   125

횡경문난(橫經問難)   191

효과적으로 유지되는 불평등 가설(EMI)   276

휴타고지(heutagogy)   138

흥미   40

공저자 약력

정제영(이화여자대학교 교육학과 교수, 미래교육연구소장)

서울대학교 교육학박사

전) 이화여자대학교 기획처장, 호크마교양대학장

강지영(성신여자대학교 교육학과 조교수)

Indiana University 교육과정 박사(Ph.D)

전) 이화여자대학교 연구원

강태훈(성신여자대학교 교육학과 교수)

University of Wisconsin-Madison 교육심리학(양적방법론) 박사(Ph.D)

전) 성신여대 교육혁신원장, CRESST/UCLA Senior Research Associate

김동호(성균관대학교 교육학과 조교수)

University of Georgia 교육공학 박사(Ph.D)

전) University of Florida 조교수

김준엽(홍익대학교 교육학과 교수)

University of California, Los Angeles 교육측정 및 평가 박사(Ph.D)

전) Charles Drew University 교수

박소영(숙명여자대학교 교육학부 교수, 교육연구소장)

University of Wisconsin, Madison 교육행정학박사(Ph.D)

전) 한국교육개발원 연구위원

박주형(경인교육대학교 교육학과 교수)

Florida State University 교육행정학 박사(Ph.D)

전) 한국교육개발원 부연구위원

이상무(서울대학교 교육학과 조교수)

서울대학교 교육학박사

전) 한국학중앙연구원 한국학대학원 조교수

이한종(춘천교육대학교 교육학과 교수, 입학처장)

Waseda University 인간과학박사(Ph.D)

전) 한국초등상담교육학회장

임효진(서울교육대학교 초등교육과 교수)

University of Southern California 교육심리학 박사(Ph.D)

전) 전북대학교 교육학과 부교수

조현명(이화여자대학교 미래교육연구소 연구교수)

State University of New York at Buffalo 교육학 박사(Ph.D.)

전) State University of New York at Buffalo 연구원

황지원(서울시립대학교 교육대학원 교수, 미래혁신원 부원장, IR센터장)

서울대학교 교육학박사

전) 서울시립대학교 교수학습개발센터장

이슈 중심의 교육학개론

초판발행	2023년 3월 1일
중판발행	2024년 8월 20일

지은이	정제영 · 강지영 · 강태훈 · 김동호 · 김준엽 · 박소영 · 박주형 · 이상무 · 이한종 · 임효진 · 조현명 · 황지원
펴낸이	노 현

편 집	배근하
기 획	조정빈
표지디자인	이영경
제 작	고철민 · 김원표

펴낸곳	㈜ 피와이메이트
	서울특별시 금천구 가산디지털2로 53 한라시그마밸리 210호(가산동)
	등록 2014. 2. 12. 제2018-000080호
전 화	02)733-6771
f a x	02)736-4818
e-mail	pys@pybook.co.kr
homepage	www.pybook.co.kr
I S B N	979-11-6519-374-4 93370

정 가   20,000원

박영스토리는 박영사와 함께하는 브랜드입니다.